Mira Kadrić | Klaus Kaindl | Michèle Kaiser-Cooke

Translatorische Methodik

manual

Mira Kadrić | Klaus Kaindl | Michèle Kaiser-Cooke

Translatorische Methodik

2., überarbeitete Auflage

facultas.wuv

Basiswissen Translation

herausgegeben von Mira Kadrić, Universität Wien

Wissenschaftlicher Beirat

Jan Engberg (Århus)
Sylvia Kalina (Köln)
Christiane Nord (Heidelberg)
Erich Prunč (Graz)
Christina Schäffner (Birmingham)
Mary Snell-Hornby (Wien)

Bibliografische Information Der Deutschen Nationalbibliothek

Die Deutsche Nationalbibliothek verzeichnet diese Publikation
in der Deutschen Nationalbibliografie; detaillierte bibliografische
Daten sind im Internet über http://dnb.d-nb.de abrufbar.

© 2007 Facultas Verlags- und Buchhandels AG, Wien
facultas.wuv, Berggasse 5, 1090 Wien, Österreich
Alle Rechte, insbesondere das Recht der Vervielfältigung und
der Verbreitung sowie der Übersetzung, sind vorbehalten.
Innengestaltung und Satz: Jürgen Schopp
Druck: Facultas AG
Printed in Austria

ISBN 978-3-7089-0201-2

Vorwort zur zweiten Auflage

Für angehende Dolmetscherinnen und Übersetzerinnen ist wissenschaftliches Hintergrundwissen über ihre Tätigkeit selbstverständlich und unverzichtbar geworden. Das Beschreiben von theoretischen Modellen geschieht jedoch nicht als Selbstzweck; vielmehr geht es um die systematische Aufarbeitung der Wirklichkeit und, umgekehrt, um die Entwicklung wissenschaftlicher Methoden, die die Praxis der translatorischen Tätigkeit auf ein neues, höheres Niveau befördern. Aus diesen Überlegungen und anlässlich der Studienreform am Zentrum für Translationswissenschaft der Universität Wien entstand dieses Buch, das als erster Band in der Reihe *Basiswissen Translation* erschien und das eine Brücke von der Theorie zur Praxis schlagen sollte und als Studienbehelf für angehende Dolmetscherinnen und Übersetzerinnen gleichermaßen wie als Anregung für Kolleginnen konzipiert war. Bei der nunmehr zweiten, überarbeiteten Auflage haben wir die Erfahrungen mit der Verwendung dieses Buches im Unterricht berücksichtigt. Wertvolle Anregungen und Vorschläge bekamen wir zudem von Roland Freihoff, dem wir an dieser Stelle sehr herzlich danken. Unser großer Dank ergeht auch an Jürgen Schopp für die professionelle Gestaltung der Druckvorlagen; Beatrice Fischer danken wir herzlich für die kritische, studentische Durchsicht des Textes.

Auf Grund der Tatsache, dass die überwiegende Mehrheit der Studierenden, aber auch der praktizierenden Translatorinnen und Translatoren weiblich ist, verwenden wir – außer bei Zitaten und übernommenen Gedanken – ausschließlich die weibliche Form, Translatoren sind selbstverständlich immer mitgemeint.

Wir danken dem Wiener Universitätsverlag für die Möglichkeit, dieses Buch zu publizieren; ganz besonders auch für die unkomplizierte und effiziente Abwicklung sowie die freundliche Unterstützung. Im Sinne des Verlagskonzeptes für die Reihe *manuals* und im Sinne eines funktionalen Ansatzes waren wir bemüht, ein lese- und leserinnenfreundliches Lehrbuch zu verfassen.

Wien, Oktober 2007

Mira Kadrić   Klaus Kaindl   Michèle Kaiser-Cooke

Inhaltsverzeichnis

0 Einleitung

Internationalisierung und Globalisierung unserer Gesellschaft führen zu einem immer größer werdenden Bedarf an translatorischen Dienstleistungen. Den berufsqualifizierenden Ausbildungsstätten von Übersetzerinnen und Dolmetscherinnen kommt dabei die Aufgabe zu, jene Kompetenzen zu vermitteln, die für ein professionelles Handeln notwendig sind. Wesentliche Impulse dafür liefert die moderne Translationswissenschaft, die sich seit den 80er Jahren des 20. Jahrhunderts als eigenständiges Fach entwickelt und wesentliche Beiträge zur Lehr- und Lernbarmachung von Translation geliefert hat. Diese Impulse bilden den Ausgangspunkt für die Einführung in die *Translatorische Methodik*.

Mit dem vorliegenden Band der Reihe *Basiswissen Translation* möchten die Autorinnen angehenden Translatorinnen die theoretischen und methodischen Grundlagen translatorischen Handelns vermitteln. Im Unterschied zu vielen anderen Übersetzungslehrbüchern ist die vorliegende Einführung sprachübergreifend konzipiert. Es geht somit nicht um die sprachenpaarbezogene Darstellung von Übersetzungsproblemen und deren Lösung. Vielmehr soll die *Translatorische Methodik* das Bewusstsein für die Komplexität dieser Tätigkeit schaffen und jene grundlegenden Fähigkeiten und Fertigkeiten vermitteln, die für professionelles translatorisches Handeln unabdingbar sind. Dabei werden theoretische Erkenntnisse moderner translationswissenschaftlicher Ansätze mit den praktischen Anforderungen, wie sie in der Berufspraxis bestehen, vernetzt.

Das Buch gliedert sich in neun Kapitel mit jeweils einem thematischen Schwerpunkt. Am Ende jeden Kapitels finden sich Angaben zur verwendeten Literatur sowie Hinweise auf weiterführende Lektüre. Kernaussagen, Zusammenfassungen sowie Beispiele, die die theoretischen Ausführungen illustrieren, werden durch einen senkrechten grauen Balken hervorgehoben.

Ausgehend von der Tatsache, dass Translation immer in gesellschaftlichen Zusammenhängen passiert, werden Translatorinnen in ihrer Rolle und Position in der Gesellschaft situiert. Dabei werden Fragen der Verantwortlichkeit ebenso wie berufsethische Themen und die Präsentation der Profession nach außen zur Diskussion gestellt (Kapitel 1). Im darauf folgenden Kapitel wird die kulturelle Dimension der Translation definiert. Hier geht es um die Erläuterung der Konzepte ‚Kultur' und ‚Kulturspezifik', den Zusammenhang zwischen Kultur, Realität und Sprache sowie um den Umgang mit kulturspezifischen Elementen in der Translation (Kapitel 2). Nach diesen allgemeinen Einführungskapiteln werden die Grundlagen zwischenmenschlicher Kommunikation vermittelt (Kapitel 3). Auf der Basis dieser kommunikationspsychologischen Überlegungen wird danach die Spezifik transkultureller Kommunikation in ihren beiden Manifestationsformen Übersetzen und Dolmetschen beschrieben (Kapitel 4). Im Anschluss werden jene Theorien und Konzepte vorgestellt, die einen Entscheidungs- und Erklärungsrahmen für die Erstellung von funktionsgerechten Translaten liefern: Skopostheorie, Theorie vom translatorischen Handeln sowie die im Rahmen funktionaler Theorien thematisierte *scenes-and-frames*-Semantik (Kapitel 5). In der Folge wenden wir uns der wesentlichen Arbeitsgrundlage von Translatorinnen zu, dem Text. Nach Klärung der Frage, was einen Text ausmacht, werden translationsrelevante funktionale und sprachlich-strukturelle Merkmale in Form von Texttypen und Textsorten unterschieden (Kapitel 6). Der Umgang mit der Auftraggeberin, die für die Erfüllung eines Translationsauftrages notwendigen Informationen sowie die translationsstrategischen Möglichkeiten werden in Kapitel 7 diskutiert. In engem Zusammenhang damit steht eine translationsrelevante Textanalyse; die dazu nötigen Verstehensvoraussetzungen und analytischen Fähigkeiten stehen im Mittelpunkt des 8. Kapitels. Danach wird der auch angesichts des Translationsvolumens wesentliche Bereich der transkulturellen Fachkommunikation näher beleuchtet. Die Unterscheidung und Erkennung von Fachtermini werden dabei ebenso behandelt wie spezifische Probleme bei der Translation von Fachtexten und translatorische Lösungsmöglichkeiten. Ein Exkurs ist darüber hinaus dem rasch an Bedeutung gewinnenden Bereich der Translation im Cyberspace gewidmet (Kapitel 9).

Wie eingangs bereits festgehalten, kommunizieren Translatorinnen nicht nur nach innen mit Kolleginnen, sondern auch nach außen mit all jenen, die Translation benötigen, in Auftrag geben oder rezipieren. Mit ihrem Beitrag zum gesellschaftlichen Diskurs über Translation soll die Entwicklung einer Translationskultur gefördert werden, in der Translatorinnen als Expertinnen für transkulturelle Kommunikation in unserer Gesellschaft wahr- und ernst genommen werden. Mit diesem Buch hoffen wir, einen Grundstein für das dazu nötige (Selbst-) Bewusstsein zukünftiger Translatorinnen gelegt zu haben.

1 Translation und Gesellschaft

Lieblingsautorinnen zu übersetzen, auf Staatsempfängen oder großen Kongressen zu dolmetschen und mitten im Weltgeschehen zu arbeiten, ist eine faszinierende Vorstellung. In diesem Buch werden wir sehen, wie wichtig die Rolle der Translation für die Gesellschaft ist, aber auch, wie heikel die Interpretation und Verbreitung von Wissen sein kann. Zunächst wollen wir uns jedoch mit der Frage beschäftigen, wie andere uns Translatorinnen sehen und warum sie uns auf diese bestimmte Art und Weise wahrnehmen. Wir wollen also unsere Tätigkeit in einen gesellschaftlichen Kontext stellen.

Wer einen übersetzten Roman liest oder ein gedolmetschtes Interview mit einer berühmten Schauspielerin hört, geht davon aus, dass die Translate, die sie oder er ‚konsumiert‘, auch richtig sind. Woher kommt diese Sicherheit? Auf der Grundlage von Erwartungen an eine bestimmte Berufsgruppe werden, unabhängig von den spezifischen Aufgaben, die tatsächlich zu erfüllen sind, bestimmte Werte definiert, die sozusagen zur kollektiven Rolle gehören und die der Gesellschaft das Vertrauen in die Kompetenz und Integrität der Anbieterin der jeweiligen Dienstleistung garantieren. Ein wichtiger Teil und Bedeutungsträger einer Berufsgruppe ist ihr Image: Zu allen Zeiten haben Berufsgruppen versucht, im Vorzeigen der beruflichen Tätigkeit diese systematisch darzustellen, Qualitätsstandards zu definieren und auf diese Weise sozusagen die Basis für den ‚Vertrag‘ zwischen den Vertreterinnen der Berufsgruppe und der Gesellschaft zu schaffen. Voraussetzung für einen solchen ‚Vertrag‘ ist das Vertrauen der Öffentlichkeit in die Kompetenz der einzelnen Vertreterinnen der Berufsgruppe. Denn eine objektive Bewertung von Fachleistungen kann die Gesellschaft nicht vornehmen. (Eine objektive Evaluierung von Translationsleistungen geschieht nur unter Anwendung wissenschaftlicher Methoden; die Translationswissenschaft hat verschiedene Modelle entwickelt, die sachgerechte Kriterien für die Bewertung von Translationsleistungen bieten.) Die Wahrnehmung der Gesellschaft manifestiert sich in Erklärungen wie „kongeniale Übersetzung", „liest sich wie das Original" oder „die Dolmetscherin hat die Rede sehr gut rübergebracht". Translatorische Leistungen sind nicht immer sichtbar, so dass die innere Ordnung nicht immer nachgeprüft werden kann.

1.1 Gesellschaftliche Rolle und Positionierung

Jede Berufsgruppe ist permanent in gesellschaftliche und kulturelle Zusammenhänge eingebettet. Das professionelle Selbstverständnis eines Berufsstandes leitet sich daraus ab, in welcher Form und Akzeptanz sich die jeweilige Berufsgruppe in der Gesellschaft positioniert und welche Rolle sie in der Gesellschaft spielt. Wir versuchen die Bedeutung der ‚Rolle' mit einem kleinen Exkurs in die Theaterwelt zu beleuchten. Wir bedienen uns dabei eines Bildes, das der amerikanische Soziologe Erving Goffman gewählt hat. Goffman (1969/2003) hat das Verhalten von Menschen im Alltag und in der Arbeitswelt beobachtet und beschrieben; für die Beschreibung des Verhaltens in der Öffentlichkeit benutzte er Begriffe aus dem Theaterleben: Bühne, Darstellung, Rolle, Ensemble, Publikum, dramatische Gestaltung usw.

Das soziale Leben wollen auch wir mit einer komplexen Bühne, mit einem Ensemble von Darstellerinnen, Publikum und Kulissen, vergleichen. Die ‚Darstellung' ist in Anlehnung an Goffman das Gesamtverhalten einer Person innerhalb des gesellschaftlichen Getriebes; das Auftreten und die Beachtung der Anstandsregeln sind dabei von besonderer Bedeutung. Die Darstellung geschieht auf der ‚Bühne', wobei zwischen ‚Vorderbühne' und ‚Hinterbühne' unterschieden wird. Die ‚Vorderbühne' ist der repräsentative Bereich, der von der Öffentlichkeit, vom ‚Publikum' wahrgenommen wird. Die Vorderbühne ist durch Präsentationstechniken gegenüber dem Publikum gekennzeichnet: Man hält sich an bestimmte Regeln, indem die Darstellung ritualisiert und den Gepflogenheiten des eigenen Berufsstandes und den gesellschaftlichen Normen und Konventionen eines bestimmten Kulturkreises angepasst wird. Auf der ‚Hinterbühne', wo kein Publikum ist, können die Einzelnen spontaner agieren, neue Strategien entwickeln bzw. durch Analysetechniken nach Strategien zur Fehlervermeidung und Qualitätsverbesserung suchen. Die Hinterbühne ist auch ein Ort der kollektiven und strategischen Geheimnisse eines Ensembles vor dem Publikum; hier werden Vorbereitungen für den Auftritt auf der Vorderbühne getroffen. Das Agieren auf der Hinterbühne dient auch zur Festigung des ‚Ensembles' und stärkt die Moral der Darstellerinnen gegenüber dem Publikum. Als Ensemble arbeiten die Einzelnen auf der Vorderbühne auf der Basis von Loyalität, Kooperation, Vertrauen und Solidarität sowohl untereinander als auch gegenüber dem Publikum und der Sache, der sie dienen.

Diese Metapher macht deutlich, dass jeder Mensch eine bestimmte Rolle spielt und mit dieser Rolle das ‚Publikum' auffordert, den mit der Rolle hervorgerufenen Eindruck ernst zu nehmen. Eine ‚aufrichtige' Darstellung gelingt laut Goffman nur, wenn die eigene Rolle von einer inneren Überzeugung getragen wird. Die Rollenarbeit hängt von gesellschaftlichen Erwartungen ab, auf deren Verständnis und Akzeptanz man angewiesen ist. Das Publikum zieht für die Beurteilung der Rolle die Glaubwürdigkeit der Darstellung heran. Wir wollen diese Metapher weiter verwenden und in der Folge versuchen, den Blick aus dieser Perspektive auf das Gebiet der Translation und auf Translatorinnen zu werfen.

1.1.1 Sichtbare Positionierung oder die ‚Vorderbühne'

Wir haben bereits festgestellt, dass die jeweilige Stellung einer Berufsgruppe in der Gesellschaft mit bestimmten Werten zusammenhängt. Was sind aber genau Werte und wer entscheidet, was ‚wertvoll' ist? Die Gesellschaft als Gesamtheit besitzt ein breites Spektrum an erstrebenswerten Zuständen, die man allgemeine Werte einer Gesellschaft nennen könnte und die eine einzelne Person allein nicht erreichen kann, wie z.B. das Ziel, Ausbildungsmöglichkeiten zu schaffen. Die Gesellschaft als Gesamtheit delegiert die Verwirklichung ihrer Werte an bestimmte Institutionen, in unserem Beispiel an Ausbildungsstätten. Die Institutionen geben Hilfe zur Verwirklichung der Werte, indem sie bestimmte Vorgaben bzw. Normen verbindlich machen.

Diese verbindlichen Vorgaben und Normen hängen eng mit Ansprüchen zusammen, die die Gesellschaft und der Staat zu einem bestimmten Zeitpunkt der Geschichte an eine Ausbildung haben. Universitäten haben, als Institution der Pflege von Wissenschaft und Kunst, den gesellschaftlichen (und im Gesetz verankerten) Auftrag, Studien-, Lehr- und Forschungskulturen zu etablieren und anzubieten. So finden wir beispielsweise im österreichischen Universitätsgesetz 2002 unter „Ziele" und „Aufgaben" u.a. folgende Vorgaben:

> **Ziele**
> § 1. Die Universitäten sind berufen, der wissenschaftlichen Forschung und Lehre, der Entwicklung und der Erschließung der Künste sowie der Lehre der Kunst zu dienen und hiedurch auch verantwortlich zur Lösung der Probleme des Menschen sowie zur gedeihlichen Entwicklung der Gesellschaft und der natürlichen Umwelt beizutragen. [...]
> Die Förderung des wissenschaftlichen Nachwuchses geht mit der Erarbeitung von Fähigkeiten und Qualifikationen sowohl im Bereich der wissenschaftlichen und künstlerischen Inhalte als auch im Bereich der methodischen Fertigkeiten mit dem Ziel einer, zur Bewältigung der gesellschaftlichen Herausforderungen in einer sich wandelnden humanen und geschlechtergerechten Gesellschaft beizutragen. [...]

Aufgaben
§ 3. Die Universitäten erfüllen im Rahmen ihres Wirkungsbereichs folgende Aufgaben:
1. Entwicklung der Wissenschaften (Forschung und Lehre), Entwicklung und Erschließung der Kunst sowie Lehre der Kunst;
2. Bildung durch Wissenschaft und durch die Entwicklung und Erschließung der Künste;
3. wissenschaftliche, künstlerische, künstlerisch-pädagogische und künstlerisch-wissenschaftliche Berufsvorbildung, Qualifizierung für berufliche Tätigkeiten, die eine Anwendung wissenschaftlicher Erkenntnisse und Methoden erfordern, sowie Ausbildung der künstlerischen und wissenschaftlichen Fähigkeiten bis zur höchsten Stufe; [...]
9. Gleichstellung von Frauen und Männern und Frauenförderung; [...]
11. Information der Öffentlichkeit über die Erfüllung der Aufgaben der Universitäten.

Die zitierten gesetzlichen Vorgaben geben der Gesellschaft die Sicherheit, dass die Universität die Übertragung und Fortentwicklung von Wissensbeständen gewährleistet und in der Ausbildung spezifischer Berufe zu bestimmten Qualitätskriterien verpflichtet ist. Die Universität und auch ein universitäres Studium stehen daher für eine bestimmte Vorstellung in der Gesellschaft. Das Universitätsgesetz definiert als Ziel eines Studiums die fachlichen und fachübergreifenden Kenntnisse, Fähigkeiten und Methoden der jeweiligen Studienrichtung.

Durch die Ausbildung zu einem bestimmten Beruf wird der Anspruch auf Anerkennung als Expertin auf diesem Gebiet erhoben und die Unterscheidung zu Laien begründet. Zur fachlichen Eignung gehört auch eine bestimmte gesellschaftliche Vorstellung, ein Bild des Berufsstandes, ein Image der jeweiligen Berufsgruppe. Naturgemäß versucht jede Berufsgruppe, in der Öffentlichkeit ein ideales Bild von sich entstehen zu lassen. Zur ‚Imagepflege' werden verschiedene Möglichkeiten genutzt. Eine gute und weit verbreitete Möglichkeit, die Unterscheidung zu Laien zu betonen und das Image der eigenen Berufsgruppe in der Gesellschaft zu pflegen und zu schützen, ist, Interessensvertretungen und Berufsverbände zu gründen. Auch für den Bereich ‚Translation' ist Berufsethos untrennbar mit den Empfehlungen der Übersetzerinnen- und Dolmetscherinnenverbände verbunden, die sich bei der Erarbeitung von Verhaltensregeln einerseits auf die gesellschaftlichen Konventionen und die daraus entstandenen ethischen Standards anderer Berufsgruppen und andererseits auf die gesetzlichen Vorgaben stützen. Diese Verhaltensregeln sind sowohl externer als auch interner Verantwortung: Sie enthalten einerseits die Regeln einer verantwortungsvollen Standesmoral, wie die Verantwortlichkeit, die man gegenüber dem Beruf, den Kolleginnen oder der Idee des eigenen Berufes hat, aber auch die konkrete Verantwortlichkeit bei der Ausübung des Berufes, eine Art innere moralische Disposition.

Sowohl interne als auch externe Einstellung zum Beruf und zur beruflichen Verwirklichung der Werte werden mit den Begriffen allgemeine Ethik, Berufsethos, Moral, Gewissen beschrieben. Diese Begriffe drücken sowohl ein Nachdenken über Werte und Normen aus, als auch das Ergebnis, das normative Handlungsmuster enthält. Die Handlungsmuster bilden ein Ordnungs- und Regelsystem und spiegeln die Wertvorstellung der Berufsgruppe wider: Es werden zum einen die Aufgabe, die Rolle und die Verantwortung der Expertin definiert; zum anderen wird festgelegt, was im Rahmen der definierten Aufgabe moralisch verboten, geboten oder erlaubt ist.

Im Folgenden wollen wir anhand eines konkreten Beispiels betrachten, wie sich ein Bereich der Translation in der Öffentlichkeit, in der Gesellschaft präsentiert und welche Ziele mit dieser Präsentation verfolgt werden. Es geht um den Verband der Konferenzdolmetscher, Association Internationale des Interprètes de Conférence (aiic), Region Deutschland:

> aiic-Dolmetscher sind an den beruflichen Verhaltens- und Ehrenkodex des Verbandes gebunden. Dieser hat zum Ziel, die **Interessen** aller an internationalen Konferenzen beteiligten Parteien zu **schützen** und vor allem die absolute **Wahrung des Berufsgeheimnisses** sicherzustellen. [...]
>
> Hauptberufliche **aiic-Konferenzdolmetscher** tragen große Verantwortung: Ein falsches Wort oder eine falsche Betonung können im internationalen Geschehen zu Missverständnissen oder im Extremfall sogar zu Zwischenfällen führen. Regierungen, die Wirtschaft und andere Fachkreise verlangen deshalb mit Recht ein Höchstmaß an **Präzision** und **Zuverlässigkeit** von Dolmetschern. Um diese sicherzustellen, wurde 1953 die **aiic** gegründet. Heute hat der Verband mehr als 2.400 Mitglieder in 77 Ländern und ist bei der Europäischen Union, der NATO, Interpol, der Weltbank, den Vereinten Nationen und vielen anderen internationalen Organisationen anerkannt.

Eine Feststellung wie „die Interessen aller an internationalen Konferenzen beteiligten Parteien zu schützen und vor allem die absolute Wahrung des Berufsgeheimnisses sicherzustellen" mag auf den ersten Blick als zu allgemein oder unspezifisch erscheinen. Allgemeine Formulierungen werden aber bewusst gewählt, um eine breite Transparenz zu schaffen, die im Hinblick auf das Gesamtziel diskutiert werden kann und zeitlose Gültigkeit besitzt: in diesem Fall das allgemeine Arbeitsverständnis der aiic-Mitglieder sowie ihre Arbeitsform. Wenn wir das Arbeitsverständnis und die Arbeitsform konkretisieren wollen, so können wir davon ausgehen, dass sich die Dolmetschtätigkeit oft im Spannungsfeld verschiedener Interessen, verschiedener Bedürfnisse oder verschiedener Urteilsbildungs- und Entscheidungsformen vollzieht. Die Formulierung ‚Schutz der Interessen' könnte daher wie folgt verstanden werden: Der Öffentlichkeit soll der Eindruck vermittelt werden, dass in der translatorischen Leistung weder die Eigenständigkeit der Klientinnen verletzt wird, noch die in der Konferenz gewonnenen Informationen missbräuchlich verwendet werden. Die im zweiten Absatz angeführte Erklärung zur Präzisionsarbeit und Verantwortung der aiic-Mitglieder beinhaltet zunächst die Feststellung, dass diese Tätigkeit nur von Spezialistinnen ausgeführt werden kann. In der Folge werden aiic-Mitglieder als kompetente Spezialistinnen angeführt. Diese bestimmte Gruppe von Expertinnen repräsentiert durch Fachausbildung und die Zugehörigkeit zum Berufsverband das Bekenntnis zu bestimmten Werten. Für die Gesellschaft soll so garantiert sein, dass zuverlässige und kompetente Fachleute ihre Dienste anbieten.

Wenn wir auf die bereits erwähnten Begriffe aus dem Theaterleben zurückgreifen, so könnten wir sagen, dass die Institutionen (Interessensvertretungen, Berufsverbände etc.) sowohl die ‚Rolle' als auch die ‚Darstellung' auf der ‚Vorderbühne' definieren und damit der Berufsgruppe zur Schaffung eines unverwechselbaren Bildes in der Gesellschaft verhelfen. Die Institutionen erwarten, dass ihre Mitglieder bestimmte Rollen, bestimmte Handlungsmuster übernehmen. So werden die Mitglieder zu ‚Darstellerinnen', die die institutionserwünschten Handlungsmuster durch die Aneignung von spezifischen Techniken beherrschen, die ihnen bei ihrer ‚Inszenierung' helfen. Es geht dabei darum, den Eindruck zu erwecken und zu festigen, dass man als Angehörige einer bestimmten Berufsgruppe alle Kriterien erfüllt, an denen man in der Arbeitswelt gemessen wird: Präzision, Kompetenz, Sachlichkeit, Zuverlässigkeit, Vertrauen. Als ‚Darstellerin' bemüht man sich, dieses bestimmte Bild in der Öffentlichkeit zu vermitteln: Man soll als Zugehörige der betreffenden Gruppe alle diese verschiedenen Kriterien erfüllen. Die fachliche Eignung der Mitglieder einer Berufsgruppe sowie die transparente Darstellung dieser Eignung durch z.B. ethische Kodizes ist die Grundlage des Vertrauens, der ‚Vertrag' zwischen Vertreterinnen einer Berufsgruppe und der Gesellschaft.

Als Ensemble sind die Einzelnen auf der ‚Vorderbühne' zur Loyalität, Kooperation, Vertrauen und Solidarität zueinander und der Institution gegenüber verpflichtet. Nachdem in der Praxis und im Berufsleben nicht das Kollektiv als Institution, sondern die individuelle Dolmetscherin als Person im konkreten Fall auftritt und die Verantwortung trägt, wird die Rolle der Einzelnen gesondert definiert. Wir können als Beispiel wieder den Verband der aiic-Dolmetscherinnen nehmen:

BERUFSETHIK DER AIIC
I – ABSICHT UND GELTUNGSBEREICH

Artikel 1
a) Diese Berufsethik (die im Folgenden als „der Kodex" bezeichnet werden soll) schreibt die Normen fest, denen sich alle Mitglieder des Verbands in ihrer Arbeit als Konferenzdolmetscher hinsichtlich Integrität, Professionalität und Vertraulichkeit verpflichten. […]
c) Der Rat wird nach Maßgabe der Vorschriften zu Disziplinarverfahren im Falle eines Bruchs der Berufsbestimmungen, wie sie in diesem Kodex definiert sind, eine Strafe verhängen.

II – DER EHRENKODEX

Artikel 2
a) Die Verbandsmitglieder sind an strengste Geheimhaltung gebunden, die allen Personen gegenüber eingehalten werden muss und sich auf jegliche Informationen bezieht, die während eines beruflichen Einsatzes bei nichtöffentlichen Versammlungen bekannt gegeben werden.
b) Die Mitglieder nehmen Abstand davon, sich aus vertraulichen Informationen, die sie bei der Ausübung ihrer Pflichten als Konferenzdolmetscher erhalten haben, einen persönlichen Vorteil zu schaffen.

Artikel 3
a) Die Verbandsmitglieder nehmen keinen Auftrag an, für den sie nicht qualifiziert sind. Die Annahme eines Auftrags zieht die moralische Verpflichtung seitens des Mitglieds nach sich, mit entsprechender Professionalität zu arbeiten. […]

Artikel 6
a) Die Verbandsmitglieder sind verpflichtet, ihren Kolleginnen und Kollegen moralische Unterstützung und Kollegialität entgegenzubringen. […]

Der vorliegende Verhaltenskodex hat zwei Funktionen: die bereits angesprochene Definierung der Aufgabe, der Rolle und der Verantwortung der Mitglieder des aiic-Verbandes nach außen, die als Garant dafür dient, dass die beschriebenen Leistungen verlässlich sind. Innerhalb des ‚Ensembles' ist der Verhaltenskodex zum einen das Bekenntnis zu bestimmten Idealen und Werten und zum anderen – für die Mitglieder – eine Richtschnur in der Begründung der Loyalität, Kooperation und Solidarität zueinander. Mit Berufskodizes wird versucht, die Gesamtheit sittlicher Normen und Maximen, die der verantwortungsbewussten Einstellung zum Dolmetscherinnenberuf zugrunde liegen, zu erfassen. Der zuletzt zitierte Berufskodex beinhaltet sowohl Verfahrensregeln („Der Rat wird nach Maßgabe der Vorschriften zu Disziplinarverfahren im Falle eines Bruchs der Berufsbestimmungen, wie sie in diesem Kodex definiert sind, eine Strafe verhängen.") als auch moralische Regeln und Inhalte („Die Annahme eines Auftrags zieht die moralische Verpflichtung seitens des Mitglieds nach sich, mit entsprechender Professionalität zu arbeiten."). Kodizes legen so Rahmenbedingungen fest, in denen sich translatorische Dienstleistungen abspielen. Sie dienen auch dazu, Missbräuchen vorzubeugen und auf diesem Wege Vertrauen in die Tätigkeit der ‚Professionisten' zu schaffen.

1.1.2 Rollenarbeit oder die ‚Hinterbühne'

Durch akademische Ausbildung erlangen Translatorinnen die Schlüsselqualifikationen zur Ausübung des translatorischen Berufs: entsprechende fachliche, mentale und soziale Disposition, um den Anforderungen auf dem Translationsmarkt zu entsprechen. Die Ausbildung führt Translatorinnen zu einer fundierten sprachlichen und kulturellen sowie zu allgemeiner und spezieller translatorischen Kompetenz. Darüber hinaus erwerben Translatorinnen im Studium die Fähigkeit, durch Flexibilität, Kooperationsfähigkeit, Recherche und Umgang mit technischen Arbeitsmitteln die angeführten Kompetenzen zu realisieren und Verantwortung für ihre Arbeit zu übernehmen. Die Ausbildung befähigt und verpflichtet die Absolventinnen, für den Erhalt der Kenntnisse und Fertigkeiten, die zur Beibehaltung der translatorischen Qualität erforderlich sind, einzutreten und diese weiterzuentwickeln. Die Ausbildung ist als Ganzes auch bemüht zu vermitteln, dass alle an der Ausbildung Beteiligten fachliche Kompetenz aufrecht erhalten, wissenschaftliche Erkenntnisse und neue Technologien berücksichtigen. Die Ausbildung ist auch der Raum, wo die Beteiligten lernen, was von den Mitgliedern eines Berufsstandes erwartet wird, nämlich dass sie in der Ausübung ihrer Tätigkeit kollegial zusammenarbeiten und respektvoll miteinander umgehen. In der Ausbildung wird auch vermittelt, dass Vertreterinnen eines Berufsstandes sowohl eine persönliche als auch kollektive Verpflichtung haben, sich an Weiterentwicklungsprozessen des Berufes zu beteiligen.

Die Ausbildung könnte man somit als fachliche Enkulturation oder ‚Rollenarbeit' auf der ‚Hinterbühne' bezeichnen. Auf diesem Ort der kollektiven und strategischen Arbeit entstehen Verbundenheiten; der Glaube an Ideale der eigenen Arbeit wird verstärkt. Die gemeinsame Arbeit festigt das ‚Ensemble' und stärkt die Moral der einzelnen ‚Darstellerinnen'. Auf der Hinterbühne wird auch gelernt, dass eine gute Darstellung nur auf der Basis von Loyalität, Kooperation, Vertrauen und Solidarität möglich ist. Die ‚Hinterbühne' ist also ein Ort, wo die Mitglieder eines ,Ensembles' dahingehend enkulturiert werden, dass sie einer ständigen Verbesserung der Qualität ihrer Leistungen verbunden sind. Diese Verbundenheit bezieht sich nicht nur auf den Erhalt und die Optimierung der persönlichen Kompetenz, sondern auch auf eine Zusammenarbeit mit Kolleginnen sowie Präsentation des ,Ensembles' nach außen. Auf diese Weise wird eine klare Positionierung und Identitätsbildung angestrebt.

1.2 Entwicklung einer Translationskultur

Das professionelle Selbstverständnis eines Berufes, der Translatorinnen insbesondere, ist nicht automatisch oder vorgegeben. Vielmehr ist die Berufsgruppe insgesamt und jede einzelne Translatorin als Vertreterin der Berufsgruppe aufgefordert, das Berufsbild mitzugestalten und in der Gesellschaft transparent zu machen, welche Werte für den Translatorinnenberuf wichtig sind, woran sich Translatorinnen in der Ausübung ihres Berufs orientieren und was es heute bedeutet, Translatorin zu sein. Gründe, warum wir Regeln innerhalb der Berufsgruppe brauchen bzw. warum wir sie auch der Gesellschaft mitteilen müssen, bestehen viele. Wir wollen hier nur einige nennen:

1. Selbstständige Tätigkeit
2. Macht der Translation
3. Klare Unterscheidung zwischen professioneller und nichtprofessioneller Translation

1.2.1 Selbstständige Ausführung der Tätigkeit

Sowohl die ,Vorderbühne' als auch die ,Hinterbühne' sind im gesellschaftlichen Kontext von außerordentlicher Bedeutung: Ausbildung, Standards zur Qualitätssicherung sowie die ethischen Forderungen an einen Beruf sind aus vielen Gründen notwendig – in der Translation in besonderem Ausmaß, weil translatorische Arbeit vorwiegend selbstständig ausgeführt wird, so dass sie kaum unter der Kontrolle der Bedarfsträgerinnen, Auftraggeberinnen oder Öffentlichkeit stehen kann. Es gibt kaum einen anderen Beruf, der so wenig Feedback bietet, wie der Translatorinnenberuf. Dabei spielt der Umstand eine Rolle, dass es keine wirklichen Vorgesetzten und selten Kolleginnen gibt, die vollen Einblick in die Translationstätigkeit haben und mit denen die Translatorin eng zusammenarbeiten muss oder einen tieferen Erfahrungsaustausch pflegt. Wir haben bereits am Anfang dieses Kapitels gesehen, wie,

wenn überhaupt, translatorische Arbeit beurteilt wird (z.B. „kongeniale
Übersetzung"). Translatorische Leistungen sind nicht immer sichtbar, so
dass die innere Ordnung nicht immer nachgeprüft werden kann. Man könnte allgemein sagen, dass die translatorische Tätigkeit keine besondere Beachtung findet, solange sie keine Auffälligkeiten aufweist (und in der Regel
fallen Fehler auf). Diese (Nicht-)Wahrnehmung der Translatorin hängt insbesondere damit zusammen, dass Translatorinnen in der Ausübung ihrer Tätigkeit weder zu den Ausgangstextproduzentinnen gezählt werden können,
noch der Institution angehören, welche sie engagiert hat bzw. für die sie den
Auftrag ausführen; Translatorinnen zählen auch nicht zu den Expertinnen
auf einem Kongress oder zu den ausländischen Gästen. Daraus ergeben sich
Konsequenzen für die Kontrolle der Qualität der Translation. Die fachliche
Eignung der Translatorin wird im Wesentlichen durch das Verhalten in der
Gesellschaft im Einklang mit den herrschenden Konventionen und Erwartungen ‚kontrolliert'. Umso wichtiger ist es, dass in der Positionierung das
Berufsbild der Translatorin die klare Botschaft enthält, dass Translation an
sich und die Umsetzung der Werte in der Translation durch die Anwendung
gelernter Methoden geschieht: Translatorische Entscheidungen werden nicht
getroffen, weil sie ‚gut gemeint' sind, sondern auf der Basis gelernter Methoden. Das grundlegende Prinzip der translatorischen Tätigkeit beruht auf der
Verpflichtung, die Interessen der an der Kommunikation Beteiligten zu wah-
ren. Im Mittelpunkt des Verhältnisses zwischen der ausgangskulturellen und
der zielkulturellen Botschaft steht die Arbeit der Translatorin. Translation ist
auf Verständigung unter Berücksichtigung der Vereinbarkeit der Hand-
lungspläne, Zielsetzungen und Interessen aller an der Kommunikation Beteiligten ausgerichtet. Die translatorische Tätigkeit wird analytisch, synthetisch,
evaluativ und kreativ ausgeübt. Translation bedeutet, Entscheidungen zu treffen und die Ergebnisse permanent zu überprüfen. Dabei werden das sach- und
kulturbezogene Wissen aktiviert und eigenständige Texte unter Verwendung
des analytisch-synthetisch-evaluativ bereitgestellten Materials produziert. Die
translatorische Tätigkeit entwickelt sich vor dem Hintergrund des bi- oder
multikulturellen Wissens, einschließlich sozial akzeptierter Konventionssys-
teme. Persönliche Interessen oder gesellschaftlicher Druck usw. dürfen diese
Prinzipien nicht unterlaufen.

1.2.2 Macht der Translation

In der heutigen Massenkommunikation ist der Gebrauch von Translation
weit größer, als den meisten Menschen bewusst ist. Übersetzte und gedol-
metschte Texte und damit assoziierte Einstellungen treten täglich in unser

Leben, über übersetzte Bücher, Zeitungen, Zeitschriften, Fernsehen und Computer. In diesem Rahmen haben sie großen Einfluss und umfassen ein Volumen, das nicht ignoriert werden kann. Daher ist es notwendig, das Augenmerk auf die Macht, Kontrolle und Abhängigkeiten zu richten, die Translate ausüben. Wir haben bereits mehrfach festgestellt, dass Wissenstransfer durch Translation eine heikle Mission ist. Translate stehen immer in einem Spannungsverhältnis verschiedener Interessen, die in einer Gesellschaft herrschen. Nicht zuletzt aus diesem Grund sind ein strukturiertes Bild der Berufsgruppe in der Öffentlichkeit und eine strukturierte Interaktion zwischen den Handlungspartnerinnen, den Translatorinnen, Bedarfsträgerinnen, Autraggeberinnen, Kritikerinnen oder Autorinnen, notwendig. Dabei haben die Maximen Loyalität und Kooperation einen wichtigen Wert. Die Loyalität – auch zu sich selbst als Translatorin – und die Kooperation zu und mit Handlungspartnerinnen ist auch eine Richtschnur bei der Tätigkeit, also dafür, wie man mit den Informationen, die zu transferieren sind (und auf die man in bestimmtem Maß ein Monopol hat), umgeht. Diese Maximen ermöglichen uns, alle an der Translation Beteiligen in einem ganzheitlichen Ansatz in die Translation einzubinden, indem Bedürfnisse, Interessen und Wertsysteme aller berücksichtigt werden.

1.2.3 Unterscheidung zwischen professioneller und unprofessioneller Translation

Translatorin ist ein interessanter, bisweilen schöner Beruf, manchmal mit einem Gefühl der Frustration, gelegentlich mit Erfolgserlebnissen verbunden. Es ist aber eine schleichende und systematische Abwertung des Berufs feststellbar, die verschiedene Ursachen hat. Eine der Ursachen ist sicherlich die Rezeption von Translaten, die von Laien angefertigt werden. Es ergibt sich als Gesamtbild eine zunehmende Diskrepanz zwischen dem durchaus idealistischen Eigenanspruch professioneller Translatorinnen und der ökonomiegesteuerten translatorischen Wirklichkeit. Ein nicht unbeträchtlicher Teil aller Translate wird von Nicht-Translatorinnen hergestellt. Die Präsenz der Nicht-Translatorinnen auf dem Translationsmarkt ist u.a. auch dadurch zu erklären, dass von den Handlungspartnerinnen und der Gesellschaft nicht selten angenommen wird, dass jede Person, die eine Fremdsprache spricht, ohne weiteres imstande ist, zu übersetzen oder zu dolmetschen. Es ist dann auch nicht weiter verwunderlich, wenn Negativleistungen entstehen oder beklagt werden. Nicht zuletzt aus diesem Grunde haben sowohl Translatorinnen als auch die Gesellschaft guten Grund, Translationsprozesse zu regulieren.

1.2.4 Kommunikations- und Translationskultur

Wesentlich bestimmend für die öffentliche Wahrnehmung eines Individuums oder einer Gruppe sind die Kommunikationsformen, deren sich das jeweilige Individuum oder die Gruppe bedient. Auch Berufsstände werden so wie andere Gruppen danach beurteilt, wie ihre Mitglieder untereinander und nach außen kommunizieren. Der Ruf eines Berufsstandes als Ganzes, das Bild, das sich die Öffentlichkeit von diesem Berufsstand macht, soll nicht dem Zufall oder der Beliebigkeit überlassen, sondern bewusst und strategisch gepflegt und gestaltet werden. Grundsätzlich besteht ein Image aus mehreren Komponenten, die sich sowohl auf die Berufsgruppe als Ganzes, ihre einzelnen Mitglieder als auch auf die von der Berufsgruppe hergestellten ‚Produkte' beziehen. Daraus lässt sich eine grundsätzliche Feststellung zur Bildung von Images ableiten, das folgende drei Dimensionen der öffentlichen Wahrnehmung einer Berufsgruppe umfasst:

- Wissen und Kenntnisse über die Berufsgruppe
- Erwartungen an diese Berufsgruppe
- Verhalten und Handeln der Gesellschaft gegenüber der Berufsgruppe

Daraus ergibt sich die Forderung an Translatorinnen als Berufsgruppe, eine Reihe allgemeiner Kriterien aufzubauen und zu sichern, die für die Berufsgruppe und ihre Positionierung bzw. ihren Kontext maßgeschneidert sind. In ihrem Kern würde die Gestaltung dieser Kriterien in der Maxime „richtig handeln und darüber reden" bestehen: Neben der Qualität und Zuverlässigkeit der eigenen Produkte und Handlungen ist es die Gestaltung und Entwicklung einer Kommunikationskultur, die dazu dienen soll, das äußere Erscheinungsbild des Berufes in einer bestimmten und gewollten Weise zu festigen. Diesen von Translatorinnen aktiv gestalteten und gesteuerten Beitrag zur Verbesserung des Bildes vom eigenen Berufsstand wollen wir in Anlehnung an Prunč (1997) die Entwicklung einer **Translationskultur** nennen. Diese aktive Gestaltung des Berufsbildes und die Entwicklung einer Translationskultur umfasst auch eine Hervorhebung der Rolle der Translation und der Rolle der Translatorin in der Gesellschaft. Bei der Beschreibung der Rolle sind jene Pflichten, Verantwortungen und Verhaltensweisen herauszustreichen, welche zu den beruflichen Selbstverständlichkeiten gehören, wie beispielsweise Unterscheidungsmerkmale im Wettbewerb oder die Transparenz über Produktions- und Rezeptionsbedingungen von Translaten, aber auch die Mitverantwortung der Handlungspartnerinnen. Ziele und Strategien im Rahmen der Entwicklung einer Translationskultur dienen nicht zuletzt der Berufsgruppe selbst als Unterscheidungsmerkmal zur Sicherung des ökonomischen Handlungsspielraums. Die Systematik einzelner Themenkreise im Rahmen der Entwicklung einer Translationskultur nach außen könnte man sich mit einer Reihe von allgemeinen Imagekriterien vorstellen, die aufzubauen, zu sichern, zu pflegen und weiterzuentwickeln sind:

- Vertrautheit mit dem Imageobjekt ‚Translation'
- Vertrauen in das Produkt ‚Translation'
- Glaubwürdigkeit
- Respekt
- adäquate Erwartungen

Das Vertreten von Imagekriterien einer Berufsgruppe nach außen erfordert jedoch, dass für verschiedene Fachleute – Praktikerinnen wie Theoretikerinnen – in der unternehmerischen Praxis wie in der Fachliteratur die Bedeutungsinhalte von Imagekriterien eindeutig und für alle gleichermaßen verbindlich festgelegt sind. Ein gewisses Maß an Institutionalisierung und Standardisierung der Kommunikation ist nicht nur aus Gründen der Transparenz und Akzeptanz in der Gesellschaft notwendig, sondern insbesondere zur Ermöglichung einer eindeutigen Zuordenbarkeit. Ein übergeordnetes und professionell formuliertes, von einzelnen Translatorinnen vertretenes Berufsbild, eine Art ‚Verfassung', bietet auch reichhaltige Anhaltspunkte sowohl für die Weiterentwicklung einer Gesamttranslationskultur für die Berufsgruppe als auch für die inhaltliche wie formalistische Umsetzung von Teilaspekten der Translation in ihren diversen Erscheinungsformen der Gesamtkommunikation.

1.3 Zusammenfassung

In der modernen Gesellschaft würde man es als zwecklos, wenn nicht geradezu undenkbar betrachten, ein Individuum oder eine Gruppe in künstlicher Isolierung von der Umwelt zu studieren oder zu bewerten. In diesem Sinne sind Menschen und Menschengruppen offene Systeme, die ihre Stabilität und ihre gesellschaftliche Anerkennung dadurch erhalten, dass sie im dauernden Austausch von Information mit der Umwelt stehen. Die Umwelt diktiert auch eine große Anzahl von Instruktionen über die Existenz und gesellschaftliche Positionierung des Individuums oder einer Berufsgruppe. Wir haben im vorliegenden Kapitel versucht, die Translation und insbesondere die Translatorin in den gesellschaftlichen Kontext zu stellen und die Relevanz einer sichtbaren und eindeutigen Positionierung hervorzuheben. Als Ergebnis und Anhaltspunkt für eine weitere Auseinandersetzung sehen wir die Entwicklung und Pflege einer Translationskultur. Die Entwicklung und die strategischen Zielsetzungen einer Translationskultur im Rahmen sowohl der wissenschaftlichen Auseinandersetzung als auch der berufsständischen und praktischen Translation im Einzelnen enthält eine Botschaft und die dazugehörende Auslobung. Der Berufsstand spricht für sich und über sich, er stellt sich selbst dar, indem er seine Werte und Standards, seine Stärken und Kompetenzen, seine Überzeugungen und andere besondere Merkmale, die für den Berufsstand als Ganzes und Besonderes stehen, entwickelt und definiert. Durch die Möglichkeiten, sich als eigenständige und professionell agierende Berufsgruppe in der Gesellschaft zu positionieren und sich damit nicht zuletzt von den Laien klar zu distanzieren und zu unterscheiden, wird auch ein Beitrag zur öffentlichen Bewusstseinsbildung über den Beruf der Translatorin geleistet.

Translatorinnen stehen in einem umfassenden Kommunikationsgefüge und sind Trägerinnen eines kommunikativen Potenzials. Die Außenwelt nimmt sowohl das aktive Handeln als auch das Gesamtverhalten der Translatorin wahr und erstellt danach ihr Bild des Berufstandes. Die Translatorin, die sich bewusst ist, dass sie durch jedes Verhalten kommuniziert, wird neben der transkulturellen Kompetenz auch die Fähigkeit entwickeln, sich nach außen aktiv gegenüber Auftraggeberinnen, Rezipientinnen und ganz allgemein in der Gesellschaft zu präsentieren. Translatorinnen können nur dann als Expertinnen für transkulturelle Kommunikation in unserer Gesellschaft wahr- und ernst genommen werden, wenn sie ihren Beitrag zum gesellschaftlichen Diskurs über Translation leisten.

Quellen und weiterführende Literatur

aiic. Region Deutschland. In: http://www.aiic.de/verband_berufsethik.html (Stand: Oktober 2004).

„Bundesgesetz über die Organisation der Universitäten und ihre Studien (Universitätsgesetz 2002)." In: *Bundesgesetzblatt für die Republik Österreich.* Jahrgang 2002, ausgegeben am 9. August 2002.

Goffman, Erving. 1969/2003. *Wir alle spielen Theater: die Selbstdarstellung im Alltag.* München: Piper.

Prunč, Erich. 1997. „Translationskultur. (Versuch einer konstruktiven Kritik des translatorischen Handelns.)" In: *TexTconText* 11, 99-127.

2 Translation als kultureller Transfer

In diesem Kapitel werden wir die kulturelle Dimension des menschlichen Handelns und insbesondere der menschlichen Kommunikation näher untersuchen und dabei noch genauer erklären, warum Translation als kultureller Transfer zu betrachten ist. Zunächst aber eine kurze Begriffspräzisierung: Was ist eigentlich das Phänomen, das wir *Kultur* nennen? Wir werden sehen, dass der wissenschaftliche Begriff von Kultur viel mehr umfasst als der alltägliche: Kultur bezieht sich nicht nur auf Literatur, Theater, Musik etc., sondern stellt die Gesamtheit der Normen und Konventionen dar, die das Verhalten einer Gesellschaft oder einer Gruppe kennzeichnen. Wir können somit sagen:

 Kultur ist das Ensemble gesellschaftlicher Erfahrungen, Denkstrukturen und Handlungspraktiken.

Wir müssen uns aber auch folgende Fragen stellen:

- Woher kommt Kultur?
- Sind wir alle *nur* Produkte unserer Kultur?
- Wie hängen Kultur und Sprache zusammen?

Und:

- Was ist die Relation der unterschiedlichen Kulturen und Sprachen zueinander?

Denn, wenn diese *gar nichts* miteinander zu tun haben, wie könnten wir dann *trans*kulturell kommunizieren? Um diese Fragen zu beantworten, werden wir uns mit ein paar fundamentalen Grundsätzen des menschlichen Daseins befassen und nicht nur Texte, sondern auch die Menschen, die diese Texte produzieren und verstehen, als Teil des Weltkontinuums betrachten.

2.1 Kultur und Realitätsbezug

Wir gehen davon aus, dass es eine objektiv existierende Realität gibt. Dies bedeutet: Es gibt die Welt, unabhängig davon, ob wir Menschen sie wahrnehmen oder darüber kommunizieren wollen. Der uralte philosophische Streit über ‚Realität' lautet stark vereinfacht: Wenn ein Baum umfällt und kein Mensch dabei ist, um den Baum oder das Umfallen zu beobachten, besitzt der umfallende Baum eine Realität für uns oder nicht? Die einen behaupten: Nein, etwas ist nur real, wenn es eine Beobachterin gibt. Die anderen sagen: Natürlich – auch wenn wir es nicht sehen, fällt der Baum trotzdem um. Es gibt ja Dinge in der Welt, die eben *objektiv* vorhanden sind und deren Existenz nicht vom menschlichen Subjekt abhängen. Wenn wir hier sagen es gibt eine objektiv existierende Realität, dann vertreten wir letzteren Standpunkt. Es gibt also die Welt; die Menschen sind Teil dieser Welt und können sie wahrnehmen (beobachten) – oder auch nicht.

Es ist natürlich klar, dass wir Menschen sehr viele Phänomene der Welt wahrnehmen, sogar wahrnehmen müssen, um überleben zu können. Wir müssen z.B. die Jahreszeiten wahrnehmen und uns mit diesem Naturgesetz auseinander setzen, um uns ernähren zu können. Oder wir nehmen wahr, dass es Tiere und Pflanzen gibt, die uns nützlich sind. Dies gilt wohl für alle Menschen: Wir alle beziehen uns auf irgendeine Weise auf die Welt, auf die Realität. Wichtig ist aber: Auf *welche* Weise beziehen wir uns auf die Realität?

Dieses Sich-Beziehen auf die Welt, in der man lebt, wird vor allem durch das Kollektiv oder die Gesellschaft bestimmt, in der man lebt. Menschen, die z.B. in der Wüste leben, müssen – und wollen daher – sich ganz anders auf ihre Umgebung beziehen als Menschen, die in den Bergen in Mitteleuropa leben. Erstere haben z.B. ganz andere Wasserbeschaffungsprobleme als die Bergbewohnerinnen. Sie haben daher nicht nur eine andere Umgebung, sondern haben auch als Gruppe ganz andere *Bedürfnisse* in Bezug auf diese Umgebung. Ihr **Realitätsbezug** ist daher zwangsläufig ein anderer als der des Bergvolks.

Was hat das alles mit Kultur zu tun? Wir haben oben gesagt: Kultur ist das Ensemble gesellschaftlicher Erfahrungen, Denkstrukturen und Handlungspraktiken. Wir können jetzt diese Definition mit folgender Erkenntnis erweitern: Kultur ist das Ergebnis der Umgebung, in der wir leben, der Bedürfnisse, die in Bezug auf diese Umgebung befriedigt werden sollen und nicht zuletzt, der Art und Weise, wie wir mit diesen Bedürfnissen umgehen und über sie kommunizieren. Die oben genannten gesellschaftlichen Erfahrungen sind nichts anderes als die Wahrnehmung einer Gesellschaft derjenigen Aspekte der Welt (der Realität), die für sie wichtig sind. Die Denkstrukturen ergeben sich aus dieser Selektion: Wir denken so über die Welt, wie es unserer Gesellschaft relevant erscheint. Und logischerweise erfolgen die Handlungspraktiken aus diesen Erfahrungen und den Denkstrukturen: Unser Tun, unsere Handlungen, werden auch davon bestimmt, wie wir die Realität erfahren und darüber denken.

Woher kommt Kultur? Kultur entsteht aus dem Bedürfnis der Menschen, sich adäquat auf die Realität zu beziehen. Was als adäquat gilt, unterscheidet sich je nach Gesellschaft und den kollektiven Bedürfnissen dieser Gesellschaft. Es gibt unterschiedliche Kulturen, weil es unterschiedliche Gesellschaften gibt mit unterschiedlichen Bedürfnissen in Bezug auf die Realität. Jede Kultur stellt somit einen anderen Bezug zur Realität dar. Jeder Mensch erwirbt im Laufe seiner Enkulturation (siehe dazu genauer Kapitel 3.3) bestimmte Anteile an vielen Teilkulturen. Zum Beispiel durch seine Bildung, seine berufliche Sozialisierung, seine Sprachkompetenz usw. Er ist somit in verschiedenen kulturellen ‚Welten' zu Hause. Diese können mit Vermeer (1990) in eine Para-, Dia- und Idiokultur unterschieden werden. Parakultur meint dabei Kultur als Gesamtheit (z.B. die westeuropäische Kultur, die französische Kultur etc.), Diakultur bezieht sich auf eine bestimmte Gruppe (z.B. Jugendkultur) und Idiokultur meint die individuelle Kultur jeder einzelnen Person.

2.1.1 Kulturspezifisches Wissen

Wir haben oben festgestellt, dass jede Kultur diejenigen Aspekte der Realität selektiert, die sie für relevant erachtet. Diese Selektion bestimmt somit, was in einer bestimmten Kultur überhaupt als *relevante Erfahrung* der Welt zählt. Dass nicht alle Kulturen die gleiche Erfahrung der Welt haben und auch *nicht haben wollen*, sieht man z.B. daran, dass es für uns in Mitteleuropa selbstverständlich ist, dass wir die Straßenschuhe anlassen, wenn wir einen Laden betreten. Wir empfinden es nicht als unpassend, den Straßenschmutz ins Geschäft zu bringen. In Indien dagegen gilt es als extrem unhöflich, die Schuhe *nicht* auszuziehen, weil es ein Zeichen der Höflichkeit ist, den Boden, den man betritt, möglichst frei von Schmutz zu halten. Man könnte natürlich argumentieren, dass die Straßen in Indien oft schmutziger sind als Straßen in Mitteleuropa, aber wichtig ist hier das unterschiedliche *Empfinden* dessen, was schmutzig ist und was als höflich gilt, wenn man einkaufen geht. Die ‚gleiche' Realität wird anders erlebt, anders erfahren. Man könnte auch sagen: Sie wird anders *interpretiert*.

Beispiel: *Der europäische ‚way of life' aus der Sicht einer anderen Kultur.*

Geburtenexplosion in Mitteleuropa! Entwicklung in Europa wieder rückläufig. Drohende humanitäre Tragödie in Europa: In Italien beträgt die durchschnittliche Geburtenrate 4,8 – und das bei einem BNP weit unter dem der meisten zivilisierten Länder. Unterernährung, niedrige

Bildungsstandards und Krankheit grassieren in der bereits überbevölkerten Region, vor allem im Norden, wo das unüberwindliche Bergmassiv der Alpen und arktische Wintertemperaturen ein zivilisiertes Leben praktisch unmöglich machen. Dennoch produzieren die Europäer Nachwuchs ohne Ende. Es ist zwar kaum zu glauben, aber angeblich brauchen die Europäer während der extremen Kälte im Winter mehr Körperkontakt, was bei ihnen zwangsläufig dazu führt, dass sie mehr Kinder in die Welt setzen. Das abgelegene Bergdorf Cortina z.B. ist monatelang nur mit Hilfe von Holzplanken erreichbar, die man sich an die Füße schnürt, um nicht im Schnee zu versinken (so genannte *Skis*). Und dort gebären die Frauen durchschnittlich 5,2 Kinder! Missionare machen die christliche Sekte der Katholiken für den unaufhaltsamen Kindersegen mitverantwortlich. Die Katholiken sind in diesem Teil Europas außerordentlich einflussreich: Sie predigen, dass der Gebrauch von Verhütungsmitteln zu ewiger Verdammnis führt und den Gott (die Sekte der Katholiken glaubt, es gebe nur einen Gott) erzürnt. Hinzu kommt, dass die Eingeborenen gerne zu einer hoch konzentrierten Droge (dem so genannten *Grappa*, der in flüssiger Form eingenommen wird) greifen, was die sexuelle Aktivität der Bewohner Cortinas und der Nachbardörfer noch weiter ankurbelt.

In Mitteleuropa ist es ‚selbstverständlich', dass man Skis verwenden kann, um über den Schnee zu fahren oder, sofern man gläubig ist, nur an einen Gott glaubt. Was wir ‚alle wissen' ist so selbstverständlich, dass es uns absurd oder seltsam vorkommt, dieses Wissen zu thematisieren. Oft neigen wir sogar dazu, Menschen, die unser Kulturwissen nicht besitzen, als ignorant zu bezeichnen: „Jemand, der Mozart nicht kennt, ist ein Kulturbanause" oder „Stell' dir vor, die Amerikaner verwechseln immer Monet und Manet! Wie dumm kann man sein!" Frage: Wie viele afrikanische Komponisten kennen Sie? Oder: Können Sie eine chinesische Malerin nennen? Wir sehen, dass das Alltagswissen und auch die so genannte Allgemeinbildung gar nicht so allgemein ist – sie ist eben kulturspezifisch.

2.1.2 Scripts und Schemata

Die Tatsache, dass Wissen kulturspezifisch ist, wird auch in den Kognitionswissenschaften thematisiert. Ähnlich wie der Prototypenbegriff und die Scenes-and-Frames-Semantik, die in Kapitel 5 diskutiert wird, liefern die Modelle der Scripts (Schank/Abelson 1977) und Schemata (ursprünglich von Bartlett 1932) Erklärungen für die Kulturspezifik des Wissens, die auch in der Textlinguistik und speziell in der Translationswissenschaft zu wichtigen Erkenntnissen führten.

Scripts sind in der Tat – ähnlich wie **scenes (siehe 5.3.)** – eine Art mentales Drehbuch, das uns Anweisungen dafür liefert, wie wir in bestimmten Situationen handeln sollten, um uns kulturkonform zu verhalten. Wir wissen, z.B. welche kommunikativen Abläufe stattfinden werden, wenn wir jemanden kennen lernen: In Mitteleuropa, je nach Altersgruppe, werden Hände geschüttelt und man wechselt ein paar Standardphrasen; Jugendliche sagen einfach ‚hallo' und nicken; junge Frauen küssen einander vielleicht auf die Wange etc. Oder wir können auch im Restaurant mit einer ziemlich standardisierten Sequenz von Ereignissen rechnen: Wir suchen einen Tisch, setzen uns nieder, man bringt uns die Speisekarte etc. In anderen Ländern und anderen Kulturkreisen laufen Begrüßungen oder Restaurantbesuche anders ab. Wichtig ist, dass wir alle im Laufe unserer Enkulturation unzählige Scripts lernen und speichern, die wir in der Folge nicht *bewusst* abrufen müssen, um uns ‚normal' zu verhalten. Scripts stellen eine Art von Wissen dar, das die jeweilige Kulturgemeinschaft kollektiv besitzt und auch *unbewusst* als Verhaltensrichtlinien anwendet. Wer keinen Zugang zu diesem kulturspezifischen Wissen hat, fällt einfach auf. Wir wissen alle, wie unangenehm es sein kann, wenn man das erste Mal in einem fremden Land in einem Restaurant bestellen muss und nicht genau weiß, ‚wie es sich gehört'. Oder wenn man einer Person die Hand geben will und diese erwartet ein einfaches ‚Tschüß' oder vielleicht einen Kuss auf die Wange. Wer die kulturellen Scripts nicht kennt, verhält sich ‚anders', wirkt eben *fremd*.

Es gibt natürlich ähnlich typisiertes, kulturspezifisches Wissen auf der Ebene des sprachlichen Verhaltens. Dieses Wissen beeinflusst die Art und Weise, wie wir selbst sprachliche Äußerungen (Texte) produzieren und auch, wie wir die Texte anderer verstehen. So genannte **Schemata** – die wiederum mit **scenes** in Verbindung gebracht werden können – enthalten auch kollektives kulturspezifisches Wissen, das im Zusammenhang mit bestimmten Wörtern, Phrasen, Texttypen etc. aktiviert wird. Wie wir unten sehen werden, können wir eine Sprache nur dann verstehen, wenn wir wissen, welche Erfahrungen und Interpretationen der Realität mit den einzelnen Wörtern und grammatikalischen Konstruktionen in Zusammenhang gebracht werden sollen. Schemata liefern ein kulturspezifisches Interpretationsmuster (eben ein *Schema*), mit Hilfe dessen wir Sprache und Realität auf kulturell adäquate Weise verknüpfen.

 **Beispiel:** Das Wort *Brot* im Deutschen wird mit einer Reihe von anderen Wörtern, Situationen und Emotionen in Zusammenhang gebracht: womit man Brot essen kann (Butter, Wurst, Schmalz, zum Gulasch etc.), welche Arten von Brot es gibt (schwarz, weiß, Vollkorn etc.), wie es aussieht, wie

man es schneidet, wie man es serviert (geschnitten im Brotkorb, als ganzer Laib), wie es riecht, wie lange es frisch bleibt, dass man es nicht verschwenden darf, die Phrase „Gib uns unser tägliches Brot", etc. Auch wenn es in anderen Kulturen und in anderen Sprachen etwas wie *Brot* gibt, wird das jeweilige Wort andere Schemata, ein anderes kulturspezifisches Wissen hervorrufen als das deutsche Wort, weil das ‚Brot' der anderen Sprache eben einen anderen Stellenwert in der Kultur hat als im deutschsprachigen Kulturraum. So werden z.B. mit dem italienischen *pane* oder dem französischen *pain* andere Gerüche, andere Farben, andere Essgewohnheiten verbunden als mit dem deutschen Wort *Brot*. In diesem Sinne aktiviert *Brot* ganz andere Schemata als *pane* oder *pain*.

Die Beispiele mit den Straßenschuhen, den Skis und dem Brot zeigen, dass Dinge, die in einer Kultur ‚jeder Mensch weiß', in anderen Kulturen nicht zum Alltagswissen gehören – sie sind schlichtweg irrelevant. Sie zeigen auch, dass das ‚Wissen' einer Kultur der anderen irrelevant bis komisch vorkommt. Was wir über die Welt wissen, hängt auch von unserer Kultur ab. Genauer gesagt, es hängt davon ab, wie unsere Kultur *die Welt interpretiert*. Das Wissen ist kein objektives Faktum, sondern immer das Produkt einer bestimmten Kultur. Welche Rolle diese Kulturbedingtheit des Wissens in der Translation spielt, kann mit folgendem Beispiel illustriert werden:

Übersetzungsauftrag: **Übertragung eines Werbeslogans über Österreich als Urlaubsort für die Niederlande, Schweden und Norwegen**. Das Poster zeigt Berggipfel im Sonnenschein, im Hintergrund blauer Himmel, im Vordergrund ein Wanderer, mit Zoom auf die groben Bergschuhe. Der Text, in schwarzer Frakturschrift auf einem weißen Hintergrund mit roten Streifen geschrieben, lautet: *Gipfelstürmer. Alltag raus, Österreich rein*. Das zu lösende Übersetzungsproblem besteht nicht nur darin, den Slogan zu übersetzen, sondern das gesamte Poster als Botschaftsträger für andere Kulturen verständlich und wirksam zu übertragen. Das beauftragte Übersetzungsbüro hat entsprechend den Erfordernissen einer professionellen und qualifizierten Auftragnehmerin Zugang zum kulturspezifischen Wissen der jeweiligen Zielkulturen und weist die Auftraggeberin auf folgende Problematik hin: Die Farben weiß, rot und schwarz im Zusammenhang mit einem deutschsprachigen Land und der Frakturschrift wecken in den Zielländern Schweden, den Niederlanden und Norwegen auf Grund ihrer Erfahrungen im 2. Weltkrieg Assoziationen mit dem Nationalsozialismus und Hitlerdeutschland. Diese Schemata werden durch die militärisch anmutende Fußbekleidung noch verstärkt, so dass die Gesamtbotschaft überwiegend negativ ausfällt noch bevor die Textrezipientinnen den Wortlaut wahrnehmen oder verstehen können. Es wird empfohlen, den Schrifttyp und die Schriftfarbe zu ändern und, wenn möglich, auch den Fokus weg vom Bergschuh zu verlagern.

Im obigen Beispiel gingen die Auftraggeberinnen davon aus, dass alle Menschen auf gleiche Weise auf das gleiche Bild und die gleichen Farben reagieren. Sie konnten nicht wissen, dass die potentiellen Kundinnen in den anderen Ländern eben *nicht* das ‚gleiche' Bild sehen, sondern ein Bild, das entsprechend ihren eigenen kulturellen Erfahrungen interpretiert wird: Sie sehen de facto ein *anderes* Bild. Sie reagieren daher anders darauf – es werden negative statt positive Emotionen geweckt. Und das führt auch dazu, dass sie die Wörter, die damit im Zusammenhang stehen, auch anders wahrnehmen und verstehen. Die Kulturspezifik des Wissens beeinflusst somit viele Ebenen unserer Wahrnehmung, die alle miteinander verknüpft sind. Translation hat nicht nur mit Sprache zu tun, sondern mit einer Fülle von kulturell geprägten Wissenskomponenten, die je nach Translationsauftrag unterschiedlich berücksichtigt werden müssen.

Ein wichtiger Punkt bleibt in diesem Zusammenhang noch zu klären: Wenn unser Wissen immer kulturspezifisch ist, wie ist es dann möglich, sich das Wissen anderer Kulturen anzueignen? Wird unser gesamtes Verhalten, Denken und Handeln immer nur von der Kultur geprägt, in der wir aufgewachsen sind? Sind wir *nur* das Produkt unserer eigenen Kultur?

Alle Menschen, die längere Zeit im Ausland gelebt haben, wissen, wie die Antwort auf diese Frage lautet: Nein, natürlich nicht. Irgendwie besitzen wir auch die Fähigkeit, die Welt aus der Perspektive anderer Kulturen zu betrachten. Manchmal braucht das eine Weile: Wir empfinden es z.B. oft als irritierend, dass man in einem anderen Land unser Lächeln missversteht oder uns unhöflich findet, wenn wir nicht zum richtigen Zeitpunkt grüßen. Oder wir wundern uns darüber, dass man in England ein Marmeladebrot mit *gesalzener* Butter isst. Aber wenn wir lange genug in dieser Kultur leben oder uns auf andere Weise damit auseinander setzen (wie z.B. durch Lesen, Radiohören, Fernsehen etc.), gewöhnen wir uns allmählich daran und finden die Unterschiede zur eigenen Kultur nicht mehr seltsam oder ekelhaft (was ja nicht bedeutet, dass wir gleich *alles* nachahmen wollen!).

Dies ist deswegen möglich, weil wir alle die Fähigkeit haben, uns auf unterschiedliche Weise auf die Welt zu beziehen. Jedes Menschenkind könnte immerhin an jedem beliebigen Ort und in jede beliebige Kultur geboren werden. Und jedes Kind kann jede beliebige Sprache und jeden beliebigen Bezug zur Realität lernen. Diese Fähigkeit besitzen wir im wahrsten Sinne ‚von Natur aus'. Das Potenzial, unterschiedliche Realitätsbezüge herzustellen – also sich unterschiedliches, kulturgeprägtes Wissen anzueignen, liegt buchstäblich in der menschlichen Natur. Wir sind zwar in erster Linie das Produkt unserer eigenen Kultur, unserer ersten Enkulturation, können aber unserer

Kultur ‚entkommen', weil wir auch *andere* Realitätsbezüge und andere Interpretationen lernen können. Und eben das tun wir, wenn wir neue Sprachen
lernen.

2.2 Sprache und Kultur

Sprache ist das wichtigste Medium, mit dem wir unsere Erfahrungen und Interpretationen der Realität kommunizieren (wie wir im Kapitel 3 sehen werden, verwenden wir ja auch andere, nonverbale Mittel, um dies zu tun, wie
z.B. Kleidung, Mimik, Gestik usw.). Sprache ist aber ein wesentlicher Ausdruck und gleichzeitig auch Träger der Kultur.

Eine Kultur kann allerdings nur über Dinge kommunizieren, die sie be-
greifen kann. Dieses Begreifen erfolgt, wie oben besprochen, indem wir die
Welt bzw. unseren Bezug dazu interpretieren. Dabei ordnen wir auch unsere
Erfahrung der Welt, d.h. wir bilden Abstraktionen davon. Diese Abstraktionen können wir auch *Begriffe* nennen. Begriffe erlauben uns, die Welt zu be-
greifen, indem sie gewisse Aspekte der Realität zusammenfassen und auch
in Beziehung zueinander setzen. Insofern strukturieren auch Begriffe die
Komplexität der Welt – wir müssen nicht jedes Mal alles wahrnehmen und jedes Mal entscheiden, was wichtig oder relevant ist. Wie oben bereits besprochen, wird dies von der Kulturgemeinschaft ‚entschieden'. Es sind diese
Entscheidungen, die als Begriffe vermittelt und tradiert werden.

Das Vorhandensein von Begriffen allein genügt aber in den meisten Fällen nicht; wir brauchen auch Wörter, um diese Begriffe zu benennen. Diese
bilden dann das Sprachsystem, das die kulturell relevante Erfahrung der
Welt so darstellt, dass sie innerhalb der Kultur- und Sprachgemeinschaft
kommuniziert werden kann. Man könnte sagen: Die Wörter (und auch die
Grammatik) einer Sprache weisen darauf hin, was in einer bestimmten Kultur wichtig ist. Wenn es kein Wort für eine bestimmte Erfahrung gibt, dann
wahrscheinlich deswegen, weil die Kultur noch nicht das Bedürfnis hatte, die
Kommunikation über diese Erfahrung dadurch zu erleichtern, dass sie durch
ein Wort ‚standardisiert' wurde. Dieser kollektive Konsens darüber, wie über
eine gewisse Erfahrung kommuniziert wird – auch Lexikalisierung genannt
–, prägt wiederum unsere Wahrnehmung der Erfahrung: Wir sehen die Welt
durch die Brille unserer Sprache. Menschen, die z.B. ‚kein Wort' für die unterschiedlichen Gesichtsausdrücke einer Kuh haben, werden in der Regel auch
nicht in der Lage sein, irgendwelche Unterschiede in der Kuhmimik festzustellen, sie sehen sie tatsächlich nicht.

> Objektive Realität
> ⇓
> Erfahrung
> ⇑⇓
> Interpretation (auf Grund kultureller Bedürfnisse)
> ⇑⇓
> Selektion /Begriffsbildung
> ⇑⇓
> Benennung/sprachliche Äußerung

Die Idee, dass unsere Wahrnehmung der Welt nicht nur kulturell, sondern vor allem sprachlich geprägt ist, wurde im 20. Jahrhundert hauptsächlich von den Linguisten Edward Sapir und Benjamin Whorf propagiert. Diese behaupteten allerdings, dass es unmöglich sei, der eigenen sprachlich geprägten Wahrnehmung der Welt zu entkommen. Diese These des so genannten linguistischen Relativismus (alles sei relativ, es gebe keine absolute, objektive Realität oder Wahrheit, weil jede Sprache die Welt nur in Relation zu sich selbst ‚sehe') entfachte eine heftige wissenschaftliche Debatte: Wenn wir alle die Welt unterschiedlich sehen, woher wissen wir, was in anderen Sprachen gesagt wird? Wie können wir wissen, wovon in einer anderen Sprache die Rede ist, was ‚gemeint' ist, wenn es keinen neutralen Standpunkt gibt, von dem aus wir die wahre, objektive Welt betrachten können? In der Sprachphilosophie wird ‚das Gemeinte' als **Referenz** bezeichnet.

Die Frage der Referenz (also: Woher wissen wir, worauf sich Wörter beziehen oder worauf sie *referieren*) ist natürlich für die Translation von zentraler Bedeutung. Denn wir haben ja oben gesagt, dass wir beim translatorischen Handeln eben das tun: Wir bewegen uns zwischen zwei unterschiedlichen Sichten der Welt und drücken eine bestimmte Interpretation mittels einer der Sprachen aus. Die Antwort lautet: Wir wissen es auf Grund unserer Erfahrung mit der Realität, die mit unserer Kenntnis der Sprache gekoppelt ist.

2.2.1 Sprache und Realität

Wir haben bereits festgestellt, dass unsere Erfahrung der Realität davon abhängt, welche Merkmale dieser Realität für unsere Kultur als relevant gelten, welche selektiert und schließlich auch sprachlich thematisiert – und damit lexikalisiert – werden. Betrachten wir zur Illustration kurz das Bild auf der folgenden Seite. Was sehen Sie? Einen Hasen, ein Kaninchen, ein niedliches Haustier oder vielleicht ein lästiges Nagetier?

Je nachdem, wie Sie das Tier erlebt haben, werden Sie es unterschiedlich lexikalisieren, d.h. unterschiedliche Bezeichnungen dafür verwenden. Im Deutschen tendiert man dazu, das Wort *Hase* als allgemeine Bezeichnung zu verwenden, auch wenn es sich eigentlich um ein Kaninchen handelt. Dies hängt unter anderem damit zusammen, dass Hasen als niedlich, kuschelig und ,lieb' empfunden werden; immerhin sagt man Oster*hase*, Ski*hase* etc. Die Tatsache, dass Hasen eigentlich (objektiv gesehen) dünner sind, längere Beine und Ohren, ein länger gezogenes Gesicht haben als Kaninchen und allgemein eigentlich viel weniger niedlich wirken, ist dabei irrelevant. Die kulturelle Interpretation dieses Teils der Realität verwendet eben das Wort *Hase*, um bestimmte Emotionen, um ein bestimmtes Bild oder Image zu wecken. In anderen Sprachen, z.B. im Englischen dagegen haben Hasen (*hares*) ein ganz anderes kulturelles Image: Sie gelten als schlau, hinterhältig und sind alles andere als niedlich; sie werden eben anders interpretiert, und das Wort drückt auch diese Interpretation aus. Wenn wir nun das Wort – eigentlich, die Erfahrung des Teils der Realität, die mit *Hase* bezeichnet wird – ins Englische übersetzen wollen, brauchen wir ein Wort, das eine ähnliche Interpretation dieser Erfahrung wiedergibt, z.B. *rabbit, bunny* oder sogar *bunny rabbit*, je nachdem, für welche Zielgruppe wir übersetzen. Denn im Englischen ist es das Wort *rabbit* (Kaninchen), das diese Erfahrung und Interpretation ausdrückt.

Wenn wir neue Sprachen lernen, lernen wir neue Interpretationen der Realität, wir lernen z.B., dass im Englischen Hasen eigentlich Kaninchen sind (es sei denn, es geht um die zoologische Gattung). Wir lernen nicht nur, unsere Erfahrung der Realität anders zu interpretieren, sondern sie auch anders zu benennen.

Jeder Mensch hat Zugang zu jeder Sprache und jeder Kultur, weil sie die unterschiedlichen Formen darstellen, wie sich Menschen auf die Realität beziehen und diese interpretieren.

Es ist *unsere Erfahrung*, die uns sagt, wovon die Rede ist. Es ist wohl klar, dass wir nicht wissen können, was ein Hase ist, wenn wir noch nie mit diesem Phänomen in Berührung gekommen sind, sei es ‚live‘ oder in Büchern, im Kino oder im Fernsehen. Dies gilt auch für die Praxis der Translation. Wir wissen, wovon in einer Sprache die Rede ist, weil wir von dem Phänomen (Teil der Realität), das im Text thematisiert wird, irgendwie Erfahrung gewonnen haben. Und wenn wir dieses Phänomen auch in der Zielsprache und Zielkultur erfahren haben, wissen wir auch, wie man sich in der Zielsprache darauf bezieht und mit welcher Benennung. Die Tatsache, dass unsere Sprache unsere Sicht der Welt prägt, hindert uns nicht daran, neue Sprachen und neue Sichten der Welt zu lernen. Und sie hindert uns auch nicht daran, uns zwischen diesen unterschiedlichen Sichtweisen zu bewegen und eine davon in der Zielsprache auszudrücken, also, von einer Sprache in die andere zu übersetzen oder zu dolmetschen.

2.3 Kultur und Diskurs

Wie wir alle wissen, sprechen nicht alle Mitglieder einer Kultur- oder Sprachgemeinschaft ‚dieselbe Sprache‘. Schulkinder sprechen anders als Erwachsene, Jugendliche anders als Erstklässlerinnen, Akademikerinnen anders als Hilfsarbeiterinnen. Jede Gruppe bedient sich, je nach den eigenen Kommunikationsbedürfnissen, anderer Ausdrucksmöglichkeiten der Sprache, in und mit der sie lebt. Anders gesagt: Durch die Selektion in der tatsächlichen gesellschaftlichen Praxis werden unterschiedliche Aspekte des Sprachsystems artikuliert und sichtbar gemacht. Wenn wir eine Sprache als die Interpretation und Artikulation des menschlichen Bezuges zur Realität sehen, sind die unterschiedlichen, selektiven, praktischen Ausdrucksformen dieser Interpretation weitere, spezifischere Manifestationen der allgemeinen Interpretation. Der tatsächliche Sprachgebrauch der unterschiedlichen Gruppen in einer Kultur- und Sprachgemeinschaft selektiert und verwendet diejenigen Merkmale des allgemeinen Sprachsystems, die für ihre Zwecke geeignet sind. Man könnte sagen, dass eine ‚Sprache‘ – z.B. ‚Deutsch‘ oder ‚Tschechisch‘ – als übergeordnete Interpretation der Realität fungiert, die eine Reihe von untergeordneten Interpretationen hervorbringt. Diese untergeordneten Interpretationen werden auch *Diskurse* genannt.

Wie das Sprach- und Begriffssystem, innerhalb dessen sie ausgedrückt werden, artikulieren auch Diskurse die Interpretationen der Realität und die Werte derjenigen Gruppen, die sie verwenden. Wie die darüber gelagerte Sprache geben auch Diskurse vor, was kommunikativ thematisiert wird und wie, und auch, was nicht thematisiert wird oder werden soll. Diskurse stellen, mit anderen Worten, einen Konsens darüber dar, was ‚Thema' ist (dies haben wir oben auch als *Referenz* bezeichnet). Sie geben ‚das Gemeinte' oder die Interpretation des Realitätsbezugs einer bestimmten, durch Werte konstituierten Gruppe vor. Man hört z.B. im gewinn- und geldorientierten Diskurs der männlich dominierten Gesellschaft oft die Phrase: *Meine Mutter arbeitet nicht*. Dieser Diskurs interpretiert die Fürsorge einer Mutter, die Tatsache, dass sie putzt, kocht, ihrem Kind physische und emotionale Unterstützung bietet, nicht als *Arbeit*. In diesem Diskurs gilt eine Aktivität nur dann als *Arbeit*, wenn man damit Geld verdienen kann. Ein z.B. feministisch orientierter Diskurs, der die Realität der Mütter anders interpretiert, könnte die im Sprachsystem des Deutschen vorhandenen Mittel anders selektieren und das Handeln der Mütter so artikulieren: *Meine Mutter arbeitet nicht außer Haus* (was übrigens in einigen Ländern bereits zum politisch korrekten Sprachgebrauch geworden ist). Mit anderen Worten, Diskurse stellen soziale Interaktion dar, indem sie die bestehenden soziopolitischen Verhältnisse durch Selektion in einer konkreten sprachlichen Praxis beschreiben. Das heißt eigentlich, dass sich Menschen (bewusst oder unbewusst) durch Diskurse für bestimmte Interpretationen *entscheiden*, die zwangsläufig selektiver sind, als die allgemeine Interpretation, die durch das Sprachsystem zur Verfügung steht.

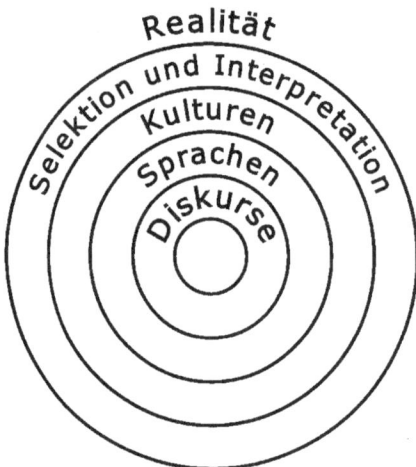

Die Einbettung von Diskursen
in Kulturen

Translatorinnen, die ja im Auftrag anderer entscheiden, was wie gemeint werden soll, müssen natürlich *bewusst* wissen, warum sie einen bestimmten Diskurs wählen. Mit anderen Worten, sie brauchen ein explizites Wissen darüber, welche Schemata, Scenes-and-Frames usw. in den jeweiligen Sprachen und Kulturen mit welchen Mitteln aktiviert werden. Sie müssen in der Lage sein, Entscheidungen auf der Basis eines Vergleichs zwischen den Arbeitssprachen und Kulturen zu treffen. Damit kommen wir zur Frage: Wie kann dieser Vergleich stattfinden?

2.4 Kulturspezifik und Translation

Der Vergleich findet dadurch statt, dass wir uns bewusst machen, welche Interpretation welcher Erfahrung mit den jeweiligen sprachlichen Mitteln benannt werden. Wir haben in 2.2.1. festgestellt, dass die meisten Menschen sich unbewusst für eine Realitätsinterpretation ‚entscheiden', indem sie den Diskurs der Gesellschaftsgruppe, in der sie sich befinden, unreflektiert übernehmen. Professionelle Translatorinnen dagegen müssen immer wissen, was sie tun, d.h. warum sie was wann sagen. Der erste Schritt ist die Bewusstmachung der Kulturspezifik der jeweiligen sprachlichen Äußerung.

Die ‚Befreiung' aus dem Interpretationsmuster einer Kultur und Sprache, sei es das eigene oder ein ‚fremdes', erfolgt über den Weg der kritischen Auseinandersetzung damit. Dabei wird die Interpretation der jeweiligen im Text thematisierten Erfahrung bewusst wahrgenommen; ein Sich-Distanzieren findet statt, das es der Translatorin ermöglicht, die interpretative Wirkung der Sprache zu erkennen und vor allem die eigene Kultur und Sprache nicht mehr als selbstverständlich oder ‚natürlich' zu empfinden.

Diese kritische Auseinandersetzung verlangt nicht, wie z.B. von vielen Sprachphilosophen behauptet, dass man sich einer neutralen Sichtweise bedient. Diese kann es ja gar nicht geben, denn, wie wir oben gesehen haben, stellt *jede* Sprache eine kulturgeprägte Interpretation dar. Die kritische Auseinandersetzung erfolgt durch den Vergleich der eigenen Kultur und Sprache mit der ‚fremden' oder Zielkultur und -sprache. Die Basis für den Vergleich ist dabei die Erfahrung der Translatorin mit dem Teil der Realität, der Gegenstand des Texts ist.

Beispiel: *Der Schriftsteller J. S. wurde in Wien 1919 geboren. Er emigrierte 1941 nach Amerika.* Diese Sätze, aus einer Sammlung der Biographien berühmter Österreicherinnen, sollen in unterschiedliche Sprachen für das Internet übersetzt werden. Das Zielpublikum ist damit potenziell die ganze Welt. Eine kritische Auseinandersetzung mit der Realität, die im zweiten Satz thematisiert wird, zeigt folgende Interpretation auf: Das Datum *1941* ist für Menschen, die mit der österreichischen Geschichte vertraut sind, eindeutig – es weist auf den 2. Weltkrieg und die damit verbundene politische Situation hin (Verfolgung der Juden und anderer politisch Unerwünschten). Das Wort *emigrierte* steht ebenfalls für ein Phänomen, das im kollektiven österreichischen Bewusstsein präsent ist: Viele Menschen mussten in diesen Jahren das Land verlassen, um ihr Leben zu retten. Bei einer Übersetzung für ein Zielpublikum, das diese Geschichte nicht kennt oder nicht mehr im Bewusstsein hat, wäre zu überlegen, welches kulturspezifische Wissen in der Zielsprache explizit zu machen wäre und welche sprachlichen Mittel in der Zielsprache diese Sicht der Geschichte ausdrücken könnten. Auch wenn die Translatorin nicht zu dieser Zeit gelebt und daher keine *unmittelbare* Erfahrung mit dieser Realität hat, verfügt sie doch auf Grund ihrer Kenntnisse der deutschen Sprache und der österreichischen Kultur über genügend Erfahrung aus zweiter Hand (aus Büchern, aus der Schule), um die Realität hinter den Wörtern zu erkennen.

Translation ist trotz der Kulturspezifik der Sprache deswegen möglich, weil jeder Mensch reale Erfahrung mit der Welt hat. Diese Erfahrung ist der Grund, warum wir wissen, ,wovon wir sprechen', sowohl innerhalb einer Sprache als auch zwischen zwei Sprachen. Im Akt der Translation werden die unterschiedlichen Realitätsbezüge der jeweiligen Kulturen/Sprachen/Diskurse für die Zwecke der Kommunikationssituation im Bewusstsein der Translatorin kritisch miteinander verglichen. Der Translationsprozess ist der Ort, wo Sprache als Kultur sichtbar wird. Und damit Translation als Prozess stattfinden kann, muss ein menschliches Subjekt vorhanden sein (eine Translatorin), das Zugang zu zwei kulturell relevanten Interpretationen des menschlichen Realitätsbezugs hat. Dies ist möglich, weil Translatorinnen gelernt haben, sich auf unterschiedliche Weise auf die Realität zu beziehen. Und sie können dies lernen, weil sie Erfahrung mit der Realität durch unterschiedliche Kulturen und Sprachen gesammelt haben.

2.5 Zusammenfassung

Wenn wir uns im weiteren Verlauf des Buches mit Texten beschäftigen werden, so werden wir feststellen, dass diese keine Bedeutung *an sich* haben und *in sich* tragen, sondern dass die Bedeutung durch die Textrezipientinnen gestiftet wird. Dieses Kapitel hat erklärt, woher diese Bedeutung kommt: aus der Verknüpfung zwischen unserer Erfahrung der Realität, der kulturellen Interpretation dieser Erfahrung und den sprachlichen Mitteln, die diese Interpretation benennen. Jeder Text fungiert als Teil des Weltkontinuums (siehe 2.1.2) in dem Sinne, dass er in der Realität (d.h. irgend einer kulturell relevanten Realität) verankert sein muss, um Sinn zu ergeben, um verstanden zu werden. Ein Text kann eben nur verstanden werden, wenn er auf eine Rezipientin ‚trifft‘, die Zugang zu dem darin dargestellten kulturspezifischen Wissen hat.

Im Prozess der Translation treffen unterschiedliche Zugänge zur Realität aufeinander, die durch unterschiedliche Sprachen (und Diskurse) ausgedrückt werden. Translation ist daher immer kultureller Transfer. Ohne Kulturwissen ist professionelle Translation gar nicht möglich, denn Sprache ist immer der Ausdruck einer Kultur. Und professionelle Translatorinnen sollen ja immer wissen, welche Sicht der Welt sie mit den Mitteln der jeweiligen Sprache ausdrücken können, sollen, wollen.

> Translation ist ein wichtiges Mittel des kulturellen Transfers. Translation ist deswegen möglich, weil Menschen die Fähigkeit haben, sich auf verschiedene Weise auf die Welt zu beziehen. Dieser Bezug drückt sich in den unterschiedlichen Kulturen und Sprachen aus. Translatorinnen haben gelernt, sich mittels Sprache zwischen unterschiedlichen Realitätsbezügen zu bewegen und zu entscheiden, welche Realitätsinterpretationen mit welchen sprachlichen Mitteln nach welchen Kriterien auszudrücken sind.

Mit anderen Worten, Translatorinnen müssen immer Entscheidungen treffen: In Bezug auf die Interpretation des Ausgangstextes und in Bezug auf die Art und Weise, wie sie diese Interpretation im Zieltext wiedergeben können (mehr zu diesem Thema im Kapitel 8). Diese Entscheidungen können nur adäquat getroffen werden, wenn wir uns die Kulturspezifik der Sprachen und der Texte explizit bewusst machen – sonst ‚entscheiden‘ wir blind. Translation ist *immer* ein Entscheidungsprozess (siehe z.B. Levy 1981). Translatorinnen sind daher keine passiven Vermittler: Sie gestalten *aktiv* die Kommunikation zwischen Kulturen.

Quellen und weiterführende Literatur

Bachmann-Medick, Doris. 1997. (Hrsg.) *Übersetzung als Repräsentation fremder Kulturen*. Berlin: Schmidt.

Bartlett, Frank C. 1932. *Remembering. A study in experimental and social psychology*. Cambridge: Cambridge University Press.

Beaugrande, Robert de. 1994. *Cognition, communication, translation, instruction: The geopolitics of discourse*. In: Beaugrande, Robert de & Shunnaq, Abdulla & Helial, Mohamed Helmy (Hrsg.). *Language, Discourse and Translation in the West and in the Middle East*. Amsterdam: Benjamins, S. 1-22.

Clyne, Michael. 1981. "Culture and discourse structure." In: *Journal of Pragmatics* 5, S. 61-66.

Drescher, Horst W. 1997. *Transfer. Übersetzen, Dolmetschen, Interkulturalität*. Frankfurt am Main: Peter Lang.

Geertz, Clifford. 1996. *Welt in Stücken. Kultur und Politik am Ende des 20. Jahrhunderts*. Deutsch von Herwig Engelmann. Wien: Passagen.

Kupsch-Losereit, Sigrid. 1990. „Sprachlich-konzeptuelle Verarbeitung von Kulturdifferenz in der Übersetzung." In: *Lebende Sprachen* 4/90, S. 152-155.

Levy, Jiri. 1981. „Übersetzung als Entscheidungsprozess." In: Wilss, Wolfram (Hrsg.) *Übersetzungswissenschaft*. Darmstadt: Wissenschaftl. Buchgesellschaft, S. 219-235.

Schank, Roger & Abelson, Robert. 1977. *Scripts, plans, goals and understanding*. Hillsdale: Lawrence Erlbaum Associates.

Vermeer, Hans J. ²1990. (Hrsg.) *Kulturspezifik des translatorischen Handelns*. Heidelberg: Universitätsdruckerei Heidelberg.

Whorf, Benjamin L. 1956/1988. *Sprache – Denken – Wirklichkeit* (*Language, Thought and Reality*). Beiträge zur Metalinguistik und Sprachphilosophie. Hrsg. und übersetzt von Peter Krausser. Reinbek bei Hamburg: Rowohlt.

3 Grundfragen der Kommunikation

Kommunikation wird allgemein als Austausch von Signalen zwischen mindestens zwei Beteiligten verstanden. Streng genommen ist jedes soziale Verhalten kommunikativ, denn in jeder zwischenmenschlichen Situation besteht ein natürlicher Drang zur Kommunikation. Es geht dabei um Mitteilungen, die wir mit Hilfe von sprachlichen, parasprachlichen und nichtsprachlichen Elementen vermitteln. Das lateinische Verbum ‚communicare‘ bedeutet ‚teilen‘, ‚mitteilen‘, ‚teilnehmen lassen‘. In diesem Sinne wollen wir die Kommunikation als ‚Anteil haben an einer Mitteilung‘ verstanden wissen. Das berühmte Zitat von Paul Watzlawick (1969/2003:53) „Man kann nicht *nicht* kommunizieren" geht auf die Überlegung zurück, dass jedes Verhalten gewissermaßen ein kommunikatives Potential besitzt. Wir werden uns zunächst mit diesen grundlegenden, kommunikationspsychologischen Überlegungen beschäftigen, um auf dieser Grundlage den intentionalen Charakter der transkulturellen Kommunikation besser beleuchten zu können.

3.1 Axiome der menschlichen Kommunikation

Menschliche Kommunikation ist ein Bereich, an dem wir alle tagtäglich teilhaben. Dennoch ist die Art, sich zu verständigen und miteinander umzugehen, ein komplexer Sachverhalt, der mehrere Seiten hat. Wir werden im Folgenden versuchen, die für unsere späteren translatorischen Fragestellungen wichtigen Aspekte herauszugreifen, und beginnen mit allgemeinen Grundsätzen der Kommunikation, die Watzlawick als **Axiome** definierte.

Zum ‚Material‘ der Kommunikation gehört Verhalten jeder Art – nicht nur Worte, sondern alle als bedeutungtragend interpretierbaren Signale wie Körperhaltung, Lachen, Weinen usw. In der interpersonalen Situation hat jedes Verhalten Mitteilungscharakter, unabhängig davon, ob es bewusst oder unbewusst auf ein Ziel hin ausgerichtet ist, d.h. jedes Verhalten ist Kommunikation. Eine vor dem Hörsaal wartende Studentin, die einige Meter von der übrigen Gruppe der Wartenden entfernt steht und durch das Fenster auf eine Mauer starrt, teilt auf diese Weise wahrscheinlich den übrigen Studierenden mit, dass sie nicht angesprochen werden möchte – was in der Regel auch ‚befolgt‘ wird. Die Studentin kommuniziert, indem sie versucht, nicht zu kommunizieren. Ihr Verhalten ist eine mögliche Definition ihrer Beziehung zur Gruppe, aus der sich die Postulierung des ersten metakommunikativen Axioms nach Watzlawick (2003:53) ergibt:

   Man kann nicht *nicht* kommunizieren.

Die nächste grundlegende Eigenschaft der Kommunikation ist die Tatsache, dass jede Mitteilung neben der sachlichen Information, die auf einer rationalen Ebene angesiedelt ist, einen weiteren Aspekt enthält, der der emotionalen Ebene zuzuschreiben ist. Die emotionale Ebene spiegelt die Beziehung der Senderin zur Empfängerin der Mitteilung wider. Wenn beispielsweise die Tochter ihrer Mutter zum Geburtstag eine Uhr schenkt und beim nächsten Familientreffen mit einem liebevollen Lächeln auf die Uhr der Mutter deutet und fragt: „Geht die Uhr auch richtig?", so ist dies inhaltlich eine Frage nach Informationen zur Uhr. Auf der emotionalen Ebene wird durch den Kontext, Gesichtsausdruck usw. jedoch die Beziehung der Tochter zu ihrer Mutter ausgedrückt – Liebe, Respekt. Auch wenn sich Mutter und Tochter in weiterer Folge über die Präzision der Uhr unterhalten, hat der Inhalt wenig Bedeutung. Durch das Gespräch wird vielmehr die gegenseitige Beziehung definiert. Somit kann man von der Prämisse ausgehen, dass jede Kommunikation einen Inhalts- und einen Beziehungsaspekt hat. Dabei liefert der Inhaltsaspekt die reinen Informationen und der Beziehungsaspekt drückt aus, wie diese Informationen aufzufassen sind. Oder wie es Watzlawick (2003:56) im zweiten Axiom der Kommunikation zusammenfasst:

    Jede Kommunikation hat einen Inhalts- und einen Beziehungsaspekt, derart, daß letzterer den ersteren bestimmt und daher eine Metakommunikation ist.

Einen wesentlichen Bestandteil der Kommunikation bilden des weiteren Eigenschaften, die den Mitteilungsaustausch prägen. Es geht dabei um die Frage, wer eine bestimmte Verhaltensweise begonnen hat bzw. was die Folgen sind. Watzlawick spricht in diesem Zusammenhang von „Interpunktionen von Ereignisfolgen" (2003:57), die die wechselseitigen Verhaltensverstärkungen regeln und ein Grund für Beziehungskonflikte sind. „Interpunktion" heißt willkürliche Interpretation des einen Verhaltens als Ursache und des anderen Verhaltens als Folge. Beispiele dafür finden sich sowohl auf interpersonaler als auch auf internationaler Ebene: Das berühmte Beispiel von Watzlawick: Ein Ehepaar, das dauernd streitet – der Mann zieht sich zurück, die Frau nörgelt. Die Interpretation des Mannes: „*Weil* sie immer nörgelt, ziehe ich mich zurück." Die Interpretation der Frau dazu: „*Weil* er sich immer zurückzieht, nörgle ich." Ein weiteres plastisches Beispiel für wechselseitige Verhaltensverstärkungen ist das Wettrüsten der Großmächte. Jede der wettrüstenden Nationen gibt vor, dass die Rüstung einer konkurrierenden Nation eine Bedrohung des Friedens sei. Die eigene Rüstung sei nur die Antwort darauf und werde ausschließlich zur Erhaltung des Friedens betrieben. Daraus ergibt sich ein drittes metakommunikatives Axiom (Watzlawick, 2003:61):

 Die Natur einer Beziehung ist durch die Interpunktion der Kommunikationsabläufe seitens der Partner bedingt.

In der menschlichen Kommunikation finden zwei Formen zur Darstellung von Sachverhalten Anwendung: analoge und digitale Kommunikationsformen. Analoge Kommunikation wird durch eine Analogie hergestellt, z.B. durch eine Zeichnung, Weinen, Lachen, Körpersprache usw.; digitale Kommunikation benützt Worte, um Sachverhalte darzustellen. Beide Kommunikationsformen ergänzen und überschneiden einander. Mitteilungen durch Analogien besitzen eine weite Allgemeingültigkeit, während digitale Äußerungen durch sprachliche Feinheiten komplexe und abstrakte Ausdrucksmöglichkeiten aufweisen. Analoge Kommunikation ist vorwiegend der Beziehungsebene zuzuschreiben, während sich digitale Mitteilungen in der Regel der Inhaltsebene bedienen. Wenn wir uns an das Beispiel mit der geschenkten Uhr erinnern: Die Körpersprache der Tochter, ihr Lächeln, die Deutung auf die Uhr, ist der analogen, die verbale Frage „Geht die Uhr auch richtig?" der digitalen Kommunikation zuzuordnen. Dort, wo in der Kommunikation – wie in diesem Beispiel – die Beziehung die wichtigere Rolle spielt, erweist sich der analoge Teil der Kommunikation als bedeutungsträchtiger. Auch hier findet dieser Grundsatz sowohl im interpersonalen als auch im internationalen Bereich Anwendung: Wenn z.B. ein griechischer Reiseveranstalter für Reisen nach Griechenland wirbt, dann ist der analoge Teil der Mitteilung – das Bild vom kristallklaren Wasser, Strand und Sonne –, welcher die emotionale Ebene anspricht, wichtiger als der sprachliche, digitale Teil der Nachricht. Damit können wir das vierte Axiom der Kommunikation (Watzlawick, 2003:68) definieren:

 Menschliche Kommunikation bedient sich digitaler und analoger Modalitäten. Digitale Kommunikationen haben eine komplexe und vielseitige logische Syntax, aber eine auf dem Gebiet der Beziehungen unzulängliche Semantik. Analoge Kommunikationen

dagegen besitzen dieses semantische Potential, ermangeln aber die
für eindeutige Kommunikationen erforderliche logische Syntax.

Wir haben bereits festgehalten, dass in einer Mitteilung – neben der Sachinformation – auch zum Ausdruck gebracht wird, in welcher Beziehung die
Kommunikationspartnerinnen zueinander stehen. Für die Festlegung der
Beziehung wird aus einer breiten Palette des Miteinanderumgehens ein bestimmtes Verhalten ausgewählt, je nachdem, wer mit wem kommuniziert.
Symmetrisch ist eine Beziehung, wenn beide Kommunikationspartnerinnen
ihrem Gegenüber das gleiche Verhalten zeigen können, z.B. beide Seiten fragen, kritisieren, Vorschläge machen dürfen. Komplementär ist eine Beziehung hingegen, wenn diese Gleichheit fehlt, also nur eine Seite z.B. Fragen
stellt, für die andere Seite aber lediglich das Antworten vorgesehen ist. Wenn
beispielsweise zwei Medizinerinnen in Vorbereitung einer Lehrveranstal-
tung ein Fachthema erörtern, so kann dieser Austausch von Informationen
als symmetrische Kommunikation betrachtet werden; wenn dieselben Medizinerinnen das gleiche Thema in einem medizinischen Praktikum mit Studierenden erörtern, nehmen sie durch das Weitergeben des Fachwissens an die
Studierenden eine superiore Stellung ein: Die Kommunikation wird komplementär. Symmetrische Kommunikationsabläufe zeichnen sich durch Gleichheit zwischen den Kommunikationspartnerinnen aus, wogegen die komplementären Kommunikationsabläufe die asymmetrische Kommunikation
darstellen und auf sich gegenseitig ergänzenden Unterschiedlichkeiten beru-
hen. Während im ersteren Fall das gemeinsame Streben nach Verminderung
von Unterschieden im Vordergrund steht, sind es in der komplementären Beziehung die grundsätzlich verschiedenen Positionen: die dominierende und
die sich fügende Stellung, die sich gegenseitig ergänzen und voraussetzen.
Damit kommen wir zur Definition des fünften Axioms nach Watzlawick
(2003:70):

> Zwischenmenschliche Abläufe sind entweder symmetrisch oder
> komplementär, je nachdem, ob die Beziehung zwischen den
> Partnern auf Gleichheit oder Unterschiedlichkeit beruht.

3.2 Kommunikationsmittel

Wir Menschen verständigen uns, indem wir durch unser Verhalten bestimmte bewusste oder unbewusste Signale senden, die von unserer Umwelt empfangen werden. Somit gibt es eine Senderin, die etwas mitteilen möchte, und

eine Empfängerin, die das gesendete Gebilde entschlüsselt. Wir verwenden dabei bestimmte Zeichen, die wir folgenden sich ergänzenden Bereichen zuordnen können: der Sprache, der Parasprache und der nonverbalen Ebene. Zu Sprachzeichen gehören Silben, Wörter, Sätze und Texte, die wir benutzen. Zur Parasprache gehören die Prosodie (Intonation, Pausen, Schnelligkeit, Akzent), Proxemik (Körperstellung und Körperführung), Gestik (Bewegungen der Hände) und Mimik (Mienenspiel), zur nonverbalen Ebene z.B. Kleidung, Räume, Objekte. Menschliche Kommunikation besteht aus einem dichten Netz von Sprachlichem, Parasprachlichem und Nonverbalem.

3.2.1 Sprache als Kommunikationsmittel

Zwischenmenschliche – mündliche und schriftliche – Kommunikation vollzieht sich zum größten Teil als sprachliche Kommunikation. Sprache als Kommunikationsmittel besteht dabei aus drei Dimensionen. Die **Syntax** bestimmt die generellen grammatikalischen Regeln, die Art und Weise, wie wir sprachliche Zeichen verknüpfen. Die **Semantik** bezieht sich auf die Bedeutungen, die mit sprachlichen Zeichen verbunden sind. Die für Translatorinnen zentrale Dimension stellt jedoch die **Pragmatik** dar: Sie umfasst die Verwendungssituation, betrachtet Sprache vom Standpunkt der Sprachbenützerin aus. Kenntnisse über abstrakte syntaktische Regeln und allgemeine Bedeutungsinhalte allein sind für unsere Zwecke daher nicht ausreichend; um erfolgreich zu kommunizieren, benötigen wir genaues Wissen darüber, wie man sich in bestimmten Situationen sprachlich verhält. Unser Interesse gilt hier der Stellung der Sprache im Zusammenhang mit der kommunikativen Leistung. Wir betrachten Sprache als Instrument, das dazu dient, Inhalte unseres Bewusstseins anderen Menschen mitzuteilen. Unter diesem Aspekt ist unser Interesse an Sprache ganz ‚pragmatisch'. Die Pragmatik ist besonders empfindlich bei Abweichungen: So erscheint uns abweichendes Verhalten störender als syntaktische oder semantische Regelverletzungen.

Die genauere Betrachtung der sprachlichen Interaktionen lässt sich jedoch nicht ohne Einteilung der verschiedenen Funktionen der Sprache darstellen. Der Sprachpsychologe Karl Bühler hat schon 1934 in seinem häufig zitierten und noch heute gültigen ‚Organonmodell' die Sprache als Werkzeug (organon = griech. ‚Werkzeug') bezeichnet, das verschiedene Funktionen erfüllt. Bühler zufolge bestehen folgende Grundfunktionen der Sprache und der Kommunikation:

 Darstellung eines Themas, *Ausdruck* einer Person und *Appell* an eine Person.

Sprachliche Zeichen sind demnach gleichzeitig **Symbol** für Gegenstände und Sachverhalte, **Symptom** für den Zustand der sprechenden Person und **Signal** für die angesprochene Person.

Eine bekannte Weiterentwicklung dieses Modells stammt von Schulz von Thun (1981). Er kombinierte die Sichtweisen von Bühler und Watzlawick und erstellte ein erweitertes Modell der Kommunikation, das „vier Seiten einer Nachricht" enthält: Jede Mitteilung enthält zunächst eine Sachinformation – das, worüber informiert wird; in jeder Mitteilung stecken weitere Informationen über die Person der Senderin, über das, was sie über sich kundgibt, wie sie sich ‚offenbart'. Mit ‚Offenbarung' meint Schulz von Thun sowohl die intendierte Selbstdarstellung als auch unfreiwillige Selbstenthüllungen. Der dritte Aspekt der Nachricht ist die Definition der Beziehung zwischen Senderin und Empfängerin. Und schließlich enthält die vierte Seite der Nachricht einen Appell, mit dem auf die Empfängerin der Nachricht Einfluss genommen wird.

Die vier Seiten einer Nachricht – ein psychologisches Modell der zwischenmenschlichen Beziehung (Schulz von Thun, 1981:30)

Zur Veranschaulichung, was in einer Mitteilung bewusst oder unbewusst steckt und was man aus der Mitteilung erfahren kann, bedienen wir uns des einfachen Alltagsbeispiels von Schulz von Thun (1981:26): Der Mann sagt zu seiner am Steuer sitzenden Frau: „Du, da vorne ist grün." Zunächst ist da ein Sachinhalt, das, worüber informiert wird: Die Ampel steht auf grün. In der Mitteilung stecken aber auch Botschaften über den Sender, die Selbstoffenbarung: Damit gibt der Mann kund, dass er schneller fahren würde oder dass er es vielleicht eilig hat. Aus der Mitteilung geht ferner hervor, wie der Mann zur Frau steht, dass er eventuell ihren Fahrkünsten nicht vertraut: Hier wird also die Beziehungsebene angesprochen. Das wird durch parasprachliche Signale – Intonation, Körpersprache – verstärkt. Die Appellseite der Nachricht ist vermutlich: Die Frau soll Gas geben, damit sie es noch bei grün schafft. Um die Nachricht mit ihren vier Seiten aufzunehmen, gibt Schulz von Thun der Empfängerin der Nachricht ‚vier Ohren‘: Mit dem ‚Sachinhalt-Ohr‘ versucht die Empfängerin, den Sachinhalt zu verstehen: „Wie ist der Sachverhalt zu verstehen?" Das ‚Selbstoffenbarungsohr‘ fragt im nächsten Schritt über den Sender: „Was ist das für einer?" Das ‚Beziehungsohr‘ hört die persönliche Note der Nachricht: „Wie steht der Sender zu mir?" Und schließlich fragt das ‚Appellohr‘: „Was will er von mir, was soll ich tun?"

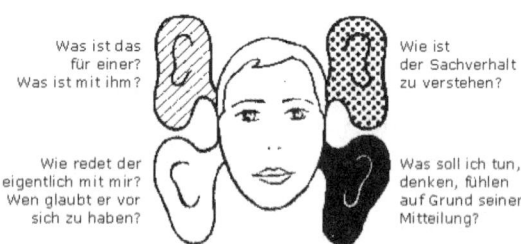

Was ist das für einer?
Was ist mit ihm?

Wie redet der eigentlich mit mir?
Wen glaubt er vor sich zu haben?

Wie ist der Sachverhalt zu verstehen?

Was soll ich tun, denken, fühlen auf Grund seiner Mitteilung?

Der ‚vierohrige‘ Empfänger
(Schulz von Thun, 1981:45)

Menschen reagieren in der Regel auf einem Ohr besonders sensibel – je nachdem, in welcher Beziehung die Kommunikationspartnerinnen zueinander stehen. Das hängt unter anderem auch davon ab, welche parasprachlichen und nonverbalen Zeichen in diesem Kommunikationsvorgang verwendet wurden und wie sie von der Empfängerin interpretiert werden.

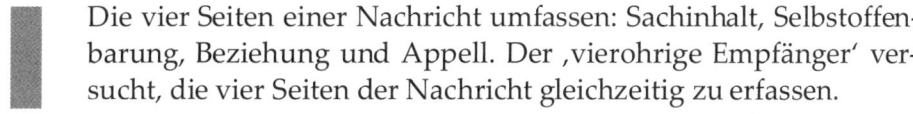

Die vier Seiten einer Nachricht umfassen: Sachinhalt, Selbstoffenbarung, Beziehung und Appell. Der ‚vierohrige Empfänger‘ versucht, die vier Seiten der Nachricht gleichzeitig zu erfassen.

3.2.2 Parasprachliche und nichtsprachliche Kommunikationsmittel

Das für den Menschen typische und zugleich am höchsten entwickelte Kommunikationsmedium ist sicherlich die Sprache. Die real stattfindenden Kommunikationsprozesse kennen jedoch eine Vielzahl anderer Kommunikationsmittel, die aus dem zwischenmenschlichen kommunikativen Austausch nicht wegzudenken sind. Die wichtigsten außersprachlichen Mittel in der Kommunikation sind körperbezogene Ausdrucksmittel, Kommunikationsräume, Kommunikationsobjekte. Alles, was uns umgibt, kann als kommunikatives Zeichen auftreten und damit Bedeutungen vermitteln. Im Sinne der Kommunikationstheorie von Watzlawick können wir außersprachlich verwendete Kommunikationsmittel der analogen Kommunikation zuordnen.

Paraverbale und nonverbale Ausdrucksmittel wie Mimik, Gestik, Körperhaltung, Stimme usw. werden in der Regel unbewusst gesendet. Diese Informationen haben einen appellativen Charakter und wenden sich an die Beziehungsebene. Durch sie werden emotionale Wertungen und Einstellungen angesprochen und auch beeinflusst. Selbstverständlich können und werden sie aber auch bewusst eingesetzt. Nicht nur in der mündlichen Kommunikation lässt sich die appellative Funktion einer Nachricht durch analoge Kommunikationsmittel gut verkörpern. Insbesondere Bilder können emotionalisierend wirken, indem sie Neugierde, Interesse oder Betroffenheit wecken und bestimmte Reaktionen auslösen. Wir kennen die Instrumentalisierung der Bilder insbesondere aus der Werbung, aber auch aus den Nachrichten, aus Spendenaufrufen usw.

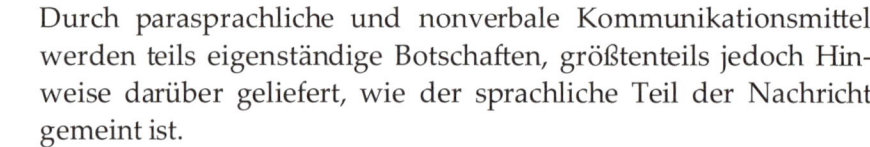

> Durch parasprachliche und nonverbale Kommunikationsmittel werden teils eigenständige Botschaften, größtenteils jedoch Hinweise darüber geliefert, wie der sprachliche Teil der Nachricht gemeint ist.

Was zwischenmenschliche Kommunikation kompliziert macht, ist die grundsätzlich freie Auswahl, welche Seite einer Nachricht man besonders sensibel aufnimmt bzw. mit welchem Ohr man besonders sensibel hört.

3.3 Kommunikation und Gesellschaft

Kommunikationsprozesse finden immer in einem bestimmten gesellschaftlichen Umfeld statt. Dies kann als zentraler Gesichtspunkt der Kommunikation gelten. Wie in einer Gesellschaft kommuniziert wird, hängt von vielen Faktoren ab: vom Klima, vom Lebensstandard und von den Bedürfnissen, von Machtverhältnissen, vom Verhältnis der Generationen, von Sitten und Gewohnheiten, von der Rollenvorstellung der Geschlechter, Tabus usw. Viele dieser Lebensumstände wurzeln in einer Tradition, die häufig als *Werte* bezeichnet wird und die Wunschvorstellungen einer Gesellschaft in einem bestimmten Zeitraum wiedergibt. Die Befolgung der Wunschvorstellungen geschieht durch das Lernen von Regeln und die Annahme von Verhaltensmustern, die in einer Gesellschaft in Form von Konventionen verankert sind. Den Anpassungsprozess an die Gesellschaft und ihre Kultur nennen wir **Enkulturation**. Enkulturation ist ein langer Prozess des Lernens von Spielregeln: Wir lernen, wie wir essen, wo wir schlafen, wie wir Zuwendung zeigen, mit Kolleginnen umgehen, Respekt vor Formen und Symbolen zeigen, wie viel Wert auf Äußeres in unserer Gesellschaft gelegt wird, also was von uns erwartet wird. Wir verhalten uns in Übereinstimmung mit dem, was in unserer Gesellschaft als ‚normal' angesehen wird. Wir haben uns im Kapitel 2 mit Kulturspezifik beschäftigt. An dieser Stelle wollen wir daher lediglich nochmals festhalten, dass Definitionen des Kulturbegriffs in der Regel das Wort *Verhalten* enthalten: Verhaltensmuster, Verhaltensnormen, Verhaltenskonventionen …

Konventionen einer Gesellschaft beeinflussen das Kommunikationsverhalten einzelner Mitglieder der Gesellschaft, sodass man von der Kommunikationskultur einer Gruppe sprechen kann. In manchen Kulturen wird allgemein mehr als in anderen kommuniziert; aber auch der Anteil an sprachlicher und parasprachlicher Kommunikation variiert von Kultur zu Kultur. Das führt in der Regel zu stereotypen Meinungsbildungen, die aber häufig ein Körnchen Wahrheit enthalten, z.B. schweigsame Finninnen, hierarchieorientierte Österreicherinnen, redefreudige Italienerinnen. So selbstverständlich Verhaltensnormen und -konventionen in der gewohnten Umgebung sind, so hemmend können sie sich auswirken, sobald sie verfremdet oder in einer Gesellschaft angewandt werden, die diese Konventionen nicht kennt. Dies gilt sowohl für sprachliche als auch für parasprachliche und nonverbale Äußerungen. Das Repertoire an Mimik- und Gestikerscheinungen, die aus der Natur des menschlichen Gesichtsausdrucks entstehen, hat auch eine kulturspezifische Note und drückt dementsprechend kulturspezifische Inhalte und die dazu gehörenden Emotionen und Einstellungen aus.

Dieser Denkansatz liegt auch folgendem Modell zugrunde, das bereits 1948 vom amerikanischen Politikwissenschafter Harold D. Lasswell vorgestellt wurde. Lasswell suchte nach einer Formulierung, mit der Kommunikationsprozesse möglichst allgemeingültig beschrieben werden können, und formulierte eine Abfolge von Fragepronomen, die bald in der Kommunikationsforschung zur vielzitierten ‚Lasswell-Formel' wurde:

Wer
sagt was
in welchem Kanal
zu wem
mit welcher Wirkung?

Diese Fragenabfolge fasst die wichtigsten Faktoren, die den Kommunikationsprozess beeinflussen, zusammen. Viele Disziplinen haben diese Formel übernommen und weiterentwickelt. Wir möchten hier eine Erweiterung dieser Formel nach Hellmut Geißner (1981:111) vorstellen, da dieses Modell ein harmonisches Spiel verschiedener Faktoren darstellt, wie sie insbesondere im Situationsmodell eines Gesprächs vorkommen, sich aber genauso gut auf die schriftliche Kommunikation übertragen lassen. Geißner fasst die wichtigsten Faktoren, die Kommunikation beeinflussen, mit neuen Fragewörtern zusammen:

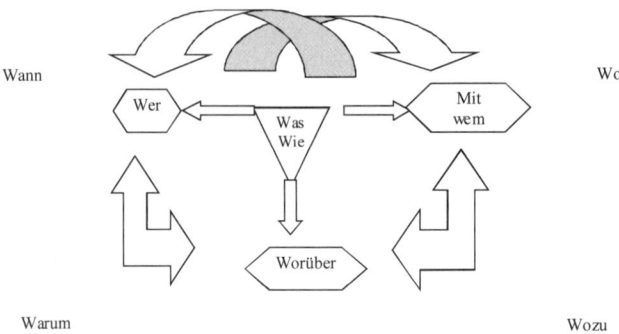

Neu gezeichnetes Modell ‚Sprechsituation' nach Geißner (1981:111)

Diese Fragen sind ein Hinweis darauf, dass Kommunikationsprozesse nur im Zusammenhang mit einer bestimmten Gruppe zu einer bestimmten Zeit in einem bestimmten Raum untersucht werden können. Bevor wir zu situativen Faktoren der Kommunikation kommen, betrachten wir zunächst den größeren Kontext, in dem sich Kommunikation vollzieht.

3.4 Kommunikation zwischen Normativität und Individualität

Das Kommunikationsverhalten der Mitglieder einer Gesellschaft wird durch Verhaltensnormen und -konventionen geregelt. Diese Verhaltensregeln werden von der Mehrheit übernommen und verinnerlicht. Sie geben uns die Sicherheit, dass wir in bestimmten Situationen und Beziehungen in bestimmter Weise agieren oder reagieren. Sie geben uns auch die Sicherheit, dass wir mit einem bestimmten Verhalten unserer Kommunikationspartnerinnen rechnen können und nicht Überraschungen erleben. Persönliches Kommunikationsverhalten richtet sich nach den geltenden Regeln einer bestimmten Gruppe in der Gesellschaft. Das Grundmuster der Kommunikation enthält meistens standardisierte Verhaltensweisen, die am besten mit den Axiomen der Kommunikation nach Watzlawick wiedergegeben werden können. Als Beispiel können wir einen Kommunikationsvorgang in einem Amt nehmen:

Zwei Menschen, die heiraten wollen, sprechen am zuständigen Standesamt vor. Die Gesprächsorganisation zwischen der Standesbeamtin und dem jungen Paar ist ein regulierter Austausch von Informationen: Klientinnen liefern die Informationen, die Behördenvertreterin fordert, reglementiert. Die Kommunikation verläuft nach einem Frage-Antwort-Muster, wobei die Fragen der Behördenvertreterin auch dazu dienen, Entscheidungen für die eigenen weiteren Handlungen zu treffen. Es handelt sich dabei um eine asymmetrische Gesprächsorganisation, um ‚komplementäre Interaktion‘. Die Referentin nimmt die superiore Stellung ein, die Parteien die inferiore, wobei sich die kommunikativen Handlungen der beiden Seiten ergänzen bzw. voraussetzen. (An dieser Stelle interessiert uns lediglich die gesellschaftlich organisierte, d.h. institutionalisierte Kommunikation; selbstverständlich könnten wir hier auch den Inhalts- und Beziehungsaspekt der Kommunikation untersuchen sowie die Verflechtung zwischen analogen und digitalen Signalen der Kommunikation.) Die kommunikativen Abläufe hängen vom Kontext, den man als ‚Umwelt‘ der Kommunikation bezeichnen kann, ab. Kommunikation ist die wechselseitige Abhängigkeit des Individuums und seines Umfelds. Dennoch ist jede Kommunikation durch den Kommunikationsstil des Individuums geprägt.

Der Kommunikationsstil eines Individuums – der über das Individuum hinaus auch die Gemeinschaft in gewisser Weise repräsentiert – wird im kommunikativen Verhalten des Individuums sichtbar und zuordenbar. Der Kommunikationspsychologe Hellmuth Benesch (1987:213) vertritt die Ansicht, dass sich persönliches Kommunikationsverhalten stets zwischen Machtverhalten (Dominanz) und sich Fügen (Komplianz) sowie zwischen Zuwendung (Affiliation) und Abstandsbildung (Ditention) bewegt. Typische Merkmale für Dominanz und Affiliation sind: initiieren, führen, koordinieren, lenken, raten. Merkmale für Dominanz und Ditention sind: beurteilen, kritisieren, missbilligen, sich widersetzen. Für Komplianz und Affiliation: dulden, gefällig sein, mitarbeiten, zustimmen. Für Komplianz und Ditention: aufgeben, ausweichen, einräumen, sich zurückziehen. Wie sich das Kommunikationsverhalten in einer konkreten Situation manifestiert, hängt wiederum von Faktoren ab, die wir bereits im Situationsmodell kennen gelernt haben: wer mit wem, was, worüber, warum, wo, wann, wie, wozu. In der Kommunikationssituation stehen sich zwei Personen stets folgendermaßen gegenüber:

wer:		mit wem:
Person A geprägt durch		Person B geprägt durch
emotionale Befindlichkeit		emotionale Befindlichkeit
soziale Kompetenz		soziale Kompetenz
sprachliche Kompetenz		sprachliche Kompetenz
parasprachl. Ausdrucksgewohnheiten		parasprachl. Ausdrucksgewohnheiten
nonverbale Ausdrucksgewohnheiten		nonverbale Ausdrucksgewohnheiten
Sachkompetenz		Sachkompetenz
kommunikative Kompetenz		kommunikative Kompetenz
Erfahrung		Erfahrung
Intention		Intention
Erwartung		Erwartung

worüber:	Kommunikationsthema
warum:	aus welchem Anlass, aus welcher Motivation heraus
wo:	Ort und Ortsbeschaffenheit
wann:	Zeitraum, Tageszeit, Termineinbindung
wie:	Kommunikationsform und Zuwendungsqualität (Beziehungsebene)
wozu:	Zweck der Kommunikation

In jeder Kommunikation laufen also Implikationen, Bündel von Hintergrundfaktoren mit, die einen wesentlichen Anteil in der Kommunikation ausmachen. Durch die voranstehende Fragenabfolge und insbesondere durch ihre Beantwortung können wir zu einer Bewertung der von den Kommunizierenden ausgetauschten Informationen gelangen. In der Kommunikation gibt es also nicht eine von allen gleich wahrgenommene **Realität**; vielmehr sieht und interpretiert jeder Mensch diese Realität aus seiner individuellen Perspektive. Unterschiedliche Kommunikationsstile können besser verstanden werden, wenn wir unseren eigenen Stil nicht als den einzig logischen oder als den einzig richtigen betrachten.

3.5 Erfolg und Misserfolg der Kommunikation

Vereinfacht gesagt ist Kommunikation ein Vorgang der Verständigung, wobei im Mittelpunkt der Verständigung eine Information steht. Wir haben jedoch gesehen, dass die Beschreibung des kommunikativen Handelns umso komplexer wird, je mehr Faktoren, die die realen Kommunikationssituationen beeinflussen, berücksichtigt werden. Wir haben erfahren, dass jegliches menschliches Verhalten kommunikativ ist. Dieses Wissen brauchen wir einerseits, um Kommunikationsprozesse im Allgemeinen zu verstehen und andererseits deshalb, weil unbewusst gesetzte Signale eine nicht unbedeutende Rolle in der Kommunikation spielen. Dennoch ist unser Hauptanliegen in weiterer Folge die intendierte Kommunikation. Die zum Kommunizieren gesetzten Aktionen wollen wir **kommunikatives Handeln** nennen. Wir verstehen kommunikatives Handeln nicht als bloßes Verhalten, sondern als ein absichtsvolles, auf ein Ziel ausgerichtetes sprachliches und parasprachliches Handeln, das stets ein Mittel zum Zweck ist. Zum kommunikativen Handeln gehören also alle zielgerichteten sprachlichen, parasprachlichen und nonverbalen Äußerungen, die in der konkreten Situation einen unmittelbaren kommunikativen Wert haben.

Kommunikative Handlungen können zwar singulär gesetzt werden, Kommunikation ist aber erst dann möglich, wenn mindestens zwei Menschen ihre kommunikativen Handlungen wechselseitig aufeinander richten. Kommunikative Ereignisse sind reziprok, d.h. man kann kommunizieren, wenn Rezipientinnen bereit sind zu rezipieren – es liegt das Prinzip der impliziten Reziprozität vor. Kommunikation kann daher zustande kommen, wenn die Mitteilungshandlung mit der Verstehenshandlung korrespondiert. Kommunikation ist sodann ein wechselseitiges soziales Ereignis, das von einer bestimmten Intention geleitet wird. Was die Intentionalität des kommunikativen Handelns ausmacht, lässt sich am besten mit folgender Differenzierung in Anlehnung an Burkart (1998) festhalten:

 Jede kommunikativ handelnde Person hat eine *allgemeine* und eine *spezielle* Intention.

Die allgemeine Intention hat Mitteilungscharakter: etwas Bestimmtes mitteilen zu wollen. Damit wird das konstante Ziel jeder kommunikativen Handlung verfolgt – nämlich das Streben nach Verständigung zwischen sich und seinen Kommunikationspartnerinnen. Die spezielle Intention verfolgt weitere Ziele, nämlich durch kommunikatives Handeln ein bestimmtes Interesse zu realisieren. Diese spezielle Zielverfolgung ist variabel, denn Kommunikationsinteressen variieren und werden als erfolgreich angesehen, wenn die erwarteten Folgen eintreffen. Wir unterscheiden bei kommunikativen Handlungen zwischen zwei Aspekten: Kommunikationsversuchen und erreichter kommunikativer Absicht. Zur Charakterisierung von Kommunikationsversuchen ist es wesentlich, ob die Erwartungen der Senderin von der Empfängerin verstanden werden. Ein Kommunikationsversuch liegt vor, wenn eine Mitteilungsabsicht vorliegt. Für erfolgreiche Kommunikation ist somit das Gelingen des entsprechenden Kommunikationsversuches wesentlich. Erfolgreiche Kommunikation im Sinne eines erfolgreichen kommunikativen Handelns liegt dann vor, wenn die Adressatin diese kommunikative Handlung versteht.

3.6 Zusammenfassung

Die in diesem Kapitel vorgestellten allgemeinen Grundsätze der Kommunikation bieten einen ersten Einblick in den pragmatischen Bereich der menschlichen Kommunikation und stellen die Grundlage für die Untersuchung der Pragmatik der transkulturellen Kommunikation im Allgemeinen, aber auch des Dolmetschens und Übersetzens im Besonderen, dar. Insbesondere können die hier theoretisch vorgestellten Konstrukte auf ihre praktische Nützlichkeit untersucht werden. Wir werden uns in weiterer Folge vorwiegend mit bewusster und absichtlicher Kommunikation beschäftigen, die zum gegenseitigen Verständnis führt; wir dürfen jedoch nicht außer Acht lassen, dass gegenseitiges Verständnis nicht immer zustande kommt. Soll Kommunikation gelingen, so dürfen die menschlichen Motive und Einstellungen nicht missachtet werden. Der Mensch hat wiederum eine klassifizierte Umwelterfahrung und kulturelle Prägung, diese prägen wiederum seine Ausdrucksweise – sowohl die Sprache als auch die parasprachlichen und nonverbalen Zeichen. Wir können generell festhalten, dass sich mit und in den kommunikativen Handlungen – neben den beiden Kommunikationspartnerinnen gemeinsamen Kommunikationsmitteln – individuelle Stile und Wertvorstellungen, individuelle Varianten der Realität, fixierte Traditionen und kulturspezifische Konventionen und Normen manifestieren. Ein Gutteil dieser Verhaltensformen ist unbewusst. Jede von uns kann aus der Erfahrung über misslungene Kommunikation berichten – oft dringt ins Bewusstsein nur das vage Gefühl, dass sich das Gegenüber falsch verhält, ohne zu wissen, woran das liegt. Die Beispiele zeigen, dass bestimmte Verhaltensweisen unerklärlich bleiben, solange sie nicht in einem weiten Kontext gesehen werden.

Quellen und weiterführende Literatur

Benesch, Hellmuth. 1987. *Atlas zur Psychologie. Tafeln und Texte*. München: dtv.

Bühler, Karl. 1934/1982. *Sprachtheorie. Die Darstellungsfunktion der Sprache*. Stuttgart: Fischer.

Burkart, Roland. 1998. *Kommunikationswissenschaft. Grundlagen und Problemfelder*. Wien: Böhlau.

Geißner, Hellmut. 1975/1981. *Rhetorik und politische Bildung*. Königstein/Ts: Scriptor.

Lasswell, Harold Dwight. 1948. *Power and personality*. New York: Norton.

Schulz von Thun, Friedemann. 1981. *Miteinander reden. Störungen und Klärungen. Psychologie der zwischenmenschlichen Kommunikation*. Reinbek bei Hamburg: Rowohlt.

Watzlawick, Paul & Beavin, Janet H. & Jackson, Don D. 1969/2003. *Menschliche Kommunikation. Formen, Störungen, Paradoxien*. Bern: Huber.

4 Grundfragen der Translation

Im vorhergehenden Kapitel haben wir einige grundlegende Aspekte der menschlichen Kommunikation diskutiert und u. a. festgestellt, dass Kommunikation viele unterschiedliche Aspekte des menschlichen Verhaltens umfasst. Wir haben gesehen, dass jede Art von Verhalten, sei sie sprachlicher, parasprachlicher oder nonverbaler Natur, vom gesellschaftlichen – genauer gesagt, kulturellen – Umfeld beeinflusst wird, in dem der Mensch handelt. Diesen Einfluss der Kultur auf die Art und Weise, wie wir agieren und mit anderen Menschen *interagieren*, haben wir **Enkulturation** genannt. Die Sprache als eines der wichtigsten menschlichen Kommunikationsmittel ist dementsprechend ein wichtiger Träger und zugleich Ausdruck der jeweiligen Kultur. Wenn wir übersetzen oder dolmetschen, haben wir es immer mit (mindestens) zwei Sprachen zu tun und daher auch mit (mindestens) zwei unterschiedlichen Kulturen.

Dieses Kapitel beschäftigt sich also grundsätzlich mit der Frage: Was ist der Unterschied zwischen Kommunikation *in einer* Sprache und Kommunikation *zwischen zwei* Sprachen? Die Art von Kommunikation, die es Menschen ermöglicht, eine Äußerung von einer Sprache in eine andere ‚umzuwandeln‘, nennen wir **Translation** (vom lateinischen *translatio* = Übertragung, Versetzung). Translation kann – vereinfacht gesagt – zwei grundsätzliche Formen annehmen: Sie kann entweder schriftlich erfolgen und wird dann als **Übersetzen** bezeichnet. Oder sie erfolgt mündlich und trägt in diesem Fall die Bezeichnung **Dolmetschen**. Der Prozess des Übersetzens oder Dolmetschens, also die Tätigkeit, die von Menschen ausgeführt wird, wenn sie übersetzen oder dolmetschen, können wir unter den Oberbegriff **translatorisches Handeln** (siehe auch Kapitel 5) einordnen. Und das Endergebnis des translatorischen Handelns, die fertige Übersetzung oder Dolmetschung, nennen wir dementsprechend **Translat**. Die eigentliche Frage, die in diesem Kapitel gestellt wird, ist: Was tun wir, wenn wir übersetzen oder dolmetschen, also wenn wir translatorisch handeln?

4.1 Was heißt transkulturelle Kommunikation?

Um die oben gestellte Frage zu beantworten, müssen wir zunächst die Ebene der Sprache verlassen und uns dem Thema der **Kommunikation zwischen Kulturen** widmen. Denn, wie wir im Kapitel 3 festgestellt haben, findet Kom-

munikation nicht nur mittels Sprache statt, sondern auch innerhalb einer bestimmten Kultur. Wenn wir also zwischen zwei (oder mehreren) Sprachen
kommunizieren wollen, sprechen oder schreiben wir nicht mehr innerhalb *einer* Kultur, sondern müssen uns ständig zwischen den zwei Kulturen bewegen, in denen diese Sprachen eingebettet sind. Wir können also sagen, dass
wir dabei **transkulturelle Kommunikation** tätigen. Aber: Warum ist transkulturelle Kommunikation überhaupt notwendig?

4.2 Wozu brauchen wir transkulturelle Kommunikation?

Haben Sie schon einmal einen Blick in die Bibel geworfen? Ein Stück von
Shakespeare im Theater gesehen? Oder Keanu Reeves im Fernsehen erlebt?
Die bloße Tatsache, dass Sie das alles tun konnten, ist das Ergebnis der trans-
kulturellen Kommunikation.

Die Menschen haben immer erfahren wollen, was andere, die vor ihnen
gelebt haben oder in anderen Teilen der Welt leben, denken, tun und fühlen.
Mit anderen Worten, sie wollten immer über die eigenen Sprach- und Kulturgrenzen hinausgehen und die Werte und Handlungsweisen anderer mensch-
licher Kollektive oder Gesellschaften kennen lernen. Wir haben bereits
festgestellt, dass die Gesamtheit der Werte und der innerhalb einer Gruppe
tradierten Verhaltenskonventionen als **Kultur** bezeichnet werden können.
Der Bedarf nach transkultureller Kommunikation war also immer schon gegeben.

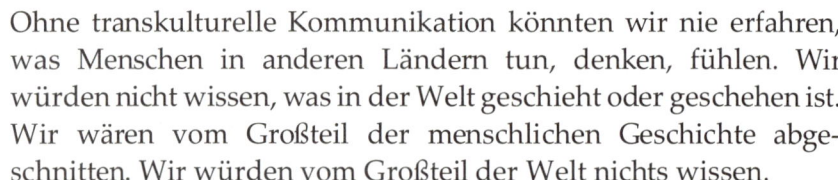

> Ohne transkulturelle Kommunikation könnten wir nie erfahren,
> was Menschen in anderen Ländern tun, denken, fühlen. Wir
> würden nicht wissen, was in der Welt geschieht oder geschehen ist.
> Wir wären vom Großteil der menschlichen Geschichte abge-
> schnitten. Wir würden vom Großteil der Welt nichts wissen.

Wir können zwar davon ausgehen, dass Menschen auch in den vorschriftli-
chen Epochen über Sprach- und Kulturgrenzen hinweg miteinander kommuniziert haben, aber dafür gibt es klarerweise kaum verlässliche Quellen.
Dass es aber immer darum ging, zu erfahren, was andere Menschen dachten,
sagten, schrieben, sehen wir daran, dass das Übertragen von sprachlichen
Äußerungen in eine andere Sprache in der Regel die Erschließung bzw. Verbreitung von kulturellen Werten zum Ziel hatte. So wurde z.B. die Literatur
des alten Griechenland von römischen Dichtern wie Terenz, Cicero, Horaz,

Virgil etc. ins Lateinische übersetzt, um die eigene Literatur und Kultur mit den Gedanken und Werten der von ihnen gepriesenen griechischen Autoren zu bereichern.

Auch die Übersetzung der Bibel aus dem Griechischen ins Lateinische (die so genannte *Vulgata*) durch Hieronymus (ca. 331 – ca. 420) trug maßgeblich dazu bei, die klassische Kultur seinen Zeitgenossen näher zu bringen. Die lateinische Übersetzung der Bibel legte nicht nur eine bestimmte Interpretation der Heiligen Schrift über Jahrhunderte hinweg fest (und bestimmte dabei die Auslegung der christlichen Werte), sondern lieferte auch die Basis für die spätere Übersetzung in andere Landessprachen und ermöglichte indirekt auch den Zugang des ‚gemeinen Volkes' zur christlichen Botschaft. Welch zentrale Rolle die Übersetzung in der Gesellschaft spielt und wie politisch heikel die Interpretation und Verbreitung von Wissen oft ist, sehen wir am Beispiel der Bibelübersetzungen von Martin Luther oder dem Engländer William Tyndale. Beide wollten durch ihre Übersetzung der Bibel in die Sprache des Volkes die Monopolstellung der Kirche in der Interpretation des in der Bibel dargestellten Wissens unterminieren und auch dem nicht klerikalen Volk die Möglichkeit geben, zu erfahren, was in der Bibel steht, ohne kirchliche Intervention oder gar Zensur. Bekanntlich wurden sowohl Luther als auch Tyndale von der Kirche stark angefeindet (Tyndale wurde sogar auf Grund seiner Übersetzungen zum Tode verurteilt), denn ihre Übersetzungen haben Wissen verbreitet und damit die vorherrschenden kulturellen Werte in Frage gestellt. Es ging in der Tat um einen durch Übersetzertätigkeit ausgelösten Kulturkampf und daher schließlich auch um einen Machtkampf.

Der Wissenstransfer durch Übersetzungen fand nicht nur mittels der Bibel statt; er war natürlich auch in vielen Bereichen der Wissenschaft und Kunst ein wichtiges Instrument des kulturellen Austausches. So wurden z.B. im 12. Jahrhundert zahlreiche Texte aus dem Arabischen, der Sprache des islamischen Reichs, das Europa wissenschaftlich und philosophisch in vieler Hinsicht weit voraus war, im Rahmen der so genannten ‚Schule von Toledo' ins Lateinische übersetzt, und diese Texte wurden wiederum im 13. Jahrhundert in die spanische Landessprache übersetzt. Die daraus entstandene Verbreitung neuer Erkenntnisse in den Bereichen Astronomie, Medizin, Mathematik und Philosophie trugen dazu bei, die Kulturen Europas nachhaltig zu verändern und das Weltbild nicht nur der damaligen Zeit maßgeblich zu gestalten.

An dieser Werte verbreitenden und Weltbild verändernden Funktion und Wirkung von Übersetzungen hat sich bis heute nichts geändert. Wenn wir in Mitteleuropa täglich synchronisierte Filme und Fernsehsendungen aus den

USA sehen können, wenn wir Teile der Bibel im Wiener Dialekt lesen können oder auch Zugang zu islamischen Texten haben, ohne Arabisch lesen zu können, bedeutet das, dass wir ständig mit Werten und Konventionen aus anderen Kulturen zusammen kommen. Das alles hat eine Wirkung auf die Art und Weise, wie wir die Geschehnisse in der Welt rezipieren und interpretieren. Und dies beeinflusst nicht zuletzt unsere eigenen Werte und unser eigenes Verhalten.

Die Kommunikation über Kultur- und Sprachgrenzen hinweg fand nicht nur mittels schriftlicher Texte statt, sondern natürlich und zuallererst in mündlicher Form. Das Dolmetschen wurde bereits im Alten Testament erwähnt (Josef und seine Brüder) und die Dolmetschtätigkeit war schon zu Zeiten des ägyptischen Alten Reiches ein wesentlicher Bestandteil militärischer Operationen. Das Dolmetschen blieb über Jahrhunderte hinweg ein unverzichtbares Instrument der Kriegsverhandlungen und gewann auch als Mittel zur Förderung der Handelsbeziehungen zwischen den unterschiedlichen Ländern an Signifikanz. So wurde z.B. in Wien im Jahr 1754 die Orientalische Akademie von Maria Theresia gegründet, um die Qualität der Dolmetscher zu sichern und unter zentrale Kontrolle zu bringen.

Wie beim Übersetzen erfolgt also auch mittels der Dolmetschtätigkeit ein Austausch von kulturell bedingten Werten und Einstellungen und es geht auch beim Dolmetschen um das Aushandeln von Machtansprüchen. Ob bei Kriegsverhandlungen, in der Diplomatie oder auch ‚nur' beim Konferenzdolmetschen, die Dolmetscherin ist immer an einem Prozess beteiligt, bei dem Menschen aus unterschiedlichen Kulturen ihren eigenen Standpunkt, ihre eigene Auffassung dessen, was besprochen wird, darlegen und verständlich machen wollen. Wir haben es immer mit zwei kulturell geformten Interpretationen eines Teils der Realität zu tun, die einander verstehen oder auch sich gegenseitig dominieren wollen.

Wir sehen, dass sowohl Übersetzerinnen als auch Dolmetscherinnen immer transkulturell kommunizieren und auch, dass sie die transkulturelle Kommunikation zwischen anderen Menschen ermöglichen. So haben sie natürlich eine sehr heikle Funktion inne: Nicht nur sprechen oder schreiben sie für Menschen, die nicht kontrollieren können, was sie tatsächlich sagen, sondern sie sind auch in der Lage, durch ihre sprachlichen Entscheidungen kulturelle Werte zu unterdrücken oder hervorzuheben. Dieser zentralen Rolle der Übersetzerin oder Dolmetscherin im interkulturellen Machtgefüge wurde in der Vergangenheit zwar oft mit Misstrauen begegnet (wir erinnern uns an Luther oder Tyndale) aber sie wurde immerhin *anerkannt*. Im Laufe der Zeit verlor aber die Translation als professionelle Tätigkeit immer mehr an gesellschaftlicher Anerkennung und Prestige. Ein Grund dafür könnte sein, dass das Übersetzen und Dolmetschen zunehmend zu einem Frauenberuf wurde. Ein anderer könnte aber auch sein, dass gerade *weil* Translatorinnen so viel (versteckte) Macht besitzen, die Signifikanz ihrer Tätigkeit heruntergespielt wird. Oder spielen vielleicht beide Faktoren eine Rolle?

Eine der Aufgaben und Ziele der Translationswissenschaft ist es, die gesellschaftliche Wichtigkeit der professionellen Translation sichtbar zu machen. Es gelingt Translationswissenschaftlerinnen immer mehr, die enorme Komplexität der transkulturellen Kommunikation zu identifizieren und zu erklären. Dabei geht es klarerweise nicht nur um hochentwickelte Sprach- und Textkompetenz, sondern auch um die Entscheidungsfindung in Bezug auf den Transfer von kulturellen Werten, auf soziopolitische Machtverhältnisse und schließlich auch darauf, welchen Interpretationen der Welt auf welche Weise eine Stimme verliehen wird.

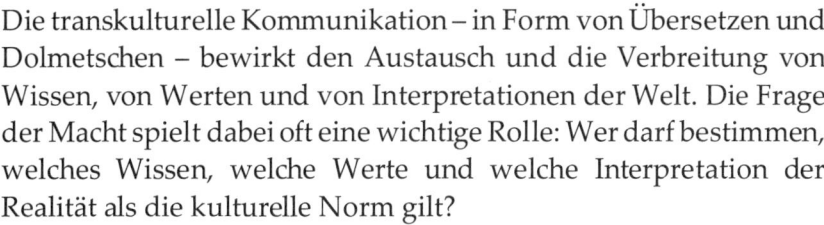

> Die transkulturelle Kommunikation – in Form von Übersetzen und Dolmetschen – bewirkt den Austausch und die Verbreitung von Wissen, von Werten und von Interpretationen der Welt. Die Frage der Macht spielt dabei oft eine wichtige Rolle: Wer darf bestimmen, welches Wissen, welche Werte und welche Interpretation der Realität als die kulturelle Norm gilt?

Was tun wir also, wenn wir translatorisch handeln? Wir kommunizieren – und ermöglichen die Kommunikation – nicht nur zwischen Sprachen, sondern auch zwischen Kulturen. Sprache, als Träger der Kultur, vermittelt und tradiert kulturell geformte Werte und Interpretationen der Welt. Mit jeder sprachlichen Entscheidung treffen wir also auch eine kulturbezogene Entscheidung. Durch das Übersetzen oder Dolmetschen ermöglichen wir die Begegnung mit und den Austausch von kulturellen Werten – oder auch deren Ablehnung. Translatorisches Handeln ist immer auch transkulturelles Handeln, ist immer eine Form der transkulturellen Kommunikation.

4.3 Was heißt eigentlich Übersetzen?

Wie wir im vorangegangenen Abschnitt gesehen haben, sind Übersetzungen aus unserem Alltag nicht wegzudenken. Sie begegnen uns in den unterschiedlichsten Situationen und in vielfältigsten Formen. Oft sind wir uns gar nicht bewusst, dass es sich nicht um Originaltexte, sondern um Translate handelt. Wenn man darüber hinaus bedenkt, dass das Übersetzen eine Jahrtausende alte Tätigkeit ist, die in jeder Epoche und in jeder Gesellschaft immer wieder anderen Prinzipien folgte, so wird vielleicht klar, dass eine Erklärung, was Übersetzen nun eigentlich ist und worin das Wesen einer Übersetzung besteht, äußerst schwierig ist.

Diese Fragen sind jedoch für jede Übersetzerin von zentraler Bedeutung. Von ihrer Beantwortung hängt es auch ab, wie Übersetzende ihre Tätigkeit sehen und welche Rolle sie sich im Übersetzungsprozess zuschreiben. Wir wollen daher verschiedene Versuche, das Übersetzen zu erklären, näher betrachten. Ziel ist es dabei, eine solide Grundlage für ein zeitgemäßes und professionelles Selbstverständnis des Berufs und der Tätigkeit in Form einer schlüssigen und griffigen Definition zu erhalten.

Schon bevor es die Übersetzungswissenschaft im heutigen Sinn gab, haben jene, die Übersetzungen angefertigt haben, immer wieder versucht, die Übersetzung in Form von Metaphern zu erfassen. Diese bildhaften Vergleiche sagen sehr viel darüber aus, worin die Aufgabe der Übersetzerin gesehen wird und was das Wesen einer guten und richtigen Übersetzung ist. Betrachten wir einige dieser Metaphern und die dahinter stehenden (Vor-)Urteile über das Übersetzen einmal näher.

 Metapher 1: Der Übersetzer ist ein Baumeister, der die Ziegel eines Gebäudes Stück für Stück abträgt, um an einer anderen Stelle mit den selben Ziegeln ein neues Gebäude zu errichten.

Dieses Bild existiert bereits seit der Antike; welche Auffassung vom Übersetzen steckt nun dahinter? Der Baumeister/Übersetzer konstruiert ein Gebäude/einen Text mit Hilfe von Ziegelsteinen/Bedeutungselementen. Wie geht er dabei vor? Er trägt die Ziegel einzeln ab und errichtet danach mit eben diesen Ziegeln an einer anderen Stelle ein neues Gebäude. Mit anderen Worten: Er analysiert die einzelnen Bedeutungen und transferiert sie unverändert in die Zielsprache, in der er seinen neuen Text schafft. Über die Form des neuen Gebäudes wird in dieser Metapher nichts gesagt, d.h. das Gebäude kann gegebenenfalls auch anders aussehen, wichtig ist, das die gleichen Ziegel zur Konstruktion verwendet werden. Auf die Übersetzung übertragen heißt das, dass der Text zwar auf Grund der unterschiedlichen Strukturen der verschiedenen Sprachen in der Form anders sein kann; was allerdings identisch bleiben sollte, sind die Bedeutungsinhalte. Welches Berufsbild steckt hinter dieser Metapher? Das Tragen der Ziegel ist einerseits mit einer gewissen physischen Leistung verbunden, andererseits auch mit einem hohen Maß an Achtsamkeit, damit die Ziegel nicht zu Bruch gehen. Sind es tatsächlich die in diesem Bild beschriebenen Eigenschaften des handwerklichen Kraftaufwands und der handwerklichen Sorgfalt, die eine gute Übersetzerin ausmachen? Sehen wir uns noch eine zweite metaphorische Beschreibung der übersetzerischen Tätigkeit an.

 Metapher 2: Übersetzer sind Brückenbauer der Verständigung. Die Brücke des Übersetzens verbindet zwei unterschiedliche Kulturen und Sprachgemeinschaften.

Diese Metapher verwendet der Übersetzungswissenschaftler Hans Hönig (1995:18), der ein ganz anderes Bild von der Tätigkeit und dem Beruf entwirft. Eine Brücke dient dazu, ein Hindernis, z.B. eine Kluft, einen Fluss, zu überwinden. Um eine tragfähige Brücke bauen zu können, braucht man zunächst einen Plan; danach muss man einen Entwurf machen, der dann die Grundlage für die Gestaltung ist. Diese hängt dabei von der Beschaffenheit der Konstruktionsmittel und der Funktion der Brücke ab. Je nachdem, ob sie für Fußgänger oder Kraftfahrzeuge gedacht ist, ob sie auf sandigem oder felsigem Boden gebaut wird, sieht die Brücke anders aus. Überträgt man dieses Bild auf das Übersetzen, so steht die Brücke für einen Text, den die Übersetzerin schafft, um so Informationen und Gedanken über eine Verständigungsbarriere hinweg von einer Ausgangs- in eine Zielkultur zu transportieren. Sie selbst wählt das dafür nötige Material, d.h. die entsprechenden kommunikativen Mittel aus, je nachdem, wofür der Text gebraucht wird. Das Berufsbild entspricht hier dem einer eigenständig und eigenverantwortlich handelnden Expertin. Ähnlich wie der Brückenbauer, der über Planungs- und Gestaltungskompetenz verfügt und Kenntnisse in Materialkunde und Statik benötigt, muss die Übersetzerin die Funktionsweise von Sprache und die Grundlagen und Prinzipien der Kommunikation verstehen und anwenden können, um ihre Übersetzung planvoll und funktionsgerecht gestalten zu können. Anders als bei der Baumeister-Metapher ist die Übersetzerin hier eine Expertin, deren Übersetzungen nicht auf Grund handwerklichen Geschicks, sondern durch reflektiertes Handeln entstehen.

Neben bildhaften Vergleichen, von denen wir hier zwei näher analysiert haben, gibt es natürlich auch wissenschaftliche Versuche, das Übersetzen näher zu bestimmen. Eine wissenschaftliche Erklärung bedient sich nicht rein metaphorischer Umschreibungen, sondern versucht ihren Gegenstand präzise zu definieren, d.h. die wesenstypischen Merkmale eines Begriffs zu erfassen. Je nach theoretischer Ausrichtung sind ganz unterschiedliche Definitionsansätze zu finden. Wir wollen uns zwei davon näher ansehen.

Definition 1: Eine Übersetzung ist das Resultat einer sprachlich-textuellen Operation, die von einem AS-Text zu einem ZS-Text führt, wobei zwischen ZS-Text und AS-Text eine Übersetzungs-(oder Äquivalenz-)relation hergestellt wird. (Koller 1992:16)

Diese Definition sieht das Wesen der Übersetzung in ihrer Beziehung zum Ausgangstext. Diese Beziehung wird mit dem Konzept der Äquivalenz näher bestimmt. Äquivalenz wird in der Wissenschaft sehr unterschiedlich definiert; für uns genügt die Feststellung, dass es sich um eine Ähnlichkeitsbeziehung handelt, die der zielsprachliche (zs) Text mit dem ausgangssprachlichen (as) Text aufweisen muss. Äquivalenz kann sich auf verschiedene Dimensionen eines Textes, z.B. seinen Inhalt, seinen Stil, seine Wirkung, seine Form etc. beziehen. Was in der Übersetzung äquivalent bleiben muss, ergibt sich aus der Analyse des Ausgangstextes, der letztlich die entscheidende Instanz bei der Beurteilung der Übersetzung ist. Daher nennt man diesen Ansatz auch ausgangstextorientiert. Wenn wir diese Definition mit unseren beiden bildhaften Vergleichen der Übersetzung kontrastieren, so können wir eine Ähnlichkeit mit der Metapher des Baumeisters feststellen. Dieser findet das Material, mit dem er sein Gebäude errichtet, bereits fertig vor, er muss es nur noch transportieren. Die Ziegel (d.h. die Bedeutungsinhalte des Ausgangtextes) sollen möglichst unbeschädigt bleiben und geben dem Baumeister bereits vor, wie das neue Gebäude errichtet werden muss.

Die Aufgabe der Übersetzerin besteht laut dieser Definition in der unveränderten (d.h. äquivalenten) Wiedergabe der verschiedenen inhaltlichen, stilistischen, formalen etc. Merkmale des Ausgangstextes. Diese und auch andere ausgangstextorientierte Definitionen vernachlässigen einen wesentlichen Aspekt, der in der Brückenbau-Metapher zum Ausdruck kommt: Das Handeln der Übersetzerin wird nicht vom vorgegebenen (Sprach-)Material bestimmt, sondern von der Funktion und den Aufgaben, die ihre (Text-)Konstruktion in der Zielkultur erfüllen muss. Wir wollen uns daher noch eine andere Definition ansehen, die nicht den Ausgangstext, sondern die Funktion, die die Übersetzung erfüllen soll, zum zentralen Maßstab nimmt.

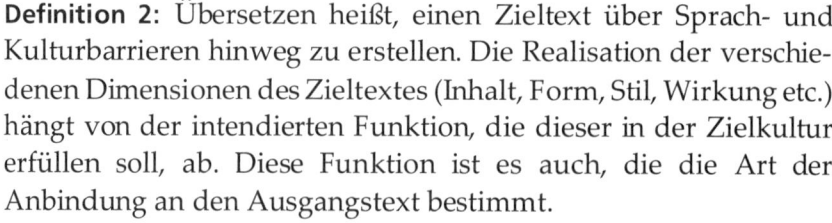

Definition 2: Übersetzen heißt, einen Zieltext über Sprach- und Kulturbarrieren hinweg zu erstellen. Die Realisation der verschiedenen Dimensionen des Zieltextes (Inhalt, Form, Stil, Wirkung etc.) hängt von der intendierten Funktion, die dieser in der Zielkultur erfüllen soll, ab. Diese Funktion ist es auch, die die Art der Anbindung an den Ausgangstext bestimmt.

In dieser – zieltextorientierten – Definition wird die Übersetzung nicht als Abbild des Ausgangstextes gesehen. Wie die Übersetzung aussehen soll, hängt von ihrer Funktion ab. Das heißt, die Übersetzerin muss zunächst einmal genau analysieren, wozu die Übersetzung gebraucht wird. Dazu bedarf es einer übersetzungsrelevanten Analyse (siehe Kapitel 8). Nicht der Ausgangstext bestimmt das übersetzerische Handeln, sondern der Verwendungszweck. Die Übersetzerin hat in dieser Definition eine größere Verantwortung, da sie nicht einfach übersetzen kann, was im Ausgangstext steht, sondern sich genau überlegen muss, für wen die Übersetzung gedacht ist und welchen Zweck ihr Zieltext erfüllen soll. Sie ähnelt hier dem Brückenbauer, der über ein Hindernis hinweg und in Kenntnis der Funktion seiner Konstruktion und der Beschaffenheit des Baumaterials einen Verbindungsweg schafft. Analog dazu ermöglicht die Übersetzerin Kommunikation über Sprach- und Kulturgrenzen hinweg, indem sie zunächst genau analysiert, wozu ihre Übersetzung benötigt wird, dann die Beschaffenheit des Ausgangstextes untersucht und schließlich die kommunikativen Mittel auswählt, die zur Erstellung eines funktionsgerechten Zieltextes nötig sind.

4.4 Was heißt eigentlich Dolmetschen?

Wir haben im vorangegangenen Kapitel gesehen, dass Kommunikation als soziales Verhalten im Allgemeinen ein komplexes Netzwerk verschiedener Einflussbereiche darstellt. Der Unterschied zur ‚einfachen' Kommunikation ist der, dass es sich beim Dolmetschen um Kommunikation über komplexe Grenzen hinweg handelt: nicht nur über Sprach- und Kulturgrenzen, sondern auch über individuelle Stile, Gefühle, Machtkonstellationen hinweg. Ähnlich wie beim Übersetzen steht beim Dolmetschen der Skopos der translatorischen Handlung im Vordergrund. So ist es beim Dolmetschen zulässig, das Translat in kommentierter, gekürzter oder verlängerter Form zu liefern.

4.4.1 Dolmetschtechniken

Dolmetschhandlungen werden in der Translationswissenschaft auf unterschiedliche Weise eingeteilt. Eine zentrale Einteilung ist die nach der verwendeten ‚Technik' oder, wie es auch oft heißt, nach dem Dolmetschmodus. Wir beschränken uns hier zunächst auf die Einteilung in die Haupttechniken des Dolmetschens: **Konsekutivdolmetschen** und **Simultandolmetschen**. Das Konsekutivdolmetschen ist die klassische bzw. die älteste Form des Dolmetschens. Hauptkennzeichen dieser Dolmetschtechnik ist, dass die Dolmetschung erst einsetzt, wenn die Rednerin einen in sich abgeschlossenen

Text(teil) produziert hat, die Dolmetschung erfolgt also im Nachhinein. Es kann sich dabei um kurze Äußerungen handeln, die aus dem Gedächtnis wiedergegeben werden, aber auch um längere Textpassagen, die mit Hilfe der Notizentechnik vollständig gedolmetscht werden können. Die Anwendung der Konsekutivtechnik ist durch einen erheblichen Zeitaufwand gekennzeichnet. Es trägt zunächst die Rednerin ihre Ausführungen vor, dann erfolgt die Wiedergabe durch die Dolmetscherin, sodass die Rede durch diese Dolmetschtechnik im Ergebnis etwa doppelt so lange dauert wie die Ausgangsäußerung. Somit wird das Konsekutivdolmetschen vor allem bei Veranstaltungen eingesetzt, die eher von kürzerer Dauer sind: Das Konsekutivdolmetschen wird bei diplomatischen, wirtschaftlichen, politischen Gesprächen oder feierlichen Anlässen gepflegt, aber auch bei Behörden, wie z.B. in Gerichtsverhandlungen. Für mehrsprachige Veranstaltungen von längerer Dauer, wie z.B. große Tagungen, Arbeitskreise und Konferenzen, ist die Konsekutivtechnik, die mit erheblichem Zeitaufwand verbunden ist, ungeeignet: Für große Veranstaltungen und auch dort, wo mehrere Sprachen beteiligt sind, wird in der Regel mit Simultandolmetschen gearbeitet. Diese ‚zeitgleiche' Translation sieht zumeist so aus, dass die Dolmetscherin in einer schalldichten Kabine sitzt, über Kopfhörer die ausgangssprachlichen Äußerungen empfängt und diese unmittelbar in ein Mikrofon in die Zielsprache dolmetscht. Die Zuhörerinnen empfangen die Dolmetschung über Kopfhörer. Das gleichzeitige Aufnehmen des Ausgangstextes und seine Wiedergabe, unterstützt durch die moderne Technik – auch wenn sie heute bereits eine Selbstverständlichkeit geworden ist – macht das Simultandolmetschen zu einer faszinierenden Erscheinung.

Die Übertragung der Dolmetschung mittels technischer Geräte kam zwar schon in den 1920er-Jahren erstmals zur Anwendung; als eigentlicher Beginn des Dolmetschens in der Kabine werden aber im Allgemeinen die Nürnberger Kriegsverbrecherprozesse der Jahre 1945 und 1946 genannt. Das Simultandolmetschen ist heute aus den großen Veranstaltungen, wie z.B. internationalen Fachtagungen, Arbeitskreisen, Sitzungen internationaler Organisationen, usw. nicht wegzudenken. Das simultane Dolmetschen an sich, also das Dolmetschen während der Aufnahme der ausgangssprachlichen Äußerungen, ist freilich viel älter, wahrscheinlich so alt wie der Dolmetschberuf selbst. Es ist nämlich möglich, auch ohne Hilfe von technischen Geräten bereits während der Rezeption des Ausgangstextes zu dolmetschen. Praktiziert wird dies in der Regel in Form des so genannten **Flüsterdolmetschens**. Das simultane Flüsterdolmetschen erfordert grundsätzlich dieselben Fähigkeiten wie das Kabinendolmetschen. Der Unterschied zum Kabinendolmetschen besteht jedoch darin, dass keine technischen Anlagen zur Verfügung stehen, sondern dass sich die Dolmetscherin in unmittelbarer Nähe der Personen befindet, für die sie dolmetscht und denen sie – ähnlich wie in der Kabine – mit einer Zeitverzögerung von nur wenigen Sekunden das Translat zuflüstert. Simultanes Flüsterdolmetschen kommt zum Einsatz, wenn keine Dolmetschanlagen zur Verfügung stehen, die Dolmetschung jedoch nicht laut sein darf, um den Ablauf der Gesamtveranstaltung nicht zu stören. Dies kann in verschiedenen Kommunikationssituationen vorkommen, so etwa beim Dolmetschen im Rahmen der Betreuung von ausländischen Gästen: Wenn etwa eine fremdsprachige Politikerin im Rahmen eines Staatsbesuchs eine Theateraufführung oder eine sonstige öffentliche Veranstaltung besucht, so wird dort in der Regel keine Dolmetschanlage zur Verfügung stehen und daher mit Flüsterdolmetschen gearbeitet werden, damit der Gast den Ereignissen folgen kann. Ein weiteres Einsatzgebiet sind etwa Gerichtsverhandlungen, wo einer fremdsprachigen Partei der Prozessstoff (z.B. Zeugenaussagen, Plädoyers) im Flüstern gedolmetscht wird, damit die Partei die Verhandlung versteht und der Ablauf des Verfahrens durch eine laute Konsekutivdolmetschung nicht gestört wird. Zum Simultandolmetschen wird auch das so genannte **Vom-Blatt-Dolmetschen** gezählt. Es geht dabei um Situationen, wo ein Ausgangstext schriftlich vorliegt, dessen Translation aber mündlich geliefert wird. Dabei kann es sich z.B. um in einer Gerichtsverhandlung vorgelegte Urkunden oder in einer Konferenz behandelte Dokumente u.Ä. handeln, die vom Blatt gedolmetscht werden.

Sowohl das Vom-Blatt-Dolmetschen als auch das Flüsterdolmetschen kommen, wie gerade mit Beispielen dargestellt, in der Praxis vorwiegend als Simultandolmetschen zum Einsatz. Grundsätzlich können beide Varianten aber auch konsekutiv ausgeführt werden, indem die Dolmetschung im Nachhinein erfolgt.

4.4.2 Dolmetschtypen

Für das Simultandolmetschen in der Kabine und das Konsekutivdolmetschen haben sich seit Mitte des zwanzigsten Jahrhunderts zwei prototypische Einsatzbereiche je nach Modus herausgebildet, die in der Wissenschaft vorrangig behandelt werden: Simultandolmetschen wird mit dem **Konferenzdolmetschen**, das konsekutive Dolmetschen mit dem **Verhandlungsdolmetschen** gleichgesetzt. Konferenz- oder Vortragsdolmetschen meint dabei simultanes Dolmetschen in der Kabine, wobei es sich in der Regel um längere Reden handelt (Vortrag, Referat, Statement u.Ä.).

Das Dolmetschen von Vorträgen ist somit die Dolmetschung von **monologisch** organisierten Texten, für die charakteristisch ist, dass die Kommunikation einseitig verläuft, d.h. die Senderin und Empfängerin der Nachricht wechseln ihre Rollen nicht. Monologisch organisierte Kommunikation hat für die Dolmetschung den Vorteil, dass die Dolmetscherin davon ausgehen kann, dass das Thema der Ausführungen grundsätzlich nicht wechselt und keine Überraschungen auftreten. Ebenso ist der emotionale Anteil an der Kommunikation geringer als in face-to-face-Kommunikationen. Wenn wir als Prototyp für Vortragsdolmetschen etwa eine internationale Fachtagung von Herzchirurginnen heranziehen, so können wir davon ausgehen, dass diese internationalen Fachleute ungefähr gleiche Qualifikationen besitzen, dem gleichen fachlichen Kontext verbunden sind und eine gemeinsame Zielsetzung haben, nämlich die Entwicklung und Verbesserung in ihrem Fach, und zwar auch dann, wenn sie sich über ein konkretes Thema aus ihrem Bereich uneinig sind – etwa über die ‚richtige‘ von mehreren denkbaren Behandlungsmethoden. Somit können wir von symmetrischen Interaktionen sprechen: Alle Kommunikationspartnerinnen haben etwa die gleichen Möglichkeiten in der Kommunikationssituation.

Beim Verhandlungsdolmetschen dagegen ist die gegenseitige Kommunikation von Angesicht zu Angesicht charakteristisch. Es überwiegen die Dialoge, sodass man von **dialogisch** organisierten Texten sprechen kann. Im Allgemeinen wird die Konsekutivtechnik angewandt. In diesen Kommunikationssituationen vertreten die Kommunikantinnen in der Regel verschiedene Positionen. Dies muss nicht zwingend bedeuten, dass eine Seite dominiert und die andere sich fügen muss (was aber nicht selten der Fall ist). In der Regel aber ist die Gesprächsorganisation durch asymmetrische Beziehungen der Beteiligten offen, d.h., dass Gespräche jederzeit eine unerwartete Wendung nehmen können und die Mitteilungen häufig Doppeldeutigkeiten und Gegensätzlichkeiten enthalten. Dazu kommt, dass die Kommunikantinnen die verbalen Äußerungen durch die Körpersprache begleiten oder ersetzen und so die Einstellung und Beziehung zueinander stärker demonstrieren als in einer monologischen Situation. Kommunikation in komplementären Beziehungen an sich unterliegt einer komplexen Gesetzmäßigkeit. Wenn diese Kommunikation gedolmetscht wird, so bedeutet das ein stetes Abwägen und Balancieren der Dolmetscherin zwischen den kommunizierenden Parteien.

Diese grobe Unterteilung vernachlässigt freilich Fachbereiche und konkretere Kommunikationssituationen und ist somit für eine detaillierte Beschreibung von Dolmetschleistungen nur bedingt geeignet. So wurden verschiedene andere Einteilungen als die Unterteilung in Konferenzdolmetschen und Verhandlungsdolmetschen entwickelt, die die Tätigkeitsbereiche näher eingrenzen und die Anforderungsprofile bzw. die Art der Tätigkeit spezifischer beschreiben.

So spricht man heute beispielsweise von **Verhandlungsdolmetschen** bzw. **Gesprächsdolmetschen** bei verschiedenen Gesprächssituationen, wie z.B. in diplomatischen oder wirtschaftlichen Settings, von **Begleitdolmetschen** etwa für ausländische Gäste bei Stadtrundfahrten und Exkursionen (z.B. bei Staatsbesuchen), von **Gerichtsdolmetschen** bei Behörden, **Mediendolmetschen** für Fernsehen oder Radio, **Bühnendolmetschen** bei Theatervorführungen mit Publikum, **Krankenhausdolmetschen**, **Bildungsdolmetschen** usw. Auch Subtypen wie z.B. **Satelliten-Konferenzdolmetschen** werden als eigener Typ genannt: Dabei erfolgt die Kommunikation via Satellit, d.h. Rednerin und Zuhörerin sind räumlich sehr weit voneinander entfernt. Zu allen diesen Bereichen gibt es bereits ausführliche Untersuchungen.

Ein an sich seit jeher bestehender Dolmetschtyp, der erst im letzten Jahrzehnt durch wissenschaftliche Aufarbeitung und die Schaffung fundierter Ausbildungsmöglichkeiten professionalisiert wurde, ist das **Gebärdensprachdolmetschen**. Es handelt sich dabei um das Dolmetschen zwischen gesprochener und gebärdeter Sprache, wobei im Allgemeinen die Simultantechnik angewendet wird. Obwohl also zwischen Gebärden- und Lautsprache vor allem Bedarf an Simultandolmetschung besteht, kann auch hier das Vom-Blatt-Dolmetschen sowie das konsekutive Dolmetschen von z.B. videoaufgezeichneten Botschaften nicht ausgeschlossen werden.

4.4.3 Dolmetschen und Kommunikationspsychologie

Durch dynamische Entwicklungen der transkulturellen Kommunikation werden immer mehr ‚Dolmetschtypen' und ihre Spezifika definiert. Eines der Spezifika, das jeder Kommunikation, somit auch jeder Translation zugrunde liegt, ist die notwendige Beachtung der psychologischen Aspekte der Kommunikation, wie wir sie im ersten Kapitel kennen gelernt haben. Diese kommunikativen Unterschiede manifestieren sich in unterschiedlichen sozialen Verhaltensformen, und diese sind wiederum kulturbedingt. Kulturbedingte Verhaltensformen sind in der Regel unbewusst. Wenn ein Verhalten von der Norm der Ausgangskultur und -sprache abweicht, dringt ins Bewusstsein der Kommunikationspartnerin nur das Gefühl, dass sich die andere falsch verhält. Translatorinnen sind in der Ausübung ihrer Tätigkeit aufgefordert, die Andersartigkeit zunächst zu erkennen. Im translatorischen Handeln geht es aber um mehr als um das Erkennen der Unterschiede. Die zu transferierenden Kulturen müssen vielmehr miteinander in der Weise in

Bezug gesetzt werden, dass vermeintliche Unterschiede oder Gleichheiten so transportiert werden, dass sie in der Zielkultur sowohl Aufschluss über die Bedeutung in der Ausgangskultur geben als auch die intendierte Wirkung in der Zielkultur erzielen.

Wir versuchen, diesen Standpunkt mit einem Beispiel zu verdeutlichen, das an der Oberfläche, d.h. im ausgangssprachlichen Ausdruck, keine Auffälligkeiten bzw. Schwierigkeiten oder Kulturspezifika, die die Dolmetscherin beachten müsste, aufweist. Es geht um einen Vortrag einer österreichischen Historikerin zum Thema ‚Vergangenheitsbewältigung in Österreich‘ für Studierende der Universität Sarajevo, die im Rahmen eines Austauschprogramms ein Gastsemester an der Wiener Universität absolvieren. Die Studierendengruppe aus Bosnien setzt sich aus allen drei Bevölkerungsgruppen Bosnien-Herzegowinas zusammen: Bosniakinnen, Kroatinnen und Serbinnen. Der Vortrag wird simultan gedolmetscht. In ihrem Vortrag zu Schuld und Verantwortung spricht die Professorin über österreichische Erfahrungen in der Vergangenheitsbewältigung. Ihre Ausführungen über politische Kultur und Demokratie, Doppelmoral, Schuld und Verantwortung, Aufarbeitung der NS-Verbrechen durch Gerichte, Schulen usw. beinhalten keine direkte Referenz auf die kriegerischen Auseinandersetzungen im ehemaligen Jugoslawien. Die Professorin bezieht sich klar auf Österreich, wo sie allgemeiner wird, spricht sie von universaler Schuld. Auf der Inhaltsebene hat der Vortrag ‚Vergangenheitsbewältigung in Österreich‘ mit dem Land Bosnien-Herzegowina nichts gemein, auf der Beziehungsebene bringt dieses Thema selbstverständlich eine Parallele: Während die österreichische Professorin sachlich über das Schuldverschweigen und dessen Folgen für die Entwicklung der politischen Kultur im Land spricht, wird jede Studentin und jeder Student aus Bosnien unweigerlich an die Situation im eigenen Land denken. Diese Parallelen werden bewusst oder unbewusst gezogen, die Mitteilung wird primär auf der Beziehungsebene empfangen. Was will also die österreichische Professorin den bosnischen Studierenden mit ihrem Vortrag über die Vergangenheitsbewältigung in Österreich tatsächlich mitteilen? Wir können versuchen, mit Hilfe des Vier-Seiten-einer-Nachricht-Modells die Mitteilung der Professorin zu entschlüsseln. (Wir erinnern uns an das Modell, das besagt, dass jede Nachricht 1. einen Sachinhalt – das, worüber informiert wird – besitzt, 2. die Selbstoffenbarung, in der sich die Person der Senderin enthüllt, 3. die Beziehung, mit der mitgeteilt wird, was die Senderin von den Empfängerinnen der Nachricht denkt und 4. den Appell, mit dem die Senderin auf die Empfängerinnen der Nachricht Einfluss nehmen will). Der Sachinhalt des Vortrags ist klar festzuhalten, es ist die ‚Vergangenheitsbewältigung in Österreich'; die Selbstoffenbarung als intendierte Selbstdarstellung der Vortragenden könnte sein: „Ich bin Österreicherin und besitze den Mut, mich mit Schuld und Verantwortung meiner Väter auseinanderzusetzen." Der dritte Aspekt der Nachricht, die Definition der Beziehung zwischen der Senderin und den Empfängerinnen könnte bedeuten: „Als junge Menschen sind Studierende für Veränderungen offen und können mit ihrer Offenheit und ihrem starken Willen dieses Thema auch in ihrem Land zum Thema machen und somit an der Gestaltung des Friedens und der Zukunft aktiv mitwirken." Somit kommen wir zum Appell, also den intendierten Einfluss, den die Nachricht auf die Studierenden haben könnte: „Ohne Vergangenheitsbewältigung gibt es keine Zukunft. Tun auch Sie etwas … Sie können die Zukunft Ihres Landes mitgestalten …"

Wie hat nun die Dolmetscherin im Translat die vierseitige Nachricht gestaltet? Wie hat sie die Kulturspezifik berücksichtigt? Hat der kulturelle Aspekt hier überhaupt Bedeutung, zumal es sich eigentlich um ein fremdes Thema handelt?

Bei näherer Betrachtung unterscheiden sich der ausgangssprachliche und der zielsprachliche Text erheblich. Auch sind einige kulturell bedingte Unterschiede vorhanden. Als Beispiel wollen wir hier nur den Schlüsselbegriff „Vergangenheitsbewältigung" herausgreifen. In der Translation dieses Ausdrucks wählt die Dolmetscherin die bosnische, kroatische und serbische Wendung „suočiti se s prošlošću", was soviel wie „mit der Vergangenheit konfrontiert werden" bedeutet. Diese Wendung ist in den letzten Jahren in den Sprachgebrauch des Nachkriegsdiskurses im ehemaligen Jugoslawien gekommen, abgeleitet von der Redewendung „suočiti se s istinom" („mit der Wahrheit konfrontiert werden"). Man könnte diese Wendung als den ersten Schritt in der Annäherungsdiskussion der Völker betrachten, als eine Vorstufe der ‚Bewältigung'. Die bosnische, kroatische oder serbische Sprache bietet aber auch eine genauere Bezeichnung für „Vergangenheitsbewältigung", die häufig verwendet wird, nämlich „obračunati se s prošlošću" (wörtlich „mit der Vergangenheit abrechnen").

Die österreichische Professorin hat sich in ihrem Vortrag sehr um Harmonie bemüht, indem sie keinen direkten Bezug auf ex-jugoslawische Verhältnisse nahm. Dennoch können wir feststellen, dass die Dolmetscherin den Text in der Zielsprache ‚geglättet' hat. Welche Überlegung lag der Entscheidung der Dolmetscherin zu Grunde, nicht den semantisch näheren Ausdruck zu wählen?

Die Entscheidung der Dolmetscherin ist durch den zutreffenden Gedanken bestimmt, dass Wörter auch zusätzliche Bedeutungen ins Spiel bringen, die Werte und Konventionen widerspiegeln, Stimmungen erzeugen und den Fortgang und das Gelingen der Kommunikation bestimmen. Die Einbettung des Textes in die Situation und die Zielkultur entscheiden darüber, welchen Sinn der Text erhält. Die Translatorin benötigt daher zum einen ein hoch differenziertes Inventar von Wissen, gepaart mit der Beherrschung des Zusammenspiels von Sprach- und Kulturkenntnissen, Dolmetschtechniken und der Fähigkeit, Wissen und Formulierungen einander kommunikationspsychologisch zuzuordnen, damit nicht nur die Verständigung stattfinden kann, sondern auch das erwünschte Kommunikationsziel erreicht wird, damit alle vier Seiten der Nachricht rezipiert werden. Eine lediglich semantisch korrekte Dolmetschung unseres Schlüsselbegriffs „Vergangenheitsbewältigung" ohne Berücksichtigung der pragmatischen Aspekte würde wahrscheinlich die allgemeine Intention der Senderin, die Verständigung, erfüllen, die spezielle Interessensrealisierung, den Appell, wahrscheinlich nicht.

Das Dolmetschen ist also eine komplexe Angelegenheit. Die Dolmetscherin im vorangegangenen Beispiel befand sich in keiner ungewöhnlichen Situation; das methodische Abwägen gehört zur ständigen Aufgabe einer Dolmetscherin und ist in dieser Form insbesondere aus der hohen Diplomatie bekannt. Nicht selten werden unverblümte Äußerungen, aber auch Äußerungen, die in der Ausgangssprache nicht besonders markiert sind, in der Dolmetschung neutralisiert, weil sie in der Zielsprache eine bestimmte Assoziation hervorrufen, die zu der konkreten Kommunikationssituation nicht passt. So berichtet z.B. der BBC-Korrespondent James Robbins (2004) von einem Interview mit dem außenpolitischen Berater der ehemaligen britischen Premierministerin Margaret Thatcher, Charles Powell, der von der oft harschen Sprache Thatchers erzählte und von der Notwendigkeit, einiges im Translat zu zensurieren. So auch als Thatcher den ehemaligen Präsidenten von Französisch-Kongo, der als Kommunist und Marxist bekannt war, mit den eisigen Worten empfing: „Ich hasse Kommunisten." Der Dolmetscher soll diese ‚Begrüßung' in etwa so wiedergegeben haben: „Premierministerin Thatcher sagt, dass sie niemals völlig von den Ideen Karl Marx' überzeugt war."

Auch in diesem Beispiel können wir feststellen, dass durch die beschönigende Umschreibung der Äußerung „Ich hasse Kommunisten" durch „Frau Thatcher sagt, dass sie niemals völlig von den Ideen Karl Marx' überzeugt war" weder die Inhaltsebene, die Information, noch die Beziehungsebene beeinträchtigt wird – auch die ‚polierte' Mitteilung hat der Kongo-Präsident wohl verstanden; die Beschönigung hat wahrscheinlich dazu beigetragen, dass das Gespräch nicht abgebrochen wurde. Die Tatsache, dass der Dolmet-

"Mrs Thatcher's bluntness
could stun interpreters" (Robbins, 2004)

scher in diesem Fall nicht, wie ansonsten üblich, die Äußerung in der 1. Person Singular wiedergibt, ist u.a. auch damit zu erklären, dass mit dieser Vorgangsweise eine klare Zuordnung der Aussage getroffen wird.

Abschließend können wir zusammenfassend festhalten, dass die Pragmatik in Kommunikationssituationen besonders empfindlich für Abweichungen ist: Die Dolmetscherin muss daher für die Kompatibilität der ausgetauschten Informationen sorgen und gleichzeitig darauf achten, dass auch die Pragmatik stimmt. Denn abweichendes Verhalten in der translatorischen Pragmatik kann störender sein als syntaktische oder semantische Fehlleistungen.

4.5 Zusammenfassung

Der Bedarf an transkultureller Kommunikation war immer schon gegeben. Durch die Vernetzung und Globalisierung der Welt würde die Menschheit ohne transkulturelle Kommunikation nicht auskommen. Der Wissenstransfer durch Translation ist ein wesentliches Instrument des wissenschaftlichen, kulturellen, politischen, philosophischen usw. Austausches über Sprach- und Kulturgrenzen hinweg. Die transkulturelle Kommunikation bedient sich dabei schriftlicher und mündlicher Formen. Die schriftliche Form, das Übersetzen, ist eine Jahrtausende alte Tätigkeit, die in verschiedenen Epochen und Gesellschaften unterschiedlichen Regeln folgte, entsprechend dem jeweils gerade geltenden Maßstab für Übersetzungen. In unserem Ansatz wird die Übersetzung als zweckorientierte und daher zieltextorientierte Handlung angesehen. Die mündliche Form der Translation, das Dolmetschen, ist ebenfalls eine alte Tätigkeit, die über Jahrhunderte hinweg ein unverzichtbares Instrument in den internationalen Beziehungen blieb. Wir haben das Dolmetschen aus dem Blickwinkel der Haupttechniken, Konsekutiv- und Simultandolmetschen beschrieben. Wir haben – vereinfachend –

festgestellt, dass Simultandolmetschen mehrheitlich bei monologisch organisierten Texten zum Einsatz kommt, während Konsekutivdolmetschen vorwiegend bei dialogisch organisierten Texten verwendet wird. Die breite
Palette von Einsatzgebieten reicht vom Konferenzdolmetschen über das Gerichtsdolmetschen, Gebärdensprachdolmetschen, Mediendolmetschen bis
hin zu neueren Bereichen wie etwa dem Satelliten-Konferenzdolmetschen.
Allen Bereichen gemeinsam ist dabei die hohe Bedeutung der Erwartungen,
Einstellungen und Befindlichkeiten der Kommunikationsteilnehmerinnen,
die entscheidend für das translatorische Verhalten sind.

Quellen und weiterführende Literatur

Álvarez, Román & Vidal, M. Carmen-África (Hrsg.) 1996. *Translation, Power, Subversion.*
    Clevedon (etc.): Multilingual Matters.

Bowen, Margareta. 2003. „Geschichte des Dolmetschens." In: Snell-Hornby, Mary & Hönig,
    Hans G. & Kussmaul, Paul & Schmitt, Peter A. (Hrsg.) *Handbuch Translation.* Tübingen:
    Stauffenburg, S. 43-46.

Chesterman, Andrew. 1997. *Memes of translation. The spread of ideas in translation theory.*
    Amsterdam: John Benjamins.

Göhring, Heinz. 2003. „Interkulturelle Kommunikation." In: Snell-Hornby, Mary & Hönig,
    Hans G. & Kussmaul, Paul & Schmitt, Peter A. (Hrsg.) *Handbuch Translation.* Tübingen:
    Stauffenburg, S. 112-114.

Hönig, Hans. 1995. *Konstruktives Übersetzen.* Tübingen: Stauffenburg.

Kadrić, Mira. [2]2006. *Dolmetschen bei Gericht. Anforderungen, Erwartungen, Kompetenzen.* Wien:
    facultas.

Kohlmayer, Rainer. 1994. „Übersetzung als ideologische Anpassung: Oscar Wildes Gesell-
    schaftskomödien mit nationalsozialistischer Botschaft." In: Snell-Hornby, Mary; Pöch-
    hacker, Franz; Kaindl, Klaus. *Translation Studies: An Interdiscipline.* Amsterdam: Benja-
    mins, S. 91-101.

Markstein, Elisabeth. 1994. „Sprache als Realie: Intertextualität und Übersetzung. Am Beispiel
    totalitärer Sprache." In: Snell-Hornby, Mary; Pöchhacker, Franz; Kaindl, Klaus.
    Translation Studies: An Interdiscipline. Amsterdam: Benjamins, S. 103-111.

Pöchhacker, Franz. 2000. *Dolmetschen. Konzeptuelle Grundlagen und deskriptive Untersuchungen.*
    Tübingen: Stauffenburg.

Robbins, James. 2004. „Translation trouble at top-level talks." http://news.bbc.co.uk/1/hi/uk
    /3426257.stm (Stand August 2004)

Schäffner, Christina & Adab, Beverly. 1995. "Translation as intercultural communication –
    Contact as conflict." In: Snell-Hornby, Mary & Jettmarová, Zuzana & Kaindl, Klaus.
    Translation as Intercultural Communication. Amsterdam: Benjamins, S. 325-337.

Snell-Hornby, Mary. 2003. "Translationswissenschaftliche Grundlagen: Translation (Über-
    setzen/Dolmetschen) Translationswissenschaft/Translatologie." In: Snell-Hornby, Mary
    & Hönig, Hans G. & Kussmaul, Paul & Schmitt, Peter A. (Hrsg.) *Handbuch Translation.*
    Tübingen: Stauffenburg, S. 37-38.

Woodsworth, Judith. 2003. „Geschichte des Übersetzens." In: Snell-Hornby, Mary & Hönig,
    Hans G. & Kussmaul, Paul & Schmitt, Peter A. (Hrsg.) *Handbuch Translation.* Tübingen:
    Stauffenburg, S. 39- 43.

5 Funktionale Ansätze in der Translationswissenschaft

Wie wir in Kapitel 3 gesehen haben, ist Kommunikation ein zentraler Bestandteil des menschlichen Lebens. Kommunikation funktioniert nach bestimmten pragmatischen Kriterien und mit Hilfe verschiedenster kommunikativer Mittel; die Sprache nimmt dabei einen wichtigen Stellenwert ein. Auch translatorisches Handeln stellt eine – ganz spezifische – Art von Kommunikation dar. Ebenso wie sich Rednerinnen oder Autorinnen an eine Zuhörerinnen- bzw. Leserinnenschaft wenden, kommunizieren auch Translatorinnen durch ihre Translate mit ihren Adressatinnen. Dies bedeutet, dass die Prinzipien und Grundlagen kommunikativen Handelns auch in der Translation die entscheidende Basis bilden. Allerdings kommen auf Grund des transkulturellen Kontextes, in dem translatorische Kommunikationshandlungen stattfinden, eine Reihe zusätzlicher Aspekte zum Tragen, die im Folgenden dargestellt werden sollen. Dazu wollen wir uns jene Translationstheorien näher ansehen, die das Übersetzen und Dolmetschen unter einem kommunikativen Blickwinkel analysieren. Es handelt sich dabei um die so genannte *Skopostheorie* von Hans J. Vermeer (Reiß/Vermeer 1984) und die *Theorie vom Translatorischen Handeln* von Justa Holz-Mänttäri (1984). Darüber hinaus wird auch die *Scenes-and-frames Semantik* von Mia Vannerem und Mary Snell-Hornby (1986) vorgestellt, die im Rahmen der funktionalen *Neuorientierung* (Snell-Hornby 1986) der Translationswissenschaft Anwendung findet. Alle Ansätze sind etwa zeitgleich, zum Teil unabhängig voneinander konzipiert worden, verhalten sich aber komplementär zueinander. Dies liegt unter anderem wohl auch daran, dass sie im Kontext der translatorischen Ausbildung entstanden sind und zum Ziel haben, das praktische Tun von Translatorinnen systematisch darzustellen und zu erklären und so den Praktikerinnen Hilfestellungen bei ihrer translatorischen Tätigkeit zu liefern. Folglich konzentriert sich die Darstellung der Theorien nicht auf eine umfassende Wiedergabe, sondern greift vor allem jene Aspekte heraus, die für eine Einführung in die translatorische Methodik besonders relevant sind.

5.1 Skopostheorie

Der Terminus **Skopos,** mit dem die allgemeine Translationstheorie von
Reiß/Vermeer verkürzt bezeichnet wird, stammt aus dem Griechischen und
kann mit ‚Zweck' bzw. ‚Ziel' übersetzt werden. Translation wird in dieser
Theorie als eine Sondersorte von Kommunikation beschrieben, und diese
wird, wie jede kommunikative Handlung, von einem Zweck bestimmt. Das
Ziel jeder translatorischen/kommunikativen Handlung ist dabei von der jeweiligen Empfängerin abhängig. Die wesentlichen Komponenten dieser
Theorie, die Zielorientierung, Adressatinnenorientierung und Kulturorien-
tierung wollen wir uns in ihrer Bedeutung für die Translation näher ansehen.

5.1.1 Zielorientierung

In der Übersetzungswissenschaft wurde lange Zeit der Ausgangstext als der
entscheidende Maßstab erachtet, der bestimmt, wie die Übersetzung aussehen soll. Wenn wir Translation als eine spezifische Ausprägung von Kommunikation verstehen, so kann unsere erste Frage jedoch nicht lauten: „Was
steht im Ausgangstext?" Vielmehr müssen wir uns zunächst die Frage stellen: „*Wozu* wird unser Translat gebraucht?" Kommunikation findet immer in
einer bestimmten Situation statt und hat auch ein bestimmtes Ziel. Situation
und Ziel entscheiden auch die Auswahl der Mittel, die Art und Weise, wie
die Kommunikation gestaltet wird. Dies haben wir bereits in Kapitel 3.3. mit
Hilfe der so genannten Lasswell-Formel ganz allgemein als für Kommunikation gültig festgestellt. Für die Translation bedeutet dies, dass es nicht darum
geht, einfach zu übersetzen, was im Ausgangstext steht, sondern zunächst
das Kommunikationsziel festzustellen. Unter dieser Perspektive ist das Original nicht mehr ‚heilig' und unantastbar, sondern wird in der Translation zu
einem ‚Informationsangebot', aus dem die Translatorin jene Aspekte auswählt, die für ihre Adressatinnen relevant sind.

Damit ist auch nicht mehr die Äquivalenz, d.h. die größtmögliche Übereinstimmung mit dem Ausgangstext, die Richtschnur für die Translation,
sondern die Übereinstimmung von Translat und Kommunikationsziel. Diese
Beziehung wird von Reiß/Vermeer mit dem Terminus **Adäquatheit** beschrieben. Der Ausgangstext wird damit zum Material, das je nach Kommunikationsziel in der Translation übernommen, allenfalls gekürzt, ergänzt etc.
werden kann. Richtschnur bei der Beantwortung der Frage, wie mit dem
Ausgangstext in der Translation umgegangen wird, ist dabei der Skopos, der
durch den Übersetzungsauftrag vorgegeben wird.

Beispiel: Ein US-Amerikaner bewirbt sich in einer österreichischen Firma um eine ausgeschriebene Stelle, für die unter anderem auch Arbeitszeugnisse von früheren Beschäftigungsverhältnissen gefordert werden. Der Amerikaner beauftragt daraufhin eine Übersetzerin mit der Translation seiner bisherigen Arbeitszeugnisse. Amerikanische Arbeitszeugnisse beinhalten meistens nur eine Bestätigung über die Beschäftigung. In deutschsprachigen Arbeitszeugnissen werden hingegen neben Angaben zur Person, Tätigkeitsart und -dauer auch die Leistungen sowie die soziale Kompetenz beurteilt. Darüber hinaus finden sich auch Angaben zu den Gründen für die Beendigung des Arbeitsverhältnisses sowie Wünsche für eine weitere erfolgreiche Zukunft. Eine wörtliche Übersetzung der amerikanischen Dokumente würde zweifelsohne den inhaltlichen Erwartungen, die im deutschsprachigen Raum mit Arbeitszeugnissen verbunden sind, zuwider laufen und damit das Kommunikationsziel verfehlen, da der Eindruck entstünde, der amerikanische Arbeitgeber sei sehr unzufrieden mit der Leistung des Arbeitnehmers gewesen. Die Übersetzerin entscheidet sich daher, ihrem Zieltext eine Erklärung in Form einer Fußnote beizufügen, in der die kulturellen Unterschiede zwischen amerikanischen und deutschsprachigen Arbeitszeugnissen deutlich gemacht werden.

5.1.2 Adressatinnenorientierung

Translatorinnen müssen also genau wissen, zu welchem Zweck ihr Translat benötigt wird. Das Kommunikationsziel steht dabei in einem direkten Verhältnis zu der Frage: „Für wen ist mein Translat gedacht?" Die Adressatinnen sind somit die zweite wesentliche Komponente des Skopos.

Die funktionale Translationstheorie geht davon aus, dass Texte (ob mündlich oder schriftlich) immer Teil einer Situation, einer Kultur, oder wie Vermeer (1983:48) es bezeichnet, eines ‚Weltkontinuums' sind, d.h. Texte sind keine isolierten Einheiten, sondern stehen immer in einem größeren Verwendungszusammenhang. Die Funktion eines Textes ergibt sich aus dieser Einbettung in einen bestimmten soziokulturellen Kontext. Es ist demnach nicht der Text selbst, der eine bestimmte Bedeutung hat, sondern er erhält seine Bedeutung erst durch die Rezipientin, die ausgehend von ihrem Erfahrungs- und Wissenshintergrund den Text versteht. Wird ein Text nun in eine andere Situation, eine andere Kultur transferiert, so verändert sich zumindest immer ein Faktor, der dem Text seine Funktion gibt: die Adressatin. Jeder Mensch ist sowohl ein durch soziale Parameter (wie z.B. Alter, Geschlecht, Bildung, soziale Herkunft usw.) als auch ein kulturell geprägtes Wesen mit spezifischen Lebensgewohnheiten, Erfahrungen und einem durch die Kultur geprägten Weltwissen.

Für die Translation bedeutet dies, dass nicht die Funktion und Beschaffenheit des Ausgangstextes für die Frage, wie übersetzt werden soll, entscheidend ist, sondern die Kenntnis der Zieltextrezipientin und ihrer Erwartungen an das Translat, das ein kohärent interpretierbarer Teil ihres Weltkontinuums werden muss. Dies ist auch gemeint, wenn Reiß/Vermeer feststellen, dass ein Translat ein Informationsangebot aus der Ausgangskultur „nicht-umkehrbar eindeutig" abbildet (1984:119). Natürlich kann der Translatskopos auch in der genauen Abbildung des Ausgangstextes in der Zielsprache bestehen, allerdings ist auf Grund des neuen Empfängerbezuges, der sich aus der Kommunikation über Sprach- und Kulturgrenzen hinweg ergibt, eine solche funktionale Äquivalenz eher die Ausnahme als die Regel. Oft wird es daher der Fall sein, dass der Zieltext in Form und Inhalt anders gestaltet werden muss als der Ausgangstext.

> **Beispiel:** Eine Studie in englischer Sprache über neue Krebstherapien, die in einer medizinischen Fachzeitschrift erschienen ist, soll für die populärwissenschaftliche Zeitschrift *Gesundheit heute* übersetzt werden. Der Ausgangstext, der von einer auf Krebstherapien spezialisierten Forschungsgruppe verfasst wurde, richtet sich an ein medizinisches Fachpublikum (es handelt sich hier um eine symmetrische Kommunikationssituation, vgl. Kapitel 3.1.), der zu erstellende Zieltext hat hingegen interessierte Laien als Adressatinnen (wodurch sich eine asymmetrische Kommunikationssituation ergibt). Die Übersetzerin entscheidet sich daher, für Laien unverständliche Fachtermini durch allgemeinsprachliche Ausdrücke wiederzugeben bzw. kurze Erklärungen hinzuzufügen, um so den unterschiedlichen Wissensvoraussetzungen Rechnung zu tragen, die zwischen den Rezipientinnen des Ausgangs- und des Zieltextes bestehen.

5.1.3 Kulturorientierung

Wie wir im vorigen Abschnitt bereits gesehen haben, sind Texte keine isolierten sprachlichen Gebilde, sondern sind immer in eine bestimmte Situation eingebettet, die wiederum Teil einer Kultur ist. Diese außersprachlichen Faktoren bestimmen ganz wesentlich, wie ein Text gestaltet und auch wie er verstanden wird. Der materiell vorliegende Text (sei es in schriftlicher oder akustischer Form) ist somit nur ein Teil des Textganzen, oder wie es Hönig/Kussmaul formulieren: „Jeder Text kann als der verbalisierte Teil einer Soziokultur verstanden werden" (1982:58).

Wie wir etwas verstehen, ist somit immer auch kulturabhängig. Wenn z.B. eine deutsche Touristin in einem Wiener Kaffeehaus „Einen Kaffee bitte" bestellt, so verbindet sie damit in der Regel eine ganz bestimmte Vorstellung von Kaffee, in der Regel eine Tasse Filterkaffee. Für eine österreichische Kaffeetrinkerin hat die Bestellung von „einem Kaffee" keine konkrete Bedeutung (und sie würde einen solchen in dieser Form auch niemals in einem Kaffeehaus ordern), vielmehr würde sie spezifizieren, ob sie nun eine Melange, einen kleinen Braunen, eine Schale Gold, einen großen Schwarzen etc. trinkt. Für Französinnen und Italienerinnen heißt „un café" bzw. „un caffè" soviel wie ein Espresso, der wiederum mit der Tasse Kaffee der deutschen Touristin nichts zu tun hat. Auch wenn Kaffee ein in vielen Kulturen verbreitetes Getränk ist, so wird, wie Hönig feststellt (1995:102f.), je nach kulturellem Hintergrund häufig etwas ganz Bestimmtes mit dem Begriff Kaffee verbunden.

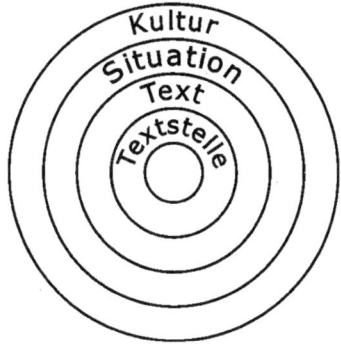

Text-in-Situation

Kultur ist in diesem Sinne in der funktionalen Translationstheorie ein allumfassender Begriff, der nicht nur jene Gegenstände umfasst, wie sie im Feuilleton von Zeitungen behandelt werden (Theater, Konzert, Malerei etc.), sondern alle gesellschaftlich bedingten Aspekte des menschlichen Lebens beinhaltet. Die kulturelle Dimension ist von entscheidender Bedeutung für translatorisches Handeln, wie wir in Kapitel 2 bereits ausführlich dargelegt haben. Hier wollen wir es daher bei diesen sehr kurzen und allgemeinen Bemerkungen belassen und lediglich anhand eines Beispiels nochmals verdeutlichen, welche Rolle die kulturelle Dimension in der Kommunikation über Sprach- und Kulturgrenzen hinweg spielen kann.

Beispiel: Der französische Ministerpräsident Laurent Fabius absolvierte Mitte der 80er Jahre einen Staatsbesuch in Südkorea und wurde vom dortigen Staatschef am Flughafen mit den Worten begrüßt: „Sie sind sehr schön, Herr Fabius." Der Dolmetscher übersetzte die Begrüßung wörtlich, was beim französischen Ministerpräsidenten Verwirrung auslöste. Es handelte sich hier jedoch um eine kulturspezifische Art der Begrüßung, die funktional etwa die gleiche Bedeutung hat wie: „Ich freue mich sehr,

Sie hier begrüßen zu dürfen, Herr Fabius". Der Dolmetscher hat lediglich die Worte und nicht die Funktion übersetzt und durch das Ignorieren der kulturellen Dimension Verwirrung gestiftet.

5.2 Translatorisches Handeln

Holz-Mänttäris Theorie vom Translatorischen Handeln (1984) wurde ebenfalls ausgehend von einem funktionalen Verständnis entwickelt, sie ergänzt und erweitert die von Vermeer entworfene Skopostheorie, indem sie neben dem kommunikativen Aspekt vor allem den Handlungsaspekt betont. Translatorisches Handeln meint nicht das Übersetzen von Worten oder Sätzen, sondern die Produktion von Botschaftsträgern, die sich aus verbalen und nonverbalen Elementen zusammensetzen können, wobei Translatorinnen als Expertinnen in Kooperation mit anderen Handlungsträgerinnen agieren und so über Kulturbarrieren hinweg funktionsgerechte Produkte liefern. Zu den zentralen Begriffen ihres Ansatzes zählen Expertinnenhandlung, Handlungsrollen, Kooperation und Botschaftsträger.

5.2.1 Expertinnenhandlung

In der Öffentlichkeit herrscht auch heute noch vielfach die Auffassung vor, um übersetzen zu können, reichten sehr gute Sprachkenntnisse und Wörterbücher aus. Wie wir in Kapitel 4 bereits festgestellt haben, setzen translatorische Handlungen jedoch professionelle Fähigkeiten und Kompetenzen voraus. Die Aufgabe von Translatorinnen besteht darin, über Sprach- und Kulturbarrieren hinweg auf der Grundlage der Intentionen einer Auftraggeberin und in Kenntnis der Adressatinnen einen funktionierenden Text zu verfassen. Um dies zu tun, muss die Translatorin die Situation, in der ein Text rezipiert wird, das Ausgangstextmaterial, das zur Verfügung steht sowie die Zielgruppe mit ihren Erwartungen und Verstehensvoraussetzungen analysieren. Das Ergebnis dieser Analyse bildet dann die Grundlage für die Erstellung des Zieltextes.

Worin unterscheiden sich nun Expertinnen- von Laienhandlungen? Translatorische Laien konzentrieren sich bei der Lösung von Übersetzungsaufgaben auf die (materiell vorliegende) Textoberfläche. Wie wir zuvor festgestellt haben, ist ein Text jedoch immer auch Teil eines soziokulturellen größeren Ganzen, das das Verstehen eines Textes maßgeblich beeinflusst. Laien lösen Probleme meist anhand von feststehenden Regeln, die fälschlicherweise als allgemeingültig angenommen werden, wie z.B.: „Fachtermini müssen immer auch mit Fachtermini übersetzt werden." Und Laien konzentrieren sich auf die Lösung von evidenten Teilproblemen, ohne umfassende Analyse der Situation. Expertinnen hingegen analysieren zunächst die Gesamtsituation, handeln situationsangepasst und nicht nach vorgegebenen Regeln, kombinieren theoretisches und praktisches Wissen bei der Lösung von Übersetzungsproblemen und fühlen sich auch für die Resultate ihrer Handlungen verantwortlich.

Beispiel: Ein österreichischer Verleger möchte sein Verlagsprogramm in Richtung Touristik erweitern. Er stellt fest, dass es kaum deutschsprachige Reiseführer über Indochina gibt und legt einer Übersetzerin einen französischsprachigen Reiseführer über diesen Raum vor, mit der Bitte, diesen dahingehend zu beurteilen, ob er für eine Übersetzung in Frage käme. Die Übersetzerin befindet den Reiseführer von hoher sprachlicher Qualität und spricht sich für die Übersetzung aus. Sie erhält den Auftrag und übersetzt das insgesamt 400 Seiten umfangreiche Buch. Die Übersetzung entspricht jedoch nicht den Vorstellungen des Verlegers, der den Text als holprig und unleserlich bezeichnet. Die Übersetzerin rechtfertigt sich daraufhin, dass auch das Original in einem komplizierten Stil geschrieben sei. Schließlich klagt der Verleger die Übersetzerin auf Schadenersatz, da ihm das Buch nicht publizierbar erscheint. Nach jahrelangem Prozess wird die Übersetzerin zur Zahlung von umgerechnet 15.000 Euro verurteilt. Grund hierfür war letztlich das laienhafte Verhalten der Übersetzerin. Statt das Kommunikationsziel und die Situation, in der der Zieltext funktionieren soll, zu analysieren, wurden lediglich anhand der Oberflächenmerkmale des Textes festgestellt, dass dieser anspruchsvoll geschrieben sei und der Text auch in dem gleichen Stil übersetzt. Eine Bedarfsanalyse, die nicht nur die sprachlichen Merkmale des Textes zum Gegenstand gehabt hätte, hätte jedoch ergeben, dass im deutschsprachigen Raum deshalb kaum Reiseführer über Indochina existieren, weil dieser Raum – im Gegensatz zur früheren Kolonialmacht Frankreich – eher unter der einzelstaatlichen Perspektive (Vietnam, Laos, Kambodscha) wahrgenommen wird. Das Original war darüber hinaus von einem Wissenschaftler geschrieben, woraus sich auch der zum Teil umständliche Stil erklärte, und beinhaltete kaum praktische Hinweise (z.B. Einkaufsmöglichkeiten, Unterkünfte, Ausflugsmöglichkeiten, Vergnügungen etc.) bzw. waren diese für französische Leserinnen gedacht (Visaformalitäten, Anreise, Botschaften …). Eine translatorische Expertin hätte ausgehend von der Analyse des Kommunikationsziels sowie der Erwartungen der Adressatinnen festgestellt, dass das Buch in der Übersetzung grundlegend umgestaltet hätte werden müssen bzw. für den vom Auftraggeber intendierten Zweck ungeeignet sei.

weiter S. 82

5.2.2 Handlungsrollen und Kooperation

Vor allem die Tätigkeit von Übersetzerinnen wurde lange Zeit als ‚einsamer‘ Beruf erachtet, in dem alleine, im stillen Kämmerlein, umgeben von Wörterbüchern, die Arbeit verrichtet wird. Holz-Mänttäri situiert translatorisches Handeln hingegen in der arbeitsteiligen Berufswelt, die durch die Zusammenarbeit von Spezialistinnen geprägt ist. Translatorinnen als Expertinnen für das Erstellen von Texten für fremden Bedarf müssen daher im Arbeitsprozess mit anderen Personen kooperieren, sie sind Teil eines professionellen Handlungsgefüges, in dem verschiedene Personen spezifische Rollen innehaben. Dabei können insgesamt sechs Schlüsselpositionen unterschieden werden:

- die Bedarfsträgerin: Sie braucht einen Text und initiiert die dazu notwendige translatorische Handlung
- die Bestellerin: Sie erteilt den Auftrag für eine Translation
- die Ausgangstext-Produzentin: Sie erstellt jenen Text, der als Ausgangsmaterial für die Translation dient. Dies kann unabhängig von einem bestimmten Translationsfall erfolgen oder aber auch bereits gezielt im Hinblick auf einen konkreten transkulturellen Kommunikationsbedarf
- die Translatorin: Sie führt den Auftrag aus, sei es als Einzelperson, sei es im Team
- die Zieltext-Applikatorin: Sie arbeitet mit dem von der Translatorin erstellten Text (z.B. eine Medizinerin, die ihren Vortrag für einen Kongress ins Englische übersetzt benötigt)
- die Zieltext-Rezipientin: Sie rezipiert das Translat (z.B. die Medizinerinnen, die dem ins Englische übersetzten Vortrag zuhören).

Die einzelnen Rollen können auch kombiniert werden, so können z.B. Bedarfsträgerin und Bestellerin in einer Person auftreten, die Translatorin kann unter Umständen auch die Erstellerin des Ausgangstextes sein usw. Wesentlich ist, dass Translatorinnen nicht für den eigenen Kommunikationsbedarf handeln, sondern Texte für fremden Bedarf produzieren. Dies setzt voraus, dass sie diesen Bedarf analysieren und in funktionsgerechte Texte umsetzen können. Dazu müssen sie mit jenen, die einen Text brauchen, zusammenarbeiten, wobei es ihnen ihr Expertinnenwissen um transkulturelle Kommunikation ermöglicht, ein Handlungskonzept zur Erreichung des Kommunikationsziels zu entwerfen. Translatorisches Handeln geht somit nicht von der Gestalt des Ausgangstextes aus, sondern gründet sich auf dem – in Kooperation mit den anderen Akteurinnen – ermittelten Kommunikationsbedarf und -ziel.

> **Beispiel:** Ein deutsches Unternehmen (Bedarfsträger) für Balkon- und Terrassenbewässerungsanlagen möchte einen deutsch- und spanischsprachigen Prospekt seiner Produkte erstellen lassen und beauftragt eine Werbeagentur mit der Konzeption eines solchen Prospekts. In der Werbeagentur entwirft eine Mitarbeiterin (Ausgangstext-Produzentin) die deutschsprachige Vorlage, die dem Unternehmen zur Genehmigung vorgelegt wird. Danach beauftragt die Agentur (Bestellerin) ein Übersetzungsbüro mit der spanischen Version. Eine im Büro angestellte Übersetzerin (Translatorin) analysiert das Sprach- und Bildmaterial im Hinblick auf seine Eignung (z.B. Entsprechen die ausgewählten Pflanzen- und Balkonmotive auch den typischen Pflanzen, wie sie in Spanien auf Balkonen und Terrassen zu finden sind und kann die spanische Adressatin so eine Beziehung zur eigenen Situation herstellen?) und sucht gegebenenfalls neues Bildmaterial aus, das sie in Kooperation mit einer Grafikerin der Werbeagentur in den Zieltext integriert. Der spanische Prospekt wird danach in zweifacher Hinsicht verwendet: Einerseits wird er Vertreterinnen des Unternehmens in Spanien als Anschauungsmaterial und Werbemittel zur Verfügung gestellt (Zieltext-Applikatorinnen) und andererseits liegt er auch für potentielle Kundinnen in Fachgeschäften auf (Zieltext-Rezipientinnen).

5.2.3 Botschaftsträger

Translatorisches Handeln geht weit über das klassische Übersetzen von vorgegebenen, rein sprachlichen Ausgangstexten hinaus. Auf der Grundlage eines Auftrages wird das Ausgangsmaterial analysiert und im Hinblick auf den Verwendungszweck neben anderen Materialien zur Erstellung des Zielprodukts herangezogen. Bei der Zieltextgestaltung können dabei alle kommunikativen Mittel zum Einsatz kommen. Wenn Holz-Mänttäri in diesem Zusammenhang von Botschaftsträgern spricht, so verwendet sie einen sehr weiten Textbegriff, der alle Kommunikationsmedien, wie sie in Kapitel 3.2 beschrieben wurden, umfasst. Translatorinnnen haben somit nicht nur mit Wörtern, Sätzen und Texten zu tun, sondern sind interkulturelle Kommunikationsexpertinnen, die sowohl mit sprachlichen als auch nonverbalen Medien umgehen können. Dies heißt nicht, dass sie selbst z.B. Skizzen anfertigen können, allerdings müssen sie erkennen, welche Medien funktionsgerecht einzusetzen sind und müssen dies in Kooperation mit anderen Fachleuten auch umsetzen können. Die inhaltliche und formale Gestaltung von Botschaftsträgern erfolgt dabei in verschiedenen Schritten.

Zunächst einmal muss das zu erstellende **Produkt spezifiziert** werden. Hier wird möglichst detailliert festgelegt, welche Botschaft mit welchen Kommunikationsmedien zu welchem Zweck und für welche Adressatinnengruppe übermittelt werden soll. Auch Lieferfristen und Fragen des Layouts sind wesentliche Bestandteile der Produktspezifikation. Nach genauer **Analyse der Verwendungssituation** wird das Ausgangsmaterial dahingehend untersucht, inwieweit und in welchem Umfang es für die Zieltextproduktion brauchbar ist und es wird festgestellt, welche Recherchiermaterialien für die Translaterstellung nötig sind. Auf dieser Basis erfolgt die **Planung des Herstellungsprozesses**, der die Ausarbeitung einer Übersetzungsstrategie beinhaltet. Erst danach wird das **Produkt in Form und Inhalt konzipiert** und realisiert. Abschließend erfolgt die **Überprüfung der Ergebnisse** auf der Grundlage der in der Produktspezifikation gemachten Vorgaben.

Beispiel: Eine chinesische Unternehmerin möchte CD-Player nach Österreich exportieren und gibt eine deutschsprachige Übersetzung in Auftrag. Chinesische Gebrauchsanweisungen für elektronische und technische Geräte sind in der Regel sehr ausführlich, da solche Geräte vielfach nicht wie im europäischen Raum als Alltagsgegenstände präsent sind. Eine wörtliche Übersetzung würde für die österreichische Leserin, die mit solchen Geräten vertraut ist, sehr umständlich wirken. Die Übersetzerin geht daher nicht von den Strukturen des Ausgangstextes aus, sondern entwirft, nach Absprache mit der Bedarfsträgerin, einen Botschaftsträger, indem verbale Ausführungen gestrichen und durch Skizzen ersetzt werden, durch die die Inbetriebnahme erklärt wird. Die Skizzen werden dabei ausgehend von einer Funktionsbeschreibung der Übersetzerin von einer Grafikerin erstellt. Dieser Vorschlag und die Wahl der kommunikativen Mittel gründen sich auf der Analyse des Kommunikationsbedarfs der Zieltextapplikatorin (d.h. der Verwenderin des CD-Spielers) und dem Kommunikationsziel der Bedarfsträgerin (d.h. des Unternehmens), das darin besteht, zufriedene Kundinnen durch funktionsadäquate Gebrauchsanweisungen zu erhalten.

5.3 Scenes-and-frames-Semantik

Wir haben gesehen, dass translatorisches Handeln ein komplexer Vorgang ist. Die Komplexität ergibt sich daraus, dass sich die Bedeutung von Texten nicht aus den kommunikativen Zeichen erschließen lässt. Ein Text *hat* keine Bedeutung, er *erhält* sie erst durch die Rezipientin, die den Text auf bestimmte Art und Weise versteht. Daher ist es – bei jedem Kommunikationsakt – wesentlich, die Adressatinnen zu kennen sowie das Kommunikationsziel und die Situation, in der der Text rezipiert wird. Diese Kenntnisse sind entscheidend dafür, welche Informationen in welcher Form produziert werden. Neben der Skopostheorie und der Theorie vom Translatorischen Handeln liefert für eine solche funktionale Textproduktion auch der in der kognitiven Linguistik entwickelte Ansatz der Scenes-and-frames-Semantik für die Translatorin ein wertvolles Werkzeug. In der Translationswissenschaft wurde dieser Ansatz von Vannerem/Snell-Hornby (1986) und von Vermeer/Witte (1990) weiterentwickelt. Die zentralen Begriffe, die im Folgenden in ihrer Bedeutung für Translatorinnen näher vorgestellt werden, sind dabei **Prototyp** sowie **scenes und frames**.

5.3.1 Prototypensemantik

Die Semantik hat unter anderem die Aufgabe, die Bedeutungsmerkmale von Wörtern zu identifizieren. Lange Zeit versuchte man dies mit Hilfe der so genannten Merkmalanalyse zu tun. So wurde, um ein bekanntes Beispiel zu bringen, ein Junggeselle mit den Merkmalen ‹+› männlich, ‹+› erwachsen und ‹–› verheiratet definiert. Diese mit +/– Relationen vorgenommene Erfassung von Bedeutung scheint auf den ersten Blick einfach und brauchbar zu sein. Unter einer translatorischen Perspektive stößt diese Art der strukturellen Bedeutungsanalyse jedoch sehr rasch an ihre Grenzen. Schauen wir uns die semantischen Merkmale eines Junggesellen näher an. Ab wann man als erwachsen gilt, kann für unseren Kulturraum relativ einfach beantwortet werden: Bei uns ist man ab 18 volljährig. Würde man allerdings einen 19-jährigen unverheirateten Mann schon als einen Junggesellen bezeichnen? Wie sieht es in anderen Ländern und Kulturen aus? In Indien etwa werden bereits 12-jährige Knaben verheiratet, trotzdem würde man einen unverheirateten Dreizehnjährigen wohl kaum als Junggesellen bezeichnen. Wie verhält es sich mit dem Merkmal ‚verheiratet'? Ist ein Mann, der mit einer Frau zusammenlebt, jedoch keinen Trauschein besitzt, ein Junggeselle?

Auch wenn auf eine Person alle Merkmale eines Junggesellen zutreffen, muss sie noch nicht zwangsläufig als Junggeselle betrachtet werden. Denken wir etwa an den Papst, der zwar männlich, erwachsen und unverheiratet ist, jedoch wohl kaum als Junggeselle definiert werden würde.

Der Grund, warum eine solche Bedeutungsanalyse nicht funktioniert, liegt auf der Hand. Die einzelnen Kategorien, aus denen sich Bedeutungen zusammensetzen, sind nicht im Wort angelegte, allgemeingültige Merkmale, sondern werden durch unsere Erfahrungen bestimmt. Und Erfahrungen sind wiederum durch das soziokulturelle Umfeld, in dem wir leben, geprägt.

Für translatorische Zwecke ist eine solche semantische Analyse unzureichend. Vielmehr brauchen wir eine Semantik, die die psychologische und kulturelle Dimension des Verstehens zur Grundlage der Bedeutungsanalyse macht. Eine solche stellt die so genannte Prototypensemantik dar, wie sie von der Psychologin Eleanor Rosch (1973) entwickelt wurde. Sie geht davon aus, dass Bedeutung aus den Erfahrungen aufgebaut wird und zur Bildung von so genannten Prototypen führt. Diese besitzen einen ‚prototypischen' Kern und verschwommene Ränder. Rosch demonstriert dies anhand eines einfachen Versuchs. Auf die Frage an englische Sprecherinnen, was ein typischer Vogel sei, kam mit großer Mehrheit die Antwort: ein Rotkehlchen. Vögel, die nicht fliegen können, z.B. Pinguine, Strauße, Hühner etc. wurden praktisch nicht genannt. Flugfähigkeit ist für die befragten Personen offensichtlich eine zentrale – prototypische Eigenschaft; andere Merkmale, wie z.B. Federn, Eierlegen usw. nicht. In jenen Gegenden Afrikas oder der Antarktis, in denen Strauße und Pinguine vorkommen, würden wohl diese Vögel als prototypisch erachtet, während Rotkehlchen und Spatzen kaum genannt werden würden. Hier wären dann die typischen Eigenschaften u. a. wohl eher das Eierlegen, während die Flugfähigkeit eher ein Randcharakteristikum wäre. In manchen Gebieten Indiens wiederum mag der Pfau als typischer Vogel gelten, wobei hier wohl das Federkleid das charakteristische Merkmal darstellt.

Ein Begriff muss somit nicht unbedingt in jeder Kultur und in jeder Situation die gleichen charakteristischen Eigenschaften aufweisen. Und diese Tatsache ist für das translatorische Handeln relevant. Welche Eigenschaften eines Wortes den Kern ausmachen und welche nicht, ist durch unsere – kulturspezifische – Erfahrungswelt und die jeweilige Rezeptionssituation geprägt. In der Translation stellt sich daher die Frage, ob bestimmte kulturspezifische Vorstellungen, die sich für AT-Adressatinnen automatisch einstellen, für die ZT-Leserin explizit verbalisiert werden müssen. Die Entscheidung hängt dabei vom Kommunikationsziel, dem Adressatinnenkreis und der Situation, in der der Text rezipiert wird, ab.

> **Beispiel:** Der erste Satz in Umberto Ecos Roman *Der Name der Rose* lautet: „Era una bella mattina fine di novembre". Der deutsche Übersetzer gab diesen Satz mit: „Es war ein klarer spätherbstlicher Morgen gegen Ende November" wieder. Der Übersetzer Burkhart Kroeber begründete den Zusatz „spätherbstlich" damit, dass Deutsche mit dem Monat November andere Eigenschaften verbinden, wie z.B. nass, kalt, trüb, grau, während italienische Leserinnen nicht explizit darauf hingewiesen werden müssten, worin das Schöne an einem Novembermorgen bestehe. Durch das südliche Klima hätten Italienerinnen eine andere prototypische

Vorstellung von November, die bei nördlicher lebenden Deutschen eher mit dem Monat Oktober, in dem es durchaus auch noch sonnige, milde Tage geben kann, korrespondiert. (Die Übersetzung wurde auch heftig kritisiert; nachzulesen in Stackelberg/Kroeber 1986.)

5.3.2 Scenes-and-frames

Das obige Beispiel zeigt, dass wir mit jeder Äußerung auch eine bestimmte Vorstellung verbinden. Diese Tatsache, dass Worte, Sätze und Texte in uns ein Bild hervorrufen, wurde in der kognitiven Linguistik zur Grundlage genommen, um daraus die so genannte scenes-and-frames-Semantik zu entwickeln. Dieser von Fillmore (1977) ausgearbeitete Ansatz wurde in der Translationswissenschaft nutzbar gemacht. Unter ‚scene' kann man dabei das mentale Bild verstehen, das im Kopf der Rezipientin auf Grund einer Wahrnehmung entsteht. Eine solche Wahrnehmung kann durch verbale Elemente ausgelöst werden – durch ein Wort, einen Satz, einen Text, aber auch durch nonverbale Mittel, z.B. ein Musikstück, einen Geruch etc. Mit dem Wort Weihnachten zum Beispiel verbinden alle etwas ganz Bestimmtes, je nach Kultur wird es dabei allerdings auch einen prototypischen Vorstellungskern geben. So wird bei uns Weihnachten mit Winter, Kälte und Schnee assoziiert, während in Australien Sommer, Sonne und Strand typisch für die Weihnachtsszene sind. Genauso gehören bestimmte Gefühle, Gerüche und Klänge zu Weihnachten, die unterschiedlich sein können.

Mit ‚frame' ist gewissermaßen der Rahmen für unsere Vorstellungen gemeint. Es ist der kommunikative Ausdruck für eine ‚scene'. Sprache, wie wir in Kapitel 3 gesehen haben, ist dabei nur eines der möglichen Kommunikationsmittel, auch eine Geste, ein Klang etc. kann ein ‚frame' sein. ‚Frames' können somit alle wahrnehmbaren Phänomene sein, die von einer Rezipientin als informationshaltig interpretiert werden.

‚Scenes' und ‚frames' können sich wechselseitig evozieren, d.h. ein ‚frame' kann eine bestimmte ‚scene' auslösen und ein mentales Bild kann mit einem bestimmten ‚frame' verbunden werden. In der Translation geht es nun um die Frage, welche ‚scenes' bei den Adressatinnen des Zieltextes hervorgerufen werden sollen und welche ‚frames' dazu geeignet sind. Der Skopos liefert dazu die Entscheidungshilfe, ob nun in der Translation z.B. eher die ausgangskulturelle Vorstellung der ZT-Rezipientin nahe gebracht oder aber durch eine zielkulturelle ‚scene' ersetzt werden soll. Je nachdem wird die Auswahl der entsprechenden ‚frames' eine andere sein.

Beispiel: In dem portugiesischen Roman *Seara de vento* von Manuel da Fonseca benutzt der Autor die für die südportugiesische, arme Region Alentejo charakteristische Pflanzenart ‚estevas' als Symbol für die Kargheit dieser Landschaft. Die deutschsprachige Entsprechung ‚Zistrosen' ist hierzulande weitgehend unbekannt und würde – auf Grund der sprachlichen Form, welche ‚-rose' beinhaltet – eine andere ‚scene' auslösen als für die portugiesische Leserin. Je nach Translatskopos stehen der Übersetzerin verschiedene Möglichkeiten offen. Sie kann das kulturell Fremde betonen, indem sie den portugiesischen Ausdruck belässt, wodurch die ZT-Rezipientin eine vage ‚scene' von etwas Typisch-Exotischem entsteht, oder aber sie verbalisiert die ihrer Meinung nach für den Text relevanten Eigenschaften dieser Pflanze, z.B. „die für diese Region typischen Büsche", oder „die für das Alentejo typischen Büsche mit weißen Blüten" oder „das dürre Gestrüpp". Jedes dieser ‚frames' legt den Schwerpunkt auf ein anderes Charakteristikum; welches konkret ausgewählt wird, hängt, wie bereits betont, vom Zweck der Übersetzung und der Funktion dieses Ausdrucks für den Text ab.

5.4 Zusammenfassung

Translation ist ein komplexer Vorgang, der nicht auf die Wiedergabe eines Ausgangstextes mit zielsprachlichen Mitteln reduziert werden kann. Vielmehr ist jedes translatorische Handeln ein kommunikativer Akt unter spezifischen Bedingungen. Diese resultieren aus der Tatsache, dass die Kommunikation über Sprach- und Kulturbarrieren hinweg erfolgt. Oberstes Gebot ist dabei eine funktionierende Übermittlung der intendierten Information. Dazu müssen Translatorinnen eine Reihe von Faktoren berücksichtigen:

- Das Kommunikationsziel: **Wozu** soll ein Text in eine Zielkultur übertragen werden?

- Die Adressatin: **Für wen** wird der Zieltext hergestellt und worin besteht das Interesse der Rezipientin an dem Text?

- Die soziokulturelle Einbettung des Textes: **In welcher Situation** und **in welcher Kultur** wird der Zieltext rezipiert?

Das Texten für fremden Bedarf stellt dabei hohe Anforderungen an Translatorinnen. Diese benötigen ganz allgemein

- Professionalität: Translatorisches Handeln setzt **Expertinnenwissen** voraus;

- Kooperationsfähigkeit: Translatorinnen müssen **mit anderen Fachleuten zusammenarbeiten** können;

- Interkulturelle Textbaukompetenz: Dies beinhaltet unter anderem die Fähigkeit ausgehend von einer **Produktspezifikation** die unterschiedlichen **Kommunikationsmedien einzusetzen**, relevante Informationen zu **recherchieren** und in Inhalt und Form zielgruppengerechte Botschaftsträger über Sprach- und Kulturgrenzen hinweg zu konzipieren.

Eine wesentliche Hilfestellung bei der Textproduktion kann dabei die scenes-and-frames-Semantik liefern. Jedes Verstehen ist immer auch situativ und kulturell bedingt. Mit jedem Text sind bestimmte Vorstellungen verbunden, die durch kommunikative Mittel ihren materiellen Ausdruck finden. Mit Hilfe von ‚scenes' und ‚frames' können die unterschiedlichen Verstehensweisen erklärt und gezielt Textwelten aufgebaut werden, wobei die Auswahl von ‚scenes' und ‚frames' durch den Translatskopos bestimmt wird.

Quellen und weiterführende Literatur:

Fillmore, Charles J. 1977. „Scenes-and-frames semantics." In: Zampolli, A. (Hg.) *Linguistic structure processing.* Amsterdam: N. Holland, S. 55-81.

Holz-Mänttäri, Justa. 1984. *Translatorisches Handeln. Theorie und Methode.* Helsinki: Suomalainen Tiedeakatemia.

Hönig, Hans. 1995. *Konstruktives Übersetzen.* Tübingen: Stauffenburg.

Hönig, Hans & Kußmaul, Paul. 1982. *Strategie der Übersetzung. Ein Lehr- und Arbeitsbuch.* Tübingen: Gunter Narr.

Kaindl, Klaus. 2001. „'Schwemmland' versus 'Schlammböden': Im Sumpf der Übersetzungskritik." In: Hebenstreit, Gernot. (Hg.) *Grenzen erfahren – sichtbar machen – überschreiten. Festschrift für Erich Prunč zum 60. Geburtstag.* Frankfurt a.M. etc.: Peter Lang, S. 303-321.

Reiß, Katharina & Vermeer, Hans J. 1984. *Grundlegung einer allgemeinen Translationstheorie.* Tübingen: Niemeyer

Rosch, Eleanor. 1973. Natural Categories. In: *Cognitive Psychology* 4, S. 328-350.

Stackelberg, Jürgen V. & Kroeber, Burkhart. 1986. „Alter Mönch – strenger Greis (eine Kontroverse)." In: *Der Übersetzer* 22:3/4, S. 1-4.

Vannerem, Mia & Snell-Hornby, Mary. 1986. „Die Szene hinter dem Text: scenes-and-frames semantics in der Übersetzung." In: Snell-Hornby, Mary. (Hg.) *Übersetzungswissenschaft. Eine Neuorientierung. Zur Integrierung von Theorie und Praxis.* Tübingen: Francke (= UTB 1415), S. 184-205.

Vermeer, Hans J. 1983. *Aufsätze zur Translationstheorie.* Heidelberg: Selbstverlag.

Vermeer, Hans J. ²1990 *Skopos und Translationsauftrag – Aufsätze.* Heidelberg: Selbstverlag.

Vermeer, Hans J. & Witte, Heidrun. 1990. *Mögen Sie Zistrosen? Scenes & frames & channels im translatorischen Handeln.* Heidelberg: Julius Groos (=TextConText Beiheft 3).

6 Text und Translation

Texte sind die zentrale Grundlage jeder Kommunikation. Wenn wir kommunizieren, dann tun wir dies mit Texten. Dies gilt selbstverständlich auch für translatorisches Handeln, das wir als eine spezifische Form von Kommunikation definiert haben. Bisher haben wir festgestellt, dass Texte viel mehr sind, als nur eine Aneinanderreihung sprachlicher Zeichen. Texte sind immer Teil einer bestimmten Situation und Teil eines bestimmten soziokulturellen Umfeldes. Sie können – im Sinne von Holz-Mänttäris **Botschaftsträger** – alle Kommunikationsmittel (Sprache, Gesten, Bilder etc.) umfassen, wie sie in Kapitel 3 angeführt wurden. In diesem Kapitel wollen wir uns näher mit Texten beschäftigen, dabei werden wir zunächst die Frage klären, was ein Text überhaupt ist und uns danach übersetzungsrelevante Einteilungen von Texten näher ansehen.

6.1 Textdefinitionen

Der Terminus **Text** stammt aus dem Lateinischen ‚textus' und bedeutet soviel wie Gewebe, Geflecht. Texte sind Einheiten, in denen verschiedene Elemente miteinander verbunden sind und mehr sind als die Summe ihrer Einzelteile. Woraus bestehen solche Einheiten, wann kann man etwas als Text bezeichnen? Diese Frage ist insofern für die Übersetzung wichtig, als wir nicht Wörter oder Sätze, sondern eben Texte übersetzen.

Es gibt verschiedene Versuche, das Wesen und die Merkmale von Texten zu definieren; für unsere Zwecke sind nur jene Ansätze interessant, die sich mit der pragmatisch-kommunikativen Dimension von Texten beschäftigen. Einen solchen haben z.B. Beaugrande/Dressler (1981) vorgelegt, in dem sie Texte als ein **kommunikatives Ereignis** bezeichnen, das insgesamt sieben Textualitätskriterien erfüllen muss. Diese sind:

- **Kohäsion**: Die Elemente eines Textes müssen auf der Textoberfläche miteinander in einem formalen, meist grammatischen Zusammenhang stehen und miteinander durch entsprechende grammatikalische Verknüpfungen verbunden werden. Solche grammatikalischen Mittel sind z.B. Rekurrenz (d.h. die Wiederaufnahme eines Elements im nachfolgenden Satz), Substitution (ein Textelement wird durch ein inhaltlich verwandtes Textelement ersetzt), durch Proformen (wobei, darauf, dieser, jener etc.), Konjunktionen (und, weil …). Formale Kohäsionsmittel sind z.B. Layout, Absatz-gestaltung etc.

- **Kohärenz**: Die Elemente eines Textes müssen einen Sinnzusammenhang ergeben. Damit ein solcher hergestellt werden kann, muss die Rezipientin ihr Weltwissen miteinbeziehen. Kohärenz ergibt sich nicht nur aus den einge-setzten Kommunikationsmitteln, sondern ist immer auch wissensgeleitet. Nehmen wir als Beispiel eine Bildunterschrift aus einer Tageszeitung anläss-lich der Eröffnung der Olympischen Spiele in Athen 2004: „Viele Sportler sind bereits in Athen eingetroffen, darunter auch 28 Iraker, die nach Nieder-lagen nicht mehr verprügelt werden." Um den Text zu verstehen, also, wa-rum und von wem Iraker verprügelt wurden, müssen wir unser Weltwissen aktivieren. Früher herrschte im Irak der Diktator Saddam Hussein, der ein Schreckensregime anführte und offensichtlich neben anderen Gräueltaten auch nicht siegreiche Sportler verprügeln ließ. Seit dem Sturz durch die US-Amerikaner ist dies nicht mehr der Fall. Erst durch dieses – im Text nicht verbalisierte – Wissen wird der Text zu einem kohärenten Ganzen.

- **Intentionalität**: Mit der Textproduktion ist die Absicht verbunden, einen kohäsiven und kohärenten Text zu gestalten, um so ein bestimmtes Kommu-nikationsziel zu erreichen. Wie wir bereits mehrfach betont haben, ist dabei die Frage: „Für wen ist der Text gedacht?" von entscheidender Bedeutung. Ein eng mit der Intention der Textproduzentin zusammenhängendes Kriteri-um ist daher jenes der

- **Akzeptabilität**: Die Rezipientin hat eine bestimmte Erwartung an den Text, mit der der Text gelesen wird. Intentionalität und Akzeptabilität ver-weisen auf die kommunikative Orientierung von Texten, die Teil einer kom-munikativen Handlung sind. Um den Unterschied zwischen einer an sprachlichen Strukturen und einer an kommunikativen Funktionen orien-tierten Textbetrachtung zu verdeutlichen, sehen wir uns folgenden Satz nä-her an: „Könnten Sie bitte diesen Text bis morgen übersetzen?". Rein grammatikalisch ist dies eine Entscheidungsfrage, die mit ja/nein zu beant-worten ist. Kommunikativ ist dies jedoch eine Bitte, den Text zu übersetzen, d.h. dieser Kommunikationsakt hat das Ziel, eine Handlung in Gang zu set-zen. Diese pragmatische Sicht auf Sprache, in der untersucht wird, wie durch Äußerungen Handlungen initiiert werden, nennt man Sprechakttheorie. Sprechakte wären z.B. Aufforderung, Bitte, Befehl usw. Welche Art von Spre-chakt ausgewählt wird, hängt neben der Intention der Senderin und der Ak-zeptanz durch die Rezipientin wesentlich ab von der

- **Situationalität**: Jeder Text ist, wie wir in Kapitel 2 festgestellt haben, immer situativ verankert – sowohl örtlich als auch zeitlich. So ist zum Beispiel ein Satz wie „ich bin fertig" nur in der konkreten Situation verstehbar. Situationen werden in Texten häufig durch so genannte deiktische Elemente zum Ausdruck gebracht, wie z.B. hier, heute, dieser, jener etc. Diese auch Zeigewörter genannten Elemente sind nur aus der jeweiligen Situation heraus verstehbar. Gleichzeitig gibt es auch eine Vorwissensdeixis, d.h. man muss auf Wissen zurückgreifen, das nicht im Text verbalisiert ist. Ein Satz, wie etwa „ich bin in den Supermarkt gegangen" kann ohne Wissen darum, wer mit „ich" gemeint ist, z.B. nicht ins Französische, Italienische oder Russische übersetzt werden, da dort das Partizip ja nach Geschlecht unterschiedlich gestaltet wird.

- **Informativität**: Dieses Kriterium bezieht sich auf den Neuigkeitswert eines Textes, der sich aus dem Spannungsfeld bekannt-unbekannt, erwartbar-unerwartbar usw. ergibt. Ein Text, dessen Informativität zu gering ist, der also zu viele redundante Elemente enthält, wird sehr rasch als uninteressant und langweilig empfunden; ein Text, der zu viele Informationen enthält, kann hingegen unter Umständen als zu schwierig, zu anstrengend empfunden werden. Das Verhältnis zwischen bekannter und unbekannter Information muss im Hinblick auf das Weltwissen der Rezipientinnen bestimmt werden. Hier ergibt sich auch die Schwierigkeit bei der Übersetzung. Wir haben gesehen, dass der Wissenshintergrund von Ausgangs- und Zieltextadressatinnen häufig unterschiedlich ist, die Translatorin muss daher unter Umständen den Informativitätsgrad im Translat neu gewichten, indem sie z.B. Erklärungen hinzufügt, Auslassungen vornimmt etc. Welche Strategien sie dabei einsetzt, hängt natürlich vom Translatskopos ab.

- **Intertextualität**: Damit ist die Tatsache gemeint, dass Texte keine isolierten Gebilde sind, sondern immer in einem größeren Zusammenhang stehen, in dem auf andere Texte Bezug genommen wird. Sowohl bei der Produktion als auch der Rezeption von Texten aktivieren wir dieses Wissen um diese Beziehung zwischen Texten. Dabei sind zwei Arten von Intertextualität identifizierbar. Zum einen kann in einem Text explizit auf einen anderen Text Bezug genommen werden, z.B. die Rezension eines Buches oder die Zusammenfassung eines Geschäftsberichtes. Zum anderen bezieht sich der Begriff auf Ähnlichkeiten und Übereinstimmungen zwischen Texten. Bedienungsanleitungen von DVD-Playern ähneln sich sowohl in ihrer Struktur als auch ihrer Funktion und ihren Inhalten. Wenn nun eine Translatorin eine solche Bedienungsanleitung übersetzen muss, so wird sie ihre Kenntnisse darüber aufrufen, wie diese in der Zielkultur strukturiert ist, mit welchen Worten,

welchen Sätzen sie formuliert wird, welche kommunikative Funktion sie erfüllen soll. Diese intertextuelle Beziehung spielt für die Feststellung von
Textsorten eine entscheidende Rolle (vgl. Kap. 6.3).

• Kulturalität: Dieses Kriterium wird zwar von Beaugrande/Dressler nicht
als konstitutives Merkmal angeführt, für translatorische Belange ist es jedoch
ein zentraler Faktor von Texten, wie wir in Kapitel 2 gesehen haben.

Ob ein Text als texthaft wahrgenommen wird, hängt nicht von seiner
Länge ab, sondern davon, ob er als kommunikatives Ereignis erkannt wird.
Wesentliche Voraussetzung dafür sind die hier genannten Textualitätskriterien. Der aus einem Wort bestehende Ausruf „Feuer!" kann ebenso ein Text
sein wie das Verkehrsschild, das anzeigt, dass eine Straße eine Einbahn ist.
Texte bestehen dabei niemals nur aus Sprache, sondern bilden ein Gewebe, in
dem verbale und/oder nonverbale Kommunikationsmedien mit außertextu-
ellen Faktoren verbunden sind.

> Texte sind situative und kulturell geprägte Kommunikationsakte.
> Als solche weisen sie sowohl außersprachliche als auch inner-
> sprachliche Merkmale auf. Diese sind eng miteinander verwoben,
> nur die Berücksichtigung aller Textualitätskriterien garantiert
> auch, dass die intendierte kommunikative Funktion erfüllt werden
> kann. Sätze als grammatikalische Einheiten sind somit keine
> Grundlage für professionelles translatorisches Handeln; nur Äuße-
> rungen, d.h., nur Texte in ihrer situativen, kulturellen und prag-
> matischen Verankerung sind übersetzbar und dolmetschbar.

6.2 Texttypen

Angesichts der Vielzahl von Texten, mit denen es Translatorinnen in der Praxis zu tun haben, ist es wichtig, Texte näher zu klassifizieren. Es gibt dabei
viele verschiedene Möglichkeiten, für unsere Zwecke sind jene relevant, die
sich mit der translatorischen Praxis beschäftigen.

Bisher haben wir festgestellt, dass Texte immer in einer bestimmten Situation, einer bestimmten Kultur verankert sind und wir mit Texten kommunizieren. Das Kommunikationsziel, und damit die Funktion des Textes, ist
dabei der entscheidende Faktor für die Gestaltung eines Textes in Form und
Inhalt. Es liegt daher nahe, Texte nach ihren Funktionen zu klassifizieren. Einen solchen Versuch hat Katharina Reiß unternommen (vgl. u.a. 1995). Ausgangspunkt ist dabei die Feststellung, dass es Texte gibt, in denen es vor

allem um den Redegegenstand, die Sache geht (z.B. ein Sachbuch über Heilpflanzen, ein Zeitungsbericht über einen Gesetzesentwurf), bei anderen Texten steht die Senderin, ihre Art und Weise, einen Text zu gestalten im Mittelpunkt (z.B. ein Gedicht, ein Roman) und schließlich gibt es auch Texte, in denen die Empfängerin und ihre Reaktion auf einen Text die wesentliche Bezugsgröße ist (z.B. ein Werbetext). Diese Tatsache hat Karl Bühler (1934) in Form des so genannten Organon-Modells, das bereits in Kapitel 3.2.1 vorgestellt wurde, ausgedrückt. Er identifizierte drei Grundfunktionen der Sprache, nämlich Darstellung, Ausdruck und Appell, die in jedem Sprachzeichen vorhanden und somit auch in jedem Text präsent sind. Dieses Modell hat Katharina Reiß für ihre übersetzungsrelevante Texttypologie herangezogen und insgesamt drei Texttypen unterschieden, den **informativen**, **expressiven** und **appellativen** Typ. Jeder Texttyp verlangt dabei eine bestimmte Übersetzungsmethode. Diese Dreiertypologie wurde von Christiane Nord noch um einen vierten Typ erweitert, den **phatischen** Texttyp, wobei die phatische Funktion auf Roman Jakobson (1960) zurückgeht.

> Texte können auf Grund ihrer kommunikativen Funktionen unterschieden werden. Es gibt kaum Texte, die nur eine einzige Funktion aufweisen. Grundsätzlich sind alle Funktionen in einem Text vorhanden, allerdings kann man in der Regel immer auch eine Hauptfunktion für einen Text oder einen Textabschnitt feststellen. Die kommunikative Funktion des Zieltextes bestimmt dabei auch die Übersetzungsmethode.

6.2.1 Der informative Texttyp

Es gibt eine Vielzahl von Texten, die primär Informationen vermitteln. Die Informationsvermittlung kann dabei je nach Text auf höchst unterschiedliche Art erfolgen. Es hängt dabei primär vom Verwendungszweck ab, welche informativen Werte im Vordergrund stehen. Wichtig ist es, immer zu beachten, dass die Informationen innerhalb eines Textes sprachlich unterschiedlich gestaltet sein können, d.h. es können berichtende, beschreibende, anleitende, erläuternde, deklarative Funktionen vorkommen. Wenn wir als Beispiel ein Gerichtsurteil betrachten, so können wir feststellen, dass es neben der deklarativen Hauptfunktion auch berichtende und erläuternde Funktionen aufweist. Der so genannte ,Spruch', der mit der Wendung „Im Namen der Republik" beginnt und die gerichtliche Entscheidung verkündet, hat eindeutig deklarative Funktion, während der Abschnitt, in dem es um den Sachverhalt geht, beschreibende Funktion aufweist. Der letzte Abschnitt eines Gerichtsurteils ist hingegen vor allem erläuternd, da hier die Gründe für die gerichtliche Entscheidung dargelegt werden.

Zu den zentralen informativen Subtypen gehören:

- Berichtende Funktion: z.B. Medienberichte, in denen z.B. Informationen zum Tagesgeschehen gegeben werden; Berichte oder Protokolle, in denen der Verlauf eines Ereignisses dargestellt wird; Aktenvermerke; Sachverhaltsdarstellungen usw.

- Beschreibende Funktion: Beschreibungen, in denen die Eigenschaften, Wirkungsweisen, Verwendungsmöglichkeiten eines Produkts dargestellt werden, wie z.B. die Zusammensetzung und Nebenwirkungen eines Medikaments, die Bestandteile und Funktionsweisen eines technischen Gerätes, Beschreibung von Geschmack und Konsistenz eines Nahrungsmittels usw.

- Erläuternde Funktion: Lehrbücher, in denen bestimmte Techniken, Praktiken und Methoden erklärt werden; Lexikoneinträge, die z.B. historische, gesellschaftliche, fachliche Aspekte erläutern usw.

- Anleitende Funktion: Anleitungen, in denen die Handhabung eines Gegenstandes dargestellt wird, z.B. die Inbetriebnahme eines Computers, das Zusammenbauen eines Möbelstücks oder die Einnahme eines Medikaments.

- Deklarative Funktion: Neben den bereits oben erwähnten Gerichtsurteilen sind dies auch Vertragstexte, in denen der Vollzug einer Kaufaktion deklariert wird; Satzungen, in denen die Grundordnung einer Vereinigung festgelegt wird.

Soll der Zieltext eine primär informative Funktion haben, so orientiert sich die Translatorin vor allem daran, *was* gesagt wird, während zum Beispiel stilistische Aspekte von sekundärer Bedeutung sind. Das heißt, es geht um eine zielgruppenadäquate Vermittlung der Inhalte, diese müssen mit dem Translatskopos übereinstimmen.

Nehmen wir ein von Katharina Reiß (1995:89) verwendetes Beispiel zur Illustration, nämlich einen (inhaltlich durchaus problematischen) Ausspruch des französischen Königs François I.

Souvent femme varie, bien fol est qui s'y fie.

In einem historischen Sachbuch, in dem berichtende und beschreibende Funktionen vorherrschen, wäre eine adäquate Übersetzung:

> Frauen sind wankelmütig, ein Narr ist, wer ihnen traut.

Die sprachlich-künstlerische Gestaltung, die im Französischen durch den Reim zum Ausdruck kommt, kann im vorliegenden Fall in der Übersetzung zugunsten einer korrekten inhaltlichen Wiedergabe vernachlässigt werden.

6.2.2 Der expressive Texttyp

Hier geht es primär um den Ausdruck, nicht um die sachbezogene Darstellung. Expressivität umfasst dabei Gefühlsäußerungen, subjektive Einstellungen und Wertvorstellungen, Wünsche u.Ä. Ähnlich wie bei informativen Texten weist auch die expressive Funktion somit eine Reihe von Untergruppen auf:

- Narrative Funktion: z.B. Romane, in denen eine Autorin aus subjektiv-persönlicher Sicht einen Vorgang, ein Geschehen etc. schildert
- Poetische Funktion: z.B. Gedichte, in denen mit künstlerisch-sprachlichen Gestaltungsmitteln gearbeitet wird
- Optative Funktion: z.B. Wünsche, die allerdings nicht an die Textempfängerin gerichtet sind (in diesem Fall läge eine appellative Funktion vor)
- Dubitative Funktion: z.B. wenn Zweifel zum Ausdruck gebracht werden
- Emotive Funktion: z.B. Flüche, Ausrufe, Jubelrufe etc.

Soll der Zieltext vor allem eine expressive Funktion erfüllen, so orientiert sich die Translatorin primär daran, *wie* etwas gesagt wird, also mit welchem sprachlichen Gestaltungsmittel eine Botschaft übermittelt wird.

Würde unser obiger Ausspruch als Teil des Dramas *Maria Tudor* von Victor Hugo übersetzt, so wäre die poetische Funktion entscheidend für die Wahl der Übersetzungslösung. Eine mögliche Variante wäre in diesem Fall:

> Ein Weib ändert sich jeden Tag; ein Narr ist, wer ihr trauen mag.

Im Gegensatz zum ersten Übersetzungsvorschlag, wurde hier die sprachliche Reimform beibehalten sowie auf die metrische Form geachtet. Dafür wurden einige inhaltliche Abweichungen in Kauf genommen („souvent" bedeutet nicht „jeden Tag", sondern „oft"; „s'y fie" wurde mit „trauen mag" auch nicht inhaltlich korrekt übersetzt). Die Übersetzung orientierte sich in

diesem Fall an der Korrespondenz der sprachlich-stilistischen Gestaltungsmittel.

6.2.3 Der appellative Texttyp

Hier geht es um jene Texte, die eine bestimmte Wirkung auf die Adressatinnen haben, sie im weitesten Sinne zu einer Reaktion veranlassen sollen. Die
Funktion kann dabei – je nach Text – verschieden realisiert werden.

- **Persuasive Funktion:** z.B. Werbetexte, mit denen die Konsumentin dazu
  gebracht werden soll, ein bestimmtes Produkt zu kaufen; politische Pro-
  pagandatexte, die Bürgerinnen dazu bewegen wollen, eine bestimmte
  Partei zu wählen; Touristinnenprospekte, mit denen Reisende für eine
  Urlaubsdestination gewonnen werden sollen.

- **Petitive Funktion:** Diese Texte enthalten eine Forderung, auf die in der
  Regel eine konkrete Reaktion der Rezipientin erwartet wird, z.B. eine Pe-
  tition der Umweltschützerinnen an das zuständige Ministerium; ein Ein-
  ladungsschreiben zu einer Veranstaltung; parlamentarische Anfragen
  usw.

- **Direktive Funktion:** z.B. Verordnungen, die die Umsetzung von Bestimmungen regeln; Schilder, die das Verhalten im Straßenverkehr regeln; sowie ganz grundsätzlich Verbote, Befehle, Anordnungen und Gebote.

- **Empfehlende Funktion:** Texte, die den Adressatinnen ein bestimmtes
  Verhalten nahe legen, z.B. Coaching; Ratgeberbücher; Beratung in medizinischen, sozialen, rechtlichen usw. Settings.

Wenn der Zieltext eine primär appellative Ausrichtung haben soll, so orientiert sich die Translatorin daran, *welche Reaktion* bei den Adressatinnen erzielt
werden soll und wählt dazu die adäquaten sprachlichen Mittel aus. Der Ausspruch von François I wurde als Anspielung in einem Werbetext für französischen Wein eingesetzt. Der Slogan lautete wie folgt:

> Souvent femme varie. Les vins du Postillon ne varient jamais.

Eine Übersetzung, die ebenfalls als Werbeslogan funktionieren soll, muss die
appellative Funktion in den Vordergrund stellen. Dabei ergibt sich die
Schwierigkeit, dass das Zitat von François I im deutschen Sprachraum nicht
als Zitat bekannt ist. Die Translatorin muss daher, um die Appellwirkung zu
realisieren, das kulturelle Hintergrundwissen ihres Adressatinnenkreises berücksichtigen. Eine mögliche Übersetzung wäre dabei:

 Frauenherzen sind trügerisch. Postillonweine betrügen dich nie.

Statt der im französischen Kulturraum verankerten historischen Anspielung wurde hier eine Anspielung auf ein weithin bekanntes Zitat aus der deutschen Übersetzung von Verdis Oper *Rigoletto* gewählt („Ach wie so trügerisch, sind Frauenherzen …“), das inhaltlich ähnlich, wenn auch nicht identisch ist, stilistisch sich in mehrfacher Hinsicht vom französischen Original unterscheidet, jedoch eine adäquate Umsetzung des Appells darstellt.

6.2.4 Der phatische Texttyp

Neben den drei genannten Texttypen gibt es noch eine weitere, häufig vorkommende Funktion, die sich auf die Art und Weise bezieht, wie der Kontakt zwischen Senderin und Empfängerin gestaltet ist. Wie formell oder vertraut ich mit jemandem umgehe, wie ich ein Gespräch beginne oder beende, spielt bei jeder Kommunikation eine Rolle und ist darüber hinaus auch kulturell geprägt. Zur phatischen Funktion der Texte zählen:

- Kontakteröffnung: z.B. Begrüßung der Teilnehmerinnen an einem internationalen Kongress
- Kontakterhalt: z.B. die Gliederung eines wissenschaftlichen Aufsatzes durch Zwischenüberschriften zur besseren Orientierung der Adressatinnen
- Kontaktbeendigung: z.B. Grußformel am Ende eines Briefes
- Ausgestaltung des sozialen Rollenverhältnisses: z.B. Werbeprospekt von IKEA, in dem die Kundinnen geduzt werden

Hier muss die Translatorin entscheiden, wie und in welcher Form der Kontakt zwischen den Kommunikationsteilnehmerinnen definiert wird.

Bei Dolmetscheinsätzen beispielsweise gehört die Gestaltung der phatischen Funktion im Translat zur ständigen Aufgabe. Begrüßungen oder Pausenfüller dienen als Hinweise zur Orientierung und Kontinuität einer Veranstaltung und gehören vermeintlich zur ,einfachen' Aufgabe in der Kommunikationsmittlung. Aber auch dieser Bereich der menschlichen Kommunikation unterliegt stark kulturbedingten gesellschaftlichen Konventionen und ist auch im Translat zu berücksichtigen. So könnten wir z.B. davon ausgehen, dass zur Aufrechterhaltung von Kommunikation im deutschsprachigen Raum eher Feststellungen von trivialen Sachverhalten wie „Schönes Wetter heute" dienen; in slawischsprachigen Ländern kommen zu solchen

Anmerkungen zum Wetter auch Erkundigungen persönlicher Natur, z.B. nach dem Familienstand, gesellschaftlichen Status oder Einkommen.

Die Beachtung der phatischen Funktion der Sprache ist insbesondere in solchen Dolmetschsituationen heikel, wo die Kommunikationssituation durch das Kommunikationsthema und die Asymmetrie der Kommunikationspartnerinnen beschwert ist. Nehmen wir als Beispiel eine Gerichtsverhandlung, in der ein Mann aus Burundi wegen Körperverletzung an seiner Frau angeklagt ist.

> Die Frau ist als Zeugin geladen. Der Mann aus Burundi spricht in der Verhandlung Deutsch, für die Frau ist ein Dolmetscher für die Sprache Rundi anwesend. Zur Einvernahme der Frau kommt es in der Folge doch nicht, weil die Zeugin von ihrem Recht Gebrauch macht, im Verfahren gegen ihren Ehemann keine Aussage zu tätigen. (Nach österreichischem Recht gibt es keine Pflicht, in einem Strafverfahren gegen nahe Angehörige auszusagen. Die Richterin fragt daher Zeugen, die mit dem Beschuldigten verwandt sind, zunächst immer, ob sie überhaupt aussagen wollen oder nicht). Nach ihrer Bekundung, nicht aussagen zu wollen, kann die Frau des Beschuldigten die Verhandlung verlassen und verabschiedet sich mit einer in ihrer Muttersprache üblichen Floskel, die in etwa folgendermaßen lautet: „Ich muss nach Hause, sonst schlägt mich mein Mann." Eine Fehlinterpretation dieser Abschiedsfloskel durch den Dolmetscher könnte in einer derartigen Kommunikationssituation, nämlich in einem Strafverfahren, unerwünschte Folgen haben; das Gericht könnte den missverstandenen Gruß in seiner Beweiswürdigung zum Nachteil des Beschuldigten auslegen. Die Dolmetschung erfordert daher auch in phatischen Bereichen ein differenziertes kulturorientiertes Vorgehen.

6.2.5 Text, Funktion und Translation

Anhand einer Analyse wollen wir das bisher Gesagte veranschaulichen. Es handelt sich um die französische und deutsche Fassung eines Textes über das Hotel *Atalaya* aus dem Hotelführer ‚Relais du Silence/Silencehotel International'.

> **Französisch:** Llo est le village le plus typique de la Cerdagne, moitié française, moitié espagnole et l'Atalaya, une demeure de charme qui n'oublie pas ses racines, c'est „El Cant de la Terra", celui-là même qui se danse, l'Atalaya „per encantar".
>
> **Deutsch:** Im Kerngebiet der Cerdagne, halb Frankreich (sic!) und halb Spanien, ist Llo ein typisches Hirtendopf (sic!), von Schloß- und Turmruinen beschützt. Das „Atalaya" ist eine poetische Bleibe, diskret und roman-

tish (sic!), die den Charme der gemütlichen Zimmer mit erlesener Küche verbindet „l'Atalaya per encantar".

Das Buch mit seinen Hotelbeschreibungen richtet sich an Touristinnen, die abseits der großen Hotels eine ruhige und individuelle Unterkunftsmöglichkeit suchen. Aufnahme ins Buch finden nur jene Hotels, die diese Kriterien erfüllen. Im französischen Text wird zunächst der Ort, Llo, als ein typisches Dorf der Cerdagne dargestellt, einer Region Frankreichs, die sowohl durch französische als auch spanisch-katalanische Einflüsse ihre Charakteristik erhält, was nicht zuletzt auch im spanischen Namen des Hotels, Atalaya, sowie den katalanischen Einschüben („El Cant de la Terra", „per encantar") seinen Ausdruck findet.

Die primäre Funktion des Textes ist informativ, es geht um eine kurze Beschreibung des Hotels: Seine Lage und jene Eigenschaften, die es zu einem besonderen Ort machen. Gleichzeitig erhält der Text natürlich durch die subjektive Schilderung der Vorzüge dieses Ortes („le plus typique", „une demeure de charme", „per encantar") eine expressive Funktion. Worin das Typische und der Charme bestehen, wird nicht näher definiert, die ‚frames' „typique" und „de charme" reichen aus, um von der französischsprachigen Leserin durch ihr Wissen über die Cerdagne und die Erwartungen an in Frankreich weit verbreitete ‚hôtels de charme' zu einer kohärenten ‚scene' ergänzt zu werden. Durch die Anspielung auf eine Komposition des französischen Musikers Déodad de Séverac, „El Cant de la Terra", weist der Text schließlich auch einen appellativen, intertextuellen Bezug auf. Die katalanische Bezeichnung, die auf Grund der sprachlichen Ähnlichkeit für französische Sprecherinnen als „Le Chant de la Terre" leicht verständlich ist, wird implizit auch in Beziehung gesetzt zu einem spanischen Tanz, der Sardana (celui-là même qui se danse), als Ausdruck für die Ursprünglichkeit und die Bikulturalität der Region, die sich eben auch im Hotel widerspiegelt.

In der deutschen Übersetzung wird die informative Funktion im Vergleich zum französischen Text mit anderer Akzentsetzung realisiert (auf die zahlreichen Tippfehler wird hier nicht näher eingegangen). Während im Französischen das Typische der Region, das sich aus der Verbindung von französischer und spanischer Kultur ergibt, als bekannt für die französischen Leserinnen vorausgesetzt und ohne nähere Erklärung betont wird, wird im Deutschen zunächst die geographische Lage der Cerdagne, die zwischen Frankreich und Spanien aufgeteilt ist, beschrieben und damit Rücksicht auf den unterschiedlichen Wissenshintergrund deutschsprachiger Adressatinnen genommen. Danach wird das Typische des Ortes im Deutschen expliziter dargestellt als im Französischen („Hirtendopf" (sic!), „Schloß- und Turmruinen"), um so den Adressatinnen eine konkretere Vorstellung zu geben. Es werden in der Übersetzung andere ‚frames' ausgewählt, um den Leserinnen den Aufbau einer konkreteren ‚scene' zu ermöglichen. Anders als im französischen Text wird das Hotel nicht so sehr in seiner Verwurzelung in die französisch-katalanische Kultur geschildert, sondern durch Adjektive wie „poetisch", „diskret" und „romantisch", „gemütlich" charakterisiert. Auch wird die – für Französinnen bei einem solchen Ort als selbstverständlich vorausgesetzte – Qualität der Küche hervorgehoben. Im Zieltext werden typische Vorstellungen deutscher Touristinnen von französischem ‚savoir vivre' geschildert. Die expressive Funktion, die subjektive Schilderung der Vorzüge des Hotels, orientiert sich somit auch hier an den Erwartungen der Zielrezipientinnen. Der appellative Bezug des Ausgangstextes mit seiner Anspielung auf ein französisch-katalanisches Musikstück hingegen kann im Deutschen nicht hergestellt werden. Durch die Akzentverschiebung sowohl im Bereich Information als auch Expressivität des Textes und durch die Auslassung des Verweises auf die „El Cant de la Terra" ist die Übernahme der katalanischen Passage „l'Atalaya per encantar" noch dazu mit dem französischen Artikel für die Leserin nicht einzuordnen. Hier werden sowohl die Textualitätskriterien der Informativität (es handelt sich um ein unbekanntes und unerwartetes Textelement, das von der deutschsprachigen Leserin in seiner Funktion nicht situiert werden kann und nur bei guten Französisch- oder Spanisch- bzw. Katalanischkenntnissen verständlich ist) als auch der Kohärenz (es kann kein Sinnzusammenhang zwischen dieser Passage und dem Rest des Textes hergestellt werden) verletzt.

Abgesehen von der appellativen, intertextuellen Funktion, die nicht adäquat im Zieltext umgesetzt wurde, wurden in der Übersetzung die gleichen Funktionen realisiert, wobei im Hinblick auf die Adressatinnen und unter Berücksichtigung ihres Wissenshintergrundes andere Schwerpunkte gesetzt wurden.

6.3 Textsorten und Textsortenkonventionen

Nachdem wir Texte im Hinblick auf ihre funktionalen Gemeinsamkeiten in verschiedene Gruppen gefasst haben, wollen wir Texte noch weiter nach translationsrelevanten Merkmalen differenzieren.

6.3.1 Textsorte – was ist das?

Im Rahmen der Textdefinition haben wir das Kriterium der Intertextualität diskutiert. Darunter verstehen wir unter anderem die Beziehung, die zwischen Texten besteht. Diese Beziehung kommt in ähnlichen Strukturen, Inhalten und Funktionen zum Ausdruck. Die Gemeinsamkeiten zwischen Texten erleichtern uns die Kommunikation, da wir durch bestimmte strukturelle, inhaltliche und funktionale Merkmale erkennen, worum es geht und nicht erst den gesamten Text rezipieren müssen. Dies ist bereits an der Textsortenbezeichnung ablesbar. Die Textsorten Bericht, Gelöbnis, Kommentar, Auftrag weisen zum Beispiel auf eine bestimmte kommunikative Funktion hin, die mit diesen Textsorten verbunden ist. Berichte und Gelöbnisse sind informative Texte (berichtend und deklarativ), Kommentare gehören zum expressiven Texttyp (subjektive Schilderung) und Aufträge zum appellativen Texttyp (direktiv).

Durch die Textsortenbezeichnung können auch Hinweise auf den Textinhalt gegeben werden. Wetterbericht, Treuegelöbnis, politischer Kommentar, Kaufauftrag weisen im ersten Bestandteil der Bezeichnung auf einen bestimmten thematischen Bereich hin, der in dem Text behandelt wird.

Weiters können mit bestimmten Textsorten auch Erwartungen an die Kommunikationssituation verbunden sein: Fernsehbericht, Brief, Zeitungsartikel, Telefongespräch weisen auf die situativen Merkmale Raum und Zeit bzw. Kommunikationsmedium hin. Telefongespräche sind zeitlich unmittelbar, räumlich getrennt über das technische Medium Telefon, Briefe sind sowohl zeitlich als auch räumlich getrennt usw.

Und schließlich liefern auch bestimmte Sprach- und Gestaltungsmuster Hinweise auf die jeweilige Textsorte. So können wir anhand folgender Sprachfragmente die richtige Zuordnung zur jeweiligen Textsorte treffen:

- Die Aussichten für morgen … (Wetterbericht)
- Die gehackten Zwiebeln anschwitzen … (Kochrezept)
- Vor Kindern sicher aufbewahren … (Beipackzettel)
- Und wenn sie nicht gestorben sind … (Märchen)
- Im Namen des Volkes … (Urteil)
- § 12, Abs. 2 … (Gesetz)
- Artikel 5 … (Vertrag)

Wir können diese Textfragmente auf Grund unseres Textwissens richtig zuordnen. Dieses Textwissen besitzt der Laie in der Regel nur in seiner Muttersprache, Translatorinnen müssen es in ihren jeweiligen Arbeitssprachen besitzen, da diese Sprach- und Gestaltungsmuster kulturspezifisch sein können. Nicht alle Textsorten weisen solche konventionellen Muster auf. Vor allem Gebrauchstexte, wie sie z.B. hier angeführt wurden, können sehr stark in Gestaltung und Sprache normiert sein, während literarische Texte im weites ten Sinne weniger ausgeprägte sprachliche Konventionen aufweisen. Wir halten fest:

> Textsorten sind kommunikative Handlungen, die gemeinsame situative, funktionale, sprachlich-strukturelle und inhaltliche Merkmale besitzen. Die konventionell geltenden Muster einer Textsorte sind kulturspezifisch. Textsorten liefern der Translatorin wichtige Orientierungspunkte bei der AT-Rezeption und der ZT-Produktion im Hinblick auf die Kommunikationssituation, die kommunikative Funktion sowie die thematische und grammatikalische Gestaltung.

Je genauer eine Textsorte bestimmt werden kann, desto genauer können auch die für sie typischen Merkmale bestimmt werden. Katharina Reiß unterscheidet daher zwischen Textsortenklassen, Textsorten und Textsortenvarianten. Eine Textsortenklasse wäre z.B. Protokoll. Protokolle haben alle eine informative Funktion, allerdings können sie für unterschiedliche Situationen und zu unterschiedlichen Themen verfasst werden. So gibt es Gerichtsprotokolle, Gesprächsprotokolle, Unfallprotokolle etc. Je nach Bereich und Situation sind auch die verwendeten Sprach- und Gestaltungsmuster unterschiedlich. Wenn wir etwa die Textsortenklasse Brief betrachten, so gelten etwa für die verschiedenen Textsorten, die diese Klasse umfasst, z.B. Geschäftsbrief, Begleitbrief zu einem Bewerbungsschreiben, Amtsbrief, Brief an die Eltern, unterschiedliche Anredekonventionen und auch Interpunktionskonventionen. In einem offiziellen Schreiben wäre ein „Lieber Generaldirektor," in der Regel völlig inadäquat; sowohl von der Anrede als auch der Interpunktion her würde man etwas anderes erwarten (z.B. Sehr geehrter Herr Generaldirektor!). In einem privaten Schreiben hingegen sind sowohl die Anrede als auch das Komma nach der Anrede durchaus üblich.

> Translatorinnen benötigen differenziertes Textwissen. Je genauer der typische Aufbau, die sprachlichen und gestalterischen Charakteristika, die Funktionen und die Verwendungssituationen von Textsorten in den Arbeitssprachen und Arbeitskulturen bekannt sind, desto einfacher ist es, einen Zieltext herzustellen, der dem Kommunikationsziel und den Erwartungen der Adressatinnen entspricht.

6.3.2 Textsortenkonventionen

Textsorten werden durch bestimmte Ähnlichkeiten auf situativer, funktionaler, inhaltlicher und sprachlich-struktureller Ebene als solche erkannt. Die Merkmale auf der sprachlich-strukturellen Ebene werden als Textsortenkonventionen bezeichnet und tragen wesentlich zur Identifizierung eines Textes bei. Konventionelle Textmuster regeln innerhalb einer Kultur die Gestaltung von Texten. Sie sind dabei allerdings keine feststehenden Regeln, sondern können sich im Lauf der Zeit auch verändern. Textsortenkonventionen können auf allen Ebenen auftreten. Wir unterscheiden dabei zwischen der Makroebene und der Mikroebene.

Textsortenkonventionen auf der Makroebene beziehen sich auf:

- **Textaufbau** – betrifft die inhaltliche Strukturierung eines Textes. Der Aufbau von Texten kann konventionell geregelt sein. So umfassen z.B. völkerrechtliche Übereinkünfte vier Teile, nämlich den Titel (der den Vertragsgegenstand und die beteiligten Parteien nennt), die Präambel, den Inhaltsteil und die Schlussbestimmungen. Dieser Aufbau ist international gleich. Andere Textsorten weisen hingegen kulturspezifische Unterschiede auf. Der Aufbau von medizinischen Beipackzetteln z.B. umfasst vor allem die Punkte Herstellerin, Zusammensetzung, Eigenschaften und Wirkung, Anwendungsgebiete, Art der Anwendung und Dosierung, Gegenanzeigen, Nebenwirkungen, Wechselwirkungen, Warnhinweise, Packungsgrößen. Diese Strukturierung gilt zwar auch für z.B. englische, französische, spanische Beipackzettel, allerdings zum Teil mit anderer Reihenfolge. So werden Herstellerin bzw. Zulassungsinhaberin eines Medikaments in Österreich meist am Anfang genannt, bei französischen Beipackzetteln hingegen erst am Schluss. Der Punkt Packungsgrößen wird hingegen bei der deutschsprachigen Textsorte häufig am Ende genannt, in Frankreich hingegen zumeist am Beginn nach dem Punkt Zusammensetzung.

- **Texteinteilung** – betrifft die formale Strukturierung eines Textes. Theaterstücke werden z.B. in Akte und Szenen unterteilt, Gesetze nach Paragraphen, Verträge nach Artikel usw.

- **Textform** – betrifft die formale Gestaltung von Texten, wie etwa Layout, Satzspiegel, Schriftart. In der formalen Gestaltung von Briefen unterscheidet sich etwa die Position der Unterschrift zwischen Deutschland und Frankreich. In deutschen Briefen wird die Unterschrift in der Regel links unter den Brief gesetzt, in französischen Briefen hingegen rechts. In amerikanischen technischen Dokumentationen werden bei Hervorhebungen häufig Großbuchstaben verwendet, in deutschsprachigen Texten hingegen häufiger Unterstreichungen und Fettdruck.

Textsortenkonventionen auf der Mikroebene umfassen:

- **Lexik** – betrifft die textsortengebundene Wortwahl. In Todesanzeigen werden im Deutschen häufig euphemistische Ausdrücke verwendet, wie z.B. „von uns gegangen", „verschieden", im Englischen hingegen wird in der Regel kein Verb, das sich auf den Sterbevorgang bezieht, verwendet.

- **Grammatik** – umfasst die grammatikalisch-syntaktische Gestaltung von Texten. In völkerrechtlichen Übereinkünften werden im Deutschen vermehrt Präpositionalphrasen mit Verbalsubstantiv verwendet (in Anerkennung, in Kenntnis, unter Hinweis auf die Bestimmung X), im Englischen und auch Französischen hingegen sind eher Partizipialkonstruktionen typisch (z.B. acknowledging, reconnaissant).

- **Stil** – betrifft die Art und Weise des schriftlichen bzw. mündlichen Ausdrucks. Wissenschaftliche Referate sind im Deutschen meist sehr sachlich gehalten, im Englischen ist der Stil vergleichsweise aufgelockerter-humorvoller, im Französischen wiederum sind vielfach literarische Stilmittel, wie z.B. Metaphern, zu finden.

- **Phraseologie** – bezieht sich auf sprachliche Wendungen, wie etwa im Märchen „es war einmal" (dt.) „once upon a time" (engl.) „il était une fois" (frz.) „érase una vez" (sp.) „c'era una volta" (ital.) "bila jednom" (b/k/s); die typische Wendung in Beipackzetteln „Arzneimittel sorgfältig aufbewahren. Vor Kindern sichern." wird im Französischen häufig mit der Phrase „Ceci est un medicament" eingeleitet, wobei die Anweisungen auch grammatikalisch nicht wie im Deutschen mit Infinitivkonstruktion, sondern häufig auch in Form von Imperativen („Ne le laissez pas à portée de mains des enfants.") wiedergegeben werden.

- **Interpunktion** – umfasst die Zeichensetzung in Texten. Bei der Briefanrede z.B. werden im Deutschen, je nach Kommunikationssituation, Ausrufezeichen oder Komma gesetzt, im Englischen, Italienischen und Französischen immer ein Komma, im Spanischen ein Doppelpunkt.

Textsortenkonventionen sind die kulturspezifisch charakteristischen Sprach- und Gestaltungsmuster in Texten. Vor allem Gebrauchstexte können sehr stark konventionalisiert sein. Textsortenkonventionen erleichtern die Kommunikation, da durch bestimmte Textmuster ein Text und seine Funktion rasch erkennbar werden. Gleichzeitig sind mit bestimmten Textsorten auch bestimmte Erwartungen verbunden, was ihre inhaltliche und formale Gestaltung sowie ihre kommunikative Funktion betrifft.

6.4 Zusammenfassung

Texte sind die Grundlage der Kommunikation. Translatorinnen kommunizieren durch Texte mit den Adressatinnen. Damit die Kommunikation erfolgreich verläuft, müssen Texte die Kriterien erfüllen, die sie zu einem kommunikativen Ereignis machen (Kohäsion, Kohärenz, Intentionalität, Akzeptabilität, Situationalität, Informativität, Intertextualität, Kulturalität). Tun sie dies nicht, so sind sie defekt und beeinträchtigen die kommunikative Handlung. Die Funktion von Texten in der transkulturellen Kommunikation ist das wesentliche Kriterium für translatorische Entscheidungen. Die Feststellung der dominanten Funktion (informativ, expressiv, appellativ) liefert eine erste Richtlinie dafür, welche Textelemente für die Zieltextproduktion wesentlich sind. Texttypen können dabei noch weiter differenziert werden in verschiedene Textsorten. Diese zeichnen sich durch konventionelle Muster aus, die kulturspezifisch sind und deren Kenntnis entscheidend ist für eine den Erwartungen der Zielrezipientinnen angemessenen Gestaltung des Translats.

Quellen und weiterführende Literatur:

Beaugrande Robert de & Dressler, Wolfgang. 1981. *Einführung in die Textlinguistik*. Tübingen: Niemeyer.

Jakobson, Roman. 1960. „Linguistics and Poetics". In: Sebeok, Thomas A. (Hg.) *Style in Language*. Cambridge, Mass: MIT Press, 350-377.

Nord, Christiane. 1988. *Textanalyse und Übersetzen. Theoretische Grundlagen, Methode und didaktische Anwendung einer übersetzungsrelevanten Textanalyse*. Heidelberg: Groos.

Nord, Christiane. 2002. *Fertigkeit Übersetzen. Ein Selbstlernkurs zum Übersetzenlernen und Übersetzenlehren*. Alicante: Editorial Club Universitario.

Reiss, Katharina. 1995. *Grundfragen der Übersetzungswissenschaft. Wiener Vorlesungen von Katharina Reiß*. Hg. Von Mary Snell-Hornby & Mira Kadric. Wien: WUV-Verlag.

Reiss, Katharina & Vermeer, Hans. 1984. *Grundlegung einer allgemeinen Translationstheorie*. Tübingen: Niemeyer.

Stolze, Radegundis. 1999. *Die Fachtextübersetzung. Eine Einführung*. Tübingen: Narr.

7 Translationsauftrag und Translationstypen

„**K**önnen Sie bitte rasch einen kurzen Satz ins Englische übersetzen? Nichts Fachliches, ganz einfach, wenn ich Zeit hätte, würde ich es selbst machen. Ich bräuchte das ganz dringend noch heute." So ähnlich beginnen häufig Anfragen an Translatorinnen. Der kurze Satz stellt sich als ein auf Wortspielen basierender Slogan für ein Unternehmen für Skiliftwerbung heraus, der weder rasch noch einfach zu übersetzen ist.

Professionelles translatorisches Handeln geschieht, wie wir in Kapitel 5 gesehen haben, für fremden Bedarf, das heißt im Auftrag. Die Interaktion mit Auftraggeberinnen und die Spezifikation des Zieltextes stehen am Beginn translatorischen Handelns. Die Festlegung der Bedingungen, unter denen die Translation erfolgt, und der Erwartungen der Auftraggeberin an den Zieltext sind wesentliche Voraussetzungen dafür, dass das Translat zielgruppengerecht und funktionsadäquat gestaltet werden kann. In diesem Kapitel werden wir uns mit jenen Informationen beschäftigen, die Translatorinnen benötigen, um translatorisch handeln zu können. Eine entscheidende Frage, die durch den Auftrag beantwortet werden kann, ist dabei, welcher Translationstyp für die Zieltextproduktion zu wählen ist.

7.1 Komponenten des Translationsauftrages

Der Translationsauftrag ist eine wesentliche Bedingung für eine optimale Gestaltung des Zieltextes. Durch ihn werden einerseits die ökonomisch-praktischen Rahmenbedingungen festgelegt, unter denen die Translatorin ihre Arbeit erfüllt; andererseits liefert er auch entscheidende Informationen über verstehenssteuernde Faktoren wie Kommunikationsziel und Adressatinnengruppe. Translationsaufträge in der Praxis beinhalten in der Regel nicht alle Informationen, die für die Translaterstellung nötig sind; häufig müssen sie entweder interpretiert oder aber in Kommunikation mit der Auftraggeberin eingeholt werden. Umso wichtiger ist es daher für die Translatorin zu wissen, welche Komponenten ein Übersetzungsauftrag beinhalten muss. Diese Punkte sind im Übrigen in der Ö-NORM D 1200 verbindlich für Translatorinnen festgeschrieben.

7.1.1 Ökonomisch-praktische Rahmenbedingungen

Um eine sowohl für die Klientin als auch die Translatorin zufriedenstellende Arbeitssituation zu schaffen, müssen im Übersetzungsauftrag auch die das translatorische Handeln bestimmenden Rahmenbedingungen definiert werden. Diese betreffen in erster Linie Lieferfristen, Form der Textübermittlung, Textlänge, etwaiges Quellenmaterial, Vertraulichkeit und Copyright sowie Honorar und Zahlungsmodalitäten, die nicht nur mündlich, sondern in schriftlicher Form vereinbart werden sollten.

- Thema des Textes: Der Gegenstand eines Textes entscheidet auch darüber, ob die Translatorin den Auftrag annimmt oder nicht. Ein hochspezifisches Thema, über das die Translatorin kein Sachwissen besitzt, wird – sofern nicht ausreichend Einarbeitungszeit gegeben ist – abgelehnt werden. Das Thema stellt somit einen ersten Orientierungspunkt dar, wie viel Zeit für Recherchieren voraussichtlich benötigt wird und ob die entsprechenden Hilfsmittel wie Wörterbücher, Paralleltexte etc. bereits vorhanden sind oder erst beschafft werden müssen.

- Lieferfristen: Es ist wesentlich, genau zu vereinbaren, wann das Ausgangstextmaterial bei der Translatorin eintrifft und wann das Translat bei der Auftraggeberin abzuliefern ist. Dabei kann nicht nur das Datum, sondern auch die Uhrzeit wesentlich sein. Es macht einen großen Unterschied, ob ein Text am 01.10. um 9.00 Uhr früh oder 17.00 nachmittags einlangen soll. Bei größeren Textmengen kann es sinnvoll sein, das Translat in Teilen zu verschiedenen Terminen abzuliefern, um so der Auftraggeberin die Möglichkeit zu geben, z.B. Qualitätskontrollen vornehmen zu lassen, das Layout zu erstellen usw.

- Form der Textübermittlung: Im Translationsauftrag sollte genau festgelegt werden, in welcher Form der Text an die Translatorin geschickt wird (z.B. als Papierausdruck oder Diskette per Post, per Fax, als E-mail-Attachment) und in welcher Form das Translat retourniert werden soll. Hierbei ist es ebenfalls wichtig, etwaige Wünsche bezüglich Software zu klären und auch, ob ein bestimmtes Layout gewünscht wird, wie mit Tabellen, Diagrammen, Skizzen usw. zu verfahren ist.

- Textlänge: Die Textlänge wird bei Gebrauchstexten meistens in Form von Normzeilen berechnet (eine Normzeile hat 55-60 Zeichen) bei literarischen Texten pro Seite (eine Normseite hat 30 Zeilen à 55-60 Zeichen). Die Textlänge ist neben der Fachlichkeit des Textes bzw. dem Recherchieraufwand einer der Faktoren, um den voraussichtlichen Arbeitsaufwand zu eruieren und damit auch einen realistischen Liefertermin festzulegen.

- Quellenmaterial: Manche Unternehmen verfügen über hauseigene Terminologie oder über ähnliche (evtl. bereits übersetzte) Texte zum gleichen Thema, die für die Übersetzung als Paralleltexte bzw. Recherchiermaterial dienen können. Oft denken Auftraggeberinnen nicht von sich aus daran, dieses Material zur Verfügung zu stellen – es kann jedoch wesentlich für die Qualität des Endprodukts sein. Wird Material zur Verfügung gestellt, so muss auch vereinbart werden, ob dieses nach Erfüllung des Auftrags retourniert werden oder gegebenenfalls für zukünftige Aufträge im Besitz der Translatorin bleiben soll.

- Vertraulichkeit und Copyright: In der Regel liegt das Copyright eines Translats bei der Auftraggeberin. Es kann jedoch – gerade auch beim Dolmetschen – um Texte gehen, die von der Translatorin selbstverständlich vertraulich behandelt werden. Ist dies der Fall, sollte dies im Translationsauftrag auch angeführt werden.

- Honorar und Zahlungsmodalitäten: Grundsätzlich kann das Honorar auf der Zählung von Wörtern, Zeilen, Seiten oder nach Zeitaufwand erfolgen. In der Regel werden Preise von Gebrauchstextübersetzungen nach Normzeilen berechnet, von literarischen Texten nach Normseiten. Die Preiskalkulation kann sowohl auf der Basis des Ausgangstextes als auch – was meistens geschieht – des Zieltextes erfolgen. Einbezogen werden müssen dabei auch Dringlichkeit, Recherchieraufwand, Wochenendarbeit etc. sowie auch etwaige Zusatzleistungen wie Druckfahnen lesen, Layoutgestaltung etc.

- Berufliche Haftung: Translatorinnen sind für ihre Arbeit verantwortlich und haften damit auch im Fall von fehlerhaften Translationsentscheidungen oder durch ihr Translat verursachte Schäden. Zur Absicherung der Translatorin besteht die Möglichkeit einer Haftpflichtversicherung, um so – wie im Fall der Übersetzerin eines französischsprachigen Reiseführers (vgl. Kapitel 5.2.1) – existenzbedrohende Schadenersatzforderungen abzuwenden.

7.1.2 Zieltextbezogene Auftragsinformationen

Die zieltextbezogenen Informationen betreffen jene Aspekte des Textmaterials, die direkten Einfluss auf die Wahl der Translationsstrategien und Translationsmethoden haben. Diese können mit den so genannten W-Fragen zusammengefasst werden, die uns bereits in Kapitel 3 als die so genannte Lasswell-Formel begegnet sind. In der Translation wurden von Christiane Nord (1988) noch eine Reihe weiterer Fragen hinzugefügt, um der spezifischen Kommunikationssituation translatorischen Handelns Rechnung zu tragen. Insgesamt haben wir es mit sieben Fragen zu tun: wozu, für wen, von wem, über welches Medium, wo, wann, mit welcher Funktion?

- Wozu bezieht sich auf die Intention der Auftraggeberin bzw. der Textproduzentin. Welche kommunikative Absicht wird mit einem Text verfolgt? Mit einem Autoprospekt verfolgt eine Senderin die Intention, Kundinnen zum Kauf anzuregen. In Frankreich wird diese Absicht z.B. verstärkt über Design, Ästhetik und Fahrgefühl transportiert. Autos, die im Französischen weiblich sind (une Renault, une Peugeot), werden dabei häufig in Form und Aussehen mit Frauen verglichen. Die Übersetzerin muss sich hier die Frage stellen, ob die Intention der Senderin in – z.B. der deutschen – Zielkultur mit den gleichen Inhalten vermittelt werden kann, oder ob andere, im Fall von Autowerbung eher technische, die Sicherheit betreffende Merkmale des Autos in den Vordergrund gestellt werden sollen, was eher den Erwartungen deutschsprachiger Autofahrerinnen entspricht.

- Für wen ein Text gedacht ist, entscheidet daher maßgeblich darüber, wie ein Ausgangstext in der Translation behandelt wird. Wie wir später noch ausführlich begründen werden (vgl. Kapitel 8) hat ein Text an sich keine Bedeutung, sondern erhält diese erst durch die Leserin. Eine bestimmte Intention, mit der ein Text von einer Senderin produziert wird, bedeutet noch nicht, dass sie auch als solche von der Empfängerin verstanden wird. Der Vergleich der Formschönheit eines Autos mit den Kurven einer Frau in einem französischen Autoprospekt kann unter Umständen im deutschen Sprachraum als sexistisch verstanden werden. Die Intention der Senderin, zum Kauf anzuregen, wird in der Zielkultur in einem solchen Fall nicht realisiert; die Funktion, die der Text bekommt, ist eine ganz andere, nämlich jene, ein frauenfeindliches Image des Herstellers zu vermitteln, was zu einer ablehnenden Haltung einem Produkt gegenüber führen kann, das Frauen auf Kurven und Formen reduziert. Die Produzentin des französischen Ausgangstextes hatte die Erwartungen ihrer französischen Adressatinnengruppe und die Vertextungskonventionen ihrer Kultur vor Augen. Ähnlich muss auch die Translatorin für ihre Arbeit die kulturspezifischen Erwartungen und Wissensvoraussetzungen der Adressatinnen des Zieltextes in den Blick nehmen. Um dies tun zu können, benötigt sie einen Übersetzungsauftrag, in dem die Rezipientinnen spezifiziert werden.

- Von wem ein Text verfasst wird, bezieht sich auf die Senderin eines Textes. Diese muss nicht unbedingt mit der Textproduzentin identisch sein. Politikerinnenreden werden häufig nicht von den Politikerinnen selbst verfasst, sondern von anderen Personen; als Senderin tritt jedoch die

Politikerin auf, die die Rede hält. Die Frage, wer als Senderin des Zieltextes auftritt, kann für Rezipientinnen durchaus eine wesentliche Information darstellen. Wird zum Beispiel die Rede eines in Italien bekannten Lokalpolitikers zur Frage der Immigration in Europa für eine österreichische Tageszeitung übersetzt, so ist die Information über seine politische Parteizugehörigkeit für die österreichische Leserin eine wichtige Zusatzinformation, durch die seine Aussagen auch entsprechend eingeordnet werden können.

• Über welches Medium der Zieltext vermittelt werden soll, hat ebenfalls Einfluss auf die übersetzungsstrategischen Entscheidungen. Der Begriff Medium bezieht sich dabei einerseits auf die Kommunikationsart, d.h. mündlich/schriftlich, akustisch/visuell, andererseits auch auf das Trägermedium, d.h. Buch, Prospekt, Brief etc. Das Medium beeinflusst sowohl die Textgestaltung (die Übersetzung eines Textes für einen mündlichen Vortrag sieht anders aus als die Übersetzung eines Redemanuskripts für einen schriftlichen Artikel in einer Fachzeitschrift) als auch die Textlänge (eine mehrsprachige Broschüre, in der für jede Sprache genau eine Seite à 25 Zeilen vorgesehen ist, darf in der Übersetzung diese nicht übersteigen).

• Wo und wann ein Text rezipiert wird, hat ebenfalls Einfluss auf Form und Inhalt eines Textes. Dies betrifft vor allem die deiktischen Elemente, durch die das Textualitätsmerkmal der Situationalität realisiert wird (vgl. Kapitel 6.1). Zeigewörter wie „hier", „dort", „dieser", „jener", „gestern", „heute" usw. verankern den Text in einer bestimmten Kommunikationssituation. Diese ändert sich in vielen Fällen in der Translation, da die Zieltexte für einen anderen Ort und zu einem anderen Zeitpunkt als die Ausgangstexte verfasst werden.

• Welche Funktion einem Text zugewiesen wird, wird durch die Adressatin, die den Text rezipiert, bestimmt. Bestimmte Signale im Text, wie sie in Textsortenkonventionen angeführt wurden (vgl. Kapitel 6.3.2) können dabei allerdings für die Rezipientin als Orientierung dienen. Auch die kommunikative Funktion eines Textes spiegelt sich in der sprachlichen Gestaltung wider. Ein informativer Text wird sich durch einen sachbetonten Stil auszeichnen, während subjektiv gefärbte Schilderungen eines Sachverhaltes auf einen expressiven Text hinweisen usw.

Während die ökonomisch-praktischen Aspekte für jeden Translationsfall explizit mit der Auftraggeberin vereinbart werden müssen, können die zieltextbezogenen Auftragskomponenten häufig bereits aus dem zu transferierenden Text erschlossen werden. Aus dem Auftrag: „Übersetzen Sie die englischsprachige Gebrauchsanweisung für den Geschirrspüler der Firma X ins Deutsche" kann die professionelle Übersetzerin in der Regel die zieltextbezogenen Daten eruieren, so dass diese nicht explizit mit der Auftraggeberin besprochen werden müssen. Es gibt jedoch auch Fälle, in denen für das Translat eine anders definierte Zielgruppe, ein anderes Medium etc. vereinbart wird. Hier obliegt es der Translatorin, in Kooperation mit der Auftraggeberin die zieltextbezogenen Koordinaten auszuhandeln.

> Die hier dargestellten Komponenten des Translationsauftrags sind wesentliche Voraussetzungen für die funktionale, zielgruppenadäquate Gestaltung des Translats. Erst die Festlegung der auftragsbezogenen Daten ermöglicht ein professionelles Arbeiten und garantiert sowohl für die Auftraggeberin als auch die Translatorin zufriedenstellende Arbeitsergebnisse. Die Analyse des Translationsauftrags muss daher immer am Beginn translatorischen Handelns stehen.

7.2 Translationstypen und Translationsformen

Translatorisches Handeln geht somit von einem Auftrag aus, der die Grundlage für den Umgang mit dem Ausgangstextmaterial bildet. Da professionelle Translatorinnen nicht einfach übersetzen, was im Ausgangstext steht, sondern die Funktion des Translats in der Zielkultur als Maßstab nehmen, brauchen sie ein Repertoire an verschiedenen Übersetzungsstrategien. Um diese systematisch darzustellen, greifen wir auf ein Modell von Christiane Nord (1988) zurück, die zwischen zwei grundlegenden Translationstypen unterscheidet, der dokumentarischen und der instrumentellen Translation. Beide Typen können in Reinform vorkommen, häufiger sind jedoch Mischformen, in denen beide Typen vertreten sind.

7.2.1 Die dokumentarische Übersetzung

Die dokumentarische Übersetzung behandelt den Ausgangstext als Dokument, über das in der Zielkultur berichtet wird. Vereinfacht gesagt, handelt es sich hierbei um einen Zieltext, der als Übersetzung erkennbar bleibt. Hier geht es nicht darum, den Text in Form und Inhalt an die Konventionen der Zielkultur anzupassen, vielmehr bildet das Translat Form und Inhalt des Ausgangstextes möglichst unverändert ab, je nachdem, welches Interesse die

Adressatinnen des Zieltextes haben. Dies kann z.B. im Wortlaut, in der grammatikalischen Struktur, im Inhalt oder im Stil liegen. Danach richtet sich auch die Übersetzungsform. Diese umfasst vier Kategorien, die – je nach Zweck der Übersetzung – gemeinsam oder getrennt auftreten können.

• Wort-für-Wort-Übersetzung: Hier werden die Strukturen des Ausgangstextes, wie Wortfolge, Wortart usw. unverändert in der Zielsprache übernommen. Diese Form der Übersetzung kommt in professionellen Translationskontexten kaum vor, in früheren Zeiten wurde sie z.B. bei Bibelübersetzungen angewendet, da man davon ausging, dass auch die Wortfolge des Originals gottgegeben und damit heilig ist und auch in der Übersetzung bewahrt werden muss. Heute wird sie zur Erforschung von Sprachen z.T. in der Linguistik verwendet.

• Wörtliche Übersetzung: Hier werden zwar die grammatikalischen Regeln der Zielsprache beachtet, es wird jedoch darauf geachtet, dass die Wörter im Ausgangstext alle durch entsprechende Wörter im Zieltext wiedergegeben werden. Diese Übersetzungsform dient dazu, den genauen Wortlaut des Ausgangstextes wiederzugeben.

• Philologische Übersetzung: Hier werden Inhalte des Ausgangstextes mit den grammatikalischen und stilistischen Mitteln der Zielsprache abgebildet unter größtmöglicher Berücksichtigung der Satzstrukturen des Originals. Diese Form der Übersetzung findet sich häufig im schulischen Latein- und Griechischunterricht.

• Exotisierende Übersetzung: Hier werden nicht nur die formalen und inhaltlichen, sondern auch die situativen Merkmale des Textes im Zieltext abgebildet. Diese Form ist heutzutage in der Literaturübersetzung häufig anzutreffen, in der die inhaltlichen und formalen Charakteristika der Autorin ebenso wie der situative Rahmen, in dem z.B. die Geschichte eines Romans spielt, beibehalten werden. Aber auch bei Urkunden (wie z.B. Dokumenten, Zeugnissen) kann diese Übersetzungsform zum Einsatz kommen.

Als Beispiel wählen wir einen Auszug aus einer bosnischen Personenurkunde und ihrer deutschen Übersetzung:

Bosnischer Originaltext:

U   I M E
FEDERACIJE BOSNE I HERCEGOVINE !

Općinski sud u Bosani u vijeću sastavljenom od sudija
Daniele Čondrić kao predsjednice vijeća te Milana
Cvijanovića i Sanele Begović kao članova vijeća, u
pravnoj stvari tužiteljice Aide Meier, rođene Sarvan,
kćerke Hasana i Nure Sarvan, koju zastupa dr Marko
Kovač, adv. u Bihaću, protiv tuženog Franza Meiera,
sina Fritza i Gertrude Meier, sa stanom u Beču,
Wienerstraße 1, radi razvoda braka, nakon dana
06.05.2002. godine provedene glavne i nejavne
rasprave, a u odsutnosti tuženog, donio je temeljom
odredaba iz čl. 317, stav 4. ZPP-a sljedeću

P R E S U D U

RAZVODI SE brak zaključen 05.08.1997 u Matičnom uredu
Beč-Hernals izmedju parničnih stranaka tužiteljice Aide
Meier, kćerke Hasana i Nure Sarvan, i tuženog Franza
Meiera, sin Fritza i Gertrude Meier [...]

Dokumentarische deutsche Übersetzung:

I M   N A M E N
DER FÖDERATION VON BOSNIEN-HERZEGOWINA !

Das Gemeindegericht Bosana hat im Senat, gebildet aus
der Richterin Daniela Čondrić als Vorsitzende des
Senats sowie den Richtern Milan Cvijanović und Sanela
Begović als Mitgliedern des Senats, in der Rechts-
sache der Klägerin Aida Meier, geborene Sarvan,
Tochter von Hasan und Nura Sarvan, vertreten durch
Dr. Marko Kovač, Anwalt in Bosana, wider den
Beklagten Franz Meier, Sohn von Fritz und Gertrude
Meier, wohnhaft in Wien, Wienerstraße 1, wegen
Ehescheidung, nach der am 06.05.2002 unter Ausschluss
der Öffentlichkeit und in Abwesenheit des Beklagten
durchgeführten Verhandlung auf Grund der Bestimmungen
des Art. 317 Abs. 4 des Zivilprozessgesetzes das
folgende

U R T E I L
                                              gefällt:
GESCHIEDEN wird die am 05.08.1997 im Standesamt
Wien-Hernals geschlossene Ehe zwischen den
Streitparteien, der Klägerin Aida Meier, geb. Sarvan,
Tochter von Hasan und Nura Sarvan, und dem Beklagten
Franz Meier, Sohn von Fritz und Gertrude Meier [...]

Die vorliegende dokumentarische Übersetzung eines bosnischen Scheidungsurteils entspricht dem Originaltext in Inhalt, Form und Schriftbild (vgl. Ö-NORM D 1200). Bei der Übersetzung wurden sowohl die fremde Rechtsordnung als auch die Eigenschaften der Fremdsprache berücksichtigt, was zu einer Verfremdung der Zielsprache führte: Weder würde in Österreich eine Scheidung rechtlich so ablaufen (in Österreich entscheidet eine Einzelrichterin und nicht ein Senat über die Scheidung) noch entspricht die Übersetzung der österreichischen Konvention der Textsorte ‚Urteil'. Beim Urteilspruch „GESCHIEDEN wird die am 05.08.1997 im Standesamt Wien-Hernals geschlossene Ehe zwischen den Streitparteien [...]" wird der informatorische Gehalt in Analogie zum Original auch in der Übersetzung so gewichtet, dass die Information, auf die die Aufmerksamkeit der Adressatinnen nachdrücklich gelenkt werden soll, am Beginn des Satzes steht. Der grammatikalisch untypisch aufgebaute Satz ist im Deutschen nicht störend – solange die Übersetzung im Kontext gesehen wird. Denn eine solche Übersetzung fungiert nicht eigenständig, sondern als Verständnishilfe im Zusammenhang mit dem Original. Die Urkunde, die bei Vorlage in Österreich aus dem Original und der angehefteten Übersetzung besteht, dient als Information über eine Rechtshandlung im Ausland, die in Österreich Gültigkeit besitzt. Das bedeutet, dass mit dieser Urkunde ein Recht in Österreich begründet werden kann, z.B. die Urkunde wird beim Standesamt in Österreich zwecks neuerlicher Verehelichung vorgelegt.

7.2.2 Die instrumentelle Übersetzung

Wie der Name bereits sagt, fungiert hier der Zieltext als Instrument für eine kommunikative Handlung in der Zielsituation. Vereinfacht gesagt handelt es sich hier um eine Übersetzung, der nicht anzusehen ist, dass es eine solche ist, da sie an die Situation, die Vertextungskonventionen der Zielkultur und die Wissensvoraussetzungen der Zielrezipientinnen angepasst wird. Ein Vertrag zwischen einer deutschen und englischen Firma z.B., der in beiden Ländern Gültigkeit besitzen soll, kann nicht als Dokument übersetzt werden, das darstellt, wie in Deutschland ein Vertrag aussieht, sondern muss in beiden Kulturen einsetzbar sein. Der Schlusssatz, wie er in deutschen Verträgen steht: „Dieser Vertrag unterliegt deutschem Recht", muss daher in der englischen Übersetzung auf andere Übersetzungsformen zurückgreifen als in der dokumentarischen Übersetzung. Die adäquate englische Übersetzung müsste lauten: "This contract and any dispute, controversy or similar disagreement arising therefrom shall be governed by and, as the case may be, construed and interpreted in accordance with the laws of the German Republic."

Die oben genannten Übersetzungsformen reichen somit nicht aus und müssen bei der instrumentellen Übersetzung erweitert werden, damit ein Zieltext erstellt werden kann, welcher der Situation, für die er gebraucht wird, angemessen ist. Je nach Translatskopos können neben den bereits genannten auch folgende Formen zum Einsatz kommen:

- Paraphrasierende Übersetzung: Hier geht es darum, einen im Ausgangstext dargestellten Sachverhalt zu umschreiben bzw. mit einer Erklärung zu versehen, um ihn so dem Wissensstand, kulturellen Hintergrund und der Situation der Rezipientin angemessen zu vermitteln. Wie ausführlich diese Ergänzung und welcher Art die Ergänzung ist, hängt immer von der Funktion des Zieltextes ab.

- Adaptierende Übersetzung: Hier wird ein kulturspezifischer Sachverhalt im Ausgangstext an die Zielkultur angepasst, indem er durch einen Sachverhalt der Zielkultur ersetzt wird.

- Auslassung: Es kann vorkommen, dass bestimmte Informationen für Zieltextrezipientinnen nicht relevant sind; in diesen Fällen besteht die Möglichkeit, diese Informationen nicht in den Zieltext zu übernehmen.

Zur besseren Veranschaulichung wird im Folgenden eine Übersetzung analysiert, die sich *nicht* an die instrumentellen Maßstäbe für eine kommunikative Übersetzung hält. Es handelt sich hierbei um die vergleichende Darstellung der Aufzucht von Wachteln. Die Funktion einer Produktbeschreibung im Allgemeinen ist einerseits informativ (sie beschreibt die Unterschiede zwischen den Aufzuchtmethoden), andererseits natürlich auch appellativ (sie soll zum Kauf des Qualitätsproduktes anregen).

Französischer Originaltext:

Comparatif

Notre production
Mode d'élevage   Mode d'élevage
- **au sol sur une litière de paille**   - **en batterie sur grillage**
- croissance plus lente   - croissance rapide
- coût d'élevage plus élevé   - risque de blessure au bréchet
                                             - pas de développement des
                                               muscles
                                               coût d'élevage moins élevé

- **finition alimentaire avec du**   - **aliment du commerce,**
blé, de l'orge, des pois, du soja   **produits de substitution**

mélangée et broyé sur le site   (farine de viande, de poisson
                                             etc.)

Abattage: (6 à 7 semaines)   Abattage: (4 à 5 semaines)
Les cailles sont étouffées, d'où
un léger goût de venaison
- plumage à sec   - plumage à l'eau
(trempage dans la cire)   (passage en échaudoir)
- pas d'exsudat   - saignage obligatoire
- pores de la peau non dilates   - dilatation de la peau
- meilleure qualité   - D.L.C. et qualité moindre
- D.L.C. plus longue
- finition à la main   - mécanisation presque
                                               totale

Instrumentelle deutsche Übersetzung:

Wie werden die Wachteln gehalten und gefüttert?
Unsere Tiere werden in Bodenhaltung auf Stroh aufgezogen. Ihr Futter
besteht aus einem Gemisch von Weizen, Gerste, Erbsen und Sojaschrot,
das vor Ort gemahlen wird.

Wie kommt Ihre Wachtel auf den Tisch?
Nach einer artgerechten Aufzuchtdauer von 6–7 Wochen erfolgt die
schonende Schlachtung der Tiere, die händisch verkaufsfertig gemacht
werden.

Welche Vorteile ergeben sich daraus für die Konsumenten?
Durch die längere Aufzuchtdauer, die natürliche Fütterung sowie die
nicht-industrielle Schlachtung der Tiere kann die beste Fleischqualität
garantiert werden, der zarte Wildbretgeschmack wird erhalten, und die
Wachteln bleiben länger frisch.

Der französische Text arbeitet mit einer Gegenüberstellung der verschiedenen Züchtungs- und Schlachtungsmethoden. Dabei werden stichwortartige
Schilderungen der Massentierhaltung und der Schlachtung präsentiert. Hier
manifestieren sich kulturspezifische Unterschiede in der Erwartungshaltung
der Reziptientinnen. Konsumentinnen im deutschsprachigen Raum sind viel
stärker als in Frankreich für ökologische und artgerechte Tierhaltung
sensibilisiert. Praktiken der Aufzucht, wie etwa das Stopfen von Enten und
Gänsen, um die als Delikatesse bekannte Stopfleber (foie gras) zu erhalten,
werden weitaus kritischer und häufig als Tierquälerei gesehen. In Frankreich
wird der Diskurs hingegen sehr stark vom Geschmack des Produktes
geprägt. Die detaillierte Darstellung der Schlachtung, auch der artgerechten
(„ersticken"), wirkt auf deutschsprachige Leserinnen wohl eher abstoßend
und regt nicht zum Kauf an. Die Funktion des Textes ist es, durch eine
positive Information über das eigene Produkt, Konsumentinnen zum Kauf

zu animieren bzw. ihnen ein gutes Gefühl zu geben, ein artgerecht gehaltenes und schonend geschlachtetes Geflügel gekauft zu haben. In der Übersetzung wurde daher der Ausgangstext als Instrument zur Erreichung dieses Ziels betrachtet. Die negative und detaillierte Auflistung der Massentierhaltung und der mechanischen Schlachtung wurde gänzlich gestrichen, stattdessen konzentriert sich der Zieltext auf die positiven Aspekte des zu verkaufenden Produkts. Diese werden nicht stichwortartig aufgelistet – sondern übersichtlich in drei Abschnitte gegliedert, die mit in Frageform gestalteten Überschriften eingeleitet werden. Die Sachinformation wird dabei möglichst ‚positiv' formuliert (artgerecht, schonend, natürliche Fütterung etc.), um so die gewünschte Funktion der Übersetzung zu erreichen.

7.3 Zusammenfassung

Die Tatsache, dass Translation nicht vom Textmaterial allein abhängt, sondern von der Kommunikationssituation, in der der Text steht, bedeutet, dass die Verwendungszusammenhänge des Translats genau spezifiziert werden müssen. Die dabei relevanten ökonomisch-praktischen und zieltextspezifischen Parameter müssen der Translatorin bekannt sein, damit sie ein kommunikativ adäquates Translat produzieren kann. Die Auftragsspezifikation steht daher ganz am Beginn translatorischen Handelns. Erst nach Klärung der auftragsbezogenen Daten – sei es durch Analyse oder Rückfragen bei der Auftraggeberin – kann die Translatorin die übersetzungsstrategischen Entscheidungen planen. Dabei stehen ihr grundsätzlich zwei Translationstypen zur Verfügung: die dokumentarische und die instrumentelle Translation. Welcher Typ und welche Translationsformen (von der Wort-für-Wort-Translation bis hin zur Auslassung) gewählt werden, hängt von dem im Auftrag festgelegten Translatskopos ab.

Quellen und weiterführende Literatur:

Nord, Christiane. 1988. *Textanalyse und Übersetzen. Theoretische Grundlagen, Methode und didaktische Anwendung einer übersetzungsrelevanten Textanalyse.* Heidelberg: Groos.

Nord, Christiane. 2002. *Fertigkeit Übersetzen. Ein Selbstlernkurs zum Übersetzenlernen und Übersetzenlehren.* Alicante: Editorial Club Universitario.

ÖNORM D 1200. 2000. *Dienstleistungen – Übersetzen und Dolmetschen: Übersetzungsleistungen. Anforderungen an die Dienstleistung und an die Bereitstellung der Dienstleistung.*

Schitegg, Wolfgang. 2002. „Die beruflichen Haftungsrisiken von Übersetzern und Dolmetschern und Absicherungsvarianten." In: *Mitteilungsblatt der Universitas* 5/2, S. 11-13.

8 Translation als Analyse- und Entscheidungsprozess

Translatorische Arbeit vollzieht sich im Dienste der Verständigung. Es geht vor allem darum, die Verständigung zwischen den Ausgangstextproduzentinnen und den Zieltextrezipientinnen zu ermöglichen. *Verstehen* kann dabei als Prozess charakterisiert werden, an dem mehrere Personen beteiligt sind. Erfolgreiches translatorisches Handeln setzt daher voraus, dass der Standpunkt und die Situation der jeweiligen Kommunikationspartnerinnen berücksichtigt werden.

In diesem Kapitel werden wir uns näher mit dem Verstehensprozess auseinandersetzen und mit der zentralen Rolle der Translatorin im Translationsprozess beschäftigen. Denn Translatorinnen müssen selbst zunächst den Text verstehen, den sie übersetzen oder dolmetschen sollen, bevor sie ihn für andere verständlich machen können. Wir werden uns daher zunächst mit folgenden Fragen auseinandersetzen:

- Was heißt überhaupt *Verstehen* und der damit zusammenhängende Begriff der *Verständlichkeit*?
- Wann hat man einen Text *genug verstanden*, um ihn übersetzen oder dolmetschen zu können?
- Wie stellt man fest, *ob* man genug verstanden hat?
- Was tut man, wenn man *nicht genug* verstanden hat?
- Wie kann man nun einen Text *translationsrelevant* analysieren?

Die Antworten auf diese Fragen sind wichtig, weil sie einen übersichtlichen Handlungsrahmen abstecken, in dem wir *zielgerecht* unseren eigenen Verstehensprozess lenken und kontrollieren können. Sie sind aber auch deswegen wichtig, weil sie die Basis für eine Reihe von translatorisch relevanten Entscheidungen liefern wie z.B. sprachliche und textgestalterische Entscheidungen sowie Entscheidungen bzgl. der Rechercheerfordernisse, des Zeitmanagements und des Arbeitsaufwands. Um sinnvolle Entscheidungen treffen zu können, braucht man *relevante* Information. Wir werden daher auch den Zusammenhang zwischen dem Verstehensprozess der Translatorin, also der *translationsrelevanten* Textanalyse und ihren allgemeinen und spezifischen Entscheidungen diskutieren und daraus einige Schlussfolgerungen für die praktische Translationstätigkeit ziehen.

Der Translationsprozess verlangt ständig Entscheidungen: sprachliche, textuelle, ethische etc. Sinnvolle, zielgerechte und *bewusste* Entscheidungen können nur auf der Basis *relevanter* Information getroffen werden. Die *translationsrelevante* Textanalyse liefert essentielle Informationen für diesen translatorischen Entscheidungsprozess.

8.1 Verstehen und Verständlichkeit

Translatorinnen haben mit Texten zu tun, sie stellen Texte mit einem bestimmten Kommunikationsziel für eine bestimmte Zielgruppe her. Wir haben bisher gesehen, dass Texte nicht an sich, sondern nur *für jemanden* Bedeutung haben. Bevor Übersetzerinnen und Dolmetscherinnen schriftliche und mündliche Texte produzieren, müssen sie diese selbst verstehen. Dies tun sie dabei nicht nur aus ihrer persönlichen Perspektive, sondern immer mit Blick auf die Adressatinnengruppe. Bestimmte Merkmale im Text können das Verstehen dabei steuern, wie z.B. Textsortenkonventionen, die Erwartungen über Inhalt und Form eines Textes wecken. Nicht zuletzt tragen diese Erwartungen dazu bei, wie wir etwas verstehen. Der Verstehensprozess umfasst jedoch noch viel mehr; ebenso wie ein Text nicht nur auf seine wahrnehmbaren Zeichen reduziert werden kann, erfolgt Verstehen nicht allein auf der Grundlage eines sichtbaren bzw. hörbaren Textes, sondern immer in einer konkreten Situation und einer konkreten Kultur.

Wie wir einen Text verstehen, hängt also von vielen Faktoren ab, die über den Text hinausgehen. Erinnern wir uns an das Beispiel des Vortrags einer österreichischen Historikerin zum Thema Vergangenheitsbewältigung vor Studierenden der Universität Sarajevo (Kapitel 4.4.3). Die vier Seiten der Nachricht – der Sachinhalt, die Selbstoffenbarung, der Beziehungsaspekt und der Appell – können je nach soziokulturellem Hintergrund anders wahrgenommen werden. Die Dolmetscherin gab in der Folge auch nicht die Textoberfläche, d.h. das Gesagte, sondern das Gemeinte wieder; sie interpretierte, was die Rednerin sagen wollte und formulierte es unter Berücksichtigung des Erfahrungs- und Wissenshintergrundes der Zuhörerinnen entsprechend. Einen Text verstehen bedeutet daher, hinter die Oberfläche zu blicken und den Sinn des Textes freizulegen, indem man ihn interpretiert.

Wir alle wissen, dass es bereits in einer Sprache zu Missverständnissen kommen kann. „Das habe ich nicht so gemeint." „Das wollte ich damit nicht gesagt haben." Solche Sätze haben alle von uns schon gehört bzw. selbst gesagt. Wir meinen, uns klar auszudrücken, und doch kommt das Gesagte anders bei der Adressatin an, als wir es gemeint haben. In der Translation werden die Verstehensvoraussetzungen nun noch komplexer, da zwei Sprachen, zwei Situationen und zwei Kulturen involviert sind.

Verstehen ist somit immer ein Prozess, an dem mehrere Personen beteiligt sind; Translatorinnen brauchen daher eine komplexe Verstehenskompetenz. Sie müssen verstehen, was die AT-Produzentin sagen wollte, sie müssen verstehen, was die Bestellerin bzw. die Auftraggeberin mit dem Translat erreichen will und sie müssen verstehen, worin das Interesse der ZT-Adressatinnen besteht. Um diese komplexen Verstehensvoraussetzungen zu erfüllen, braucht die Translatorin genaue Kenntnisse über den Standpunkt und die Situation der Beteiligten.

Um Kommunikation erfolgreich zu gestalten, müssen die pragmatischen Kriterien berücksichtigt werden, wie sie in Kapitel 3 beschrieben wurden. Das verständliche Formulieren orientiert sich dabei an rhetorischen und stilistischen Aspekten, die allerdings immer in Abhängigkeit von der Adressatinnengruppe definiert werden müssen.

Was heißt nun konkret Verstehen und Verständlichkeit? **Verstehen** heißt zunächst, dass der Text in gegebener Situation für die Rezipientin Sinn ergibt und richtig entschlüsselt wird. Das Verstehen kann z.B. in der mündlichen Kommunikation durch unmittelbare Reaktion auf das Gesagte als ‚geglückt' bestätigt werden. Es ist die Bestätigung, dass die Nachricht richtig verstanden wurde. Es kann aber auch signalisiert werden, dass die Nachricht nicht angekommen ist. In einer Kommunikation, in der angenommen werden kann, dass Kommunikationspartnerinnen über das gleiche Wissen verfügen, können auch unausgesprochene Gedanken funktionsgerecht nachvollzogen werden. Die genaue Benennung muss nicht immer erfolgen, man ‚versteht' einander. So wird in einer langjährigen Beziehung der Hinweis, dass es 19 Uhr 30 ist, bewirken, dass die Partnerin den Fernsehapparat einschaltet – ein ausdrücklicher Hinweis, dass gerade die tägliche Nachrichtensendung beginnt, erübrigt sich.

Der Text muss innerhalb des vorhandenen Wissens verständlich sein und Sinn ergeben. Der Austausch von Informationen enthält demzufolge auch eine ausreichende Information über die Umwelt. Der Einfluss der Umwelt auf den Menschen setzt sich aber auch aus vielen Signalen zusammen, deren Bedeutung nicht immer eindeutig ist, sondern vom Individuum bestmöglich entschlüsselt werden muss. Wenn wir zu dieser selbstverständlichen Feststellung noch die Tatsache hinzufügen, dass die Reaktionen der Menschen ihrerseits die Umwelt beeinflussen, so wird klar, dass selbst auf sehr einfa-

chen Stufen der Kommunikation dauernde und vielfältige Wechselwirkungen stattfinden, die bewusst oder unbewusst geschehen und so bestimmte
Realitäten schaffen. Je nachdem, wie diese Realitäten empfunden werden,
können sie in der Kommunikation zum Verstehen oder Nichtverstehen führen. In diesem Sinne können auch ganz einfache Texte unverständlich oder
missverständlich sein. Wenn wir auf das obige Beispiel mit der Fernsehnach-
richtensendung zurückkommen, kann derselbe Satz – „Es ist schon 19 Uhr
30" – von einer anwesenden Besucherin in verschiedenster Weise aufgefasst
werden; ein Gast könnte die Bemerkung als Aufforderung zum Gehen, als
Hinweis auf die Essenszeit, als reine Zeitangabe oder Überbrückung einer
Gesprächspause verstehen. Einem ‚verständnislosen' Text kann man keine
klare Bedeutung zuschreiben, weil die ausgedrückten Konzepte mit dem
Vorwissen der Kommunikantin nicht übereinstimmen. Denn bei jedem Wissen – sei es noch so banal – wird ein gewisses Maß an Vorwissen vorausgesetzt.

Wir sehen, dass bereits einfache Texte in der Alltagskommunikation
komplex sein können. Bei Fach- und Amtstexten ist Schwerverständlichkeit
die Regel und wird auch allgemein beklagt: Schul- und Studienbücher, Ge-
setzestexte, politische Kommentare usw. Die fehlende **Verständlichkeit** in
Texten führt im Normalfall dazu, dass das Interesse am Text verloren geht.
Wie viel ‚Verständlichkeit' muss nun ein Text besitzen, damit der Stellenwert
der Äußerungen für alle Kommunikantinnen nicht signifikant voneinander
abweicht? Kann man kommunikative Leistungen wie Verständlichkeit überhaupt messen? Für die Beantwortung dieser Fragen können Erkenntnisse
aus der Kommunikationspsychologie herangezogen werden. Die folgende
Einteilung wurde für Texte im Allgemeinen entworfen und besitzt somit sowohl für schriftliche als auch für mündliche Texte Gültigkeit. Die Einteilung
orientiert sich am Standardwerk von Langer, Schulz v. Thun und Tausch
(1981:15ff). Diese Forschergruppe hat die Verständlichkeit von einzelnen
Texten nach vier Parametern gemessen: **Einfachheit** (Gegenteil: Kompli-
ziertheit), **Gliederung-Ordnung** (Gegenteil: Unübersichtlichkeit, Zusam-
menhanglosigkeit), **Kürze-Prägnanz** (Gegenteil: Weitschweifigkeit) und
zusätzliche Stimulanz (Gegenteil: keine zusätzliche Stimulanz). Obwohl
diese Kriterien bisweilen auch kritisiert werden, sind sie als erste Orientie-
rungshilfe für translatorisches Arbeiten durchaus nützlich.

Einfachheit ist der erste ‚Verständlichmacher' und betrifft die Art der
Formulierung. Es geht dabei um Wortwahl, Satzbau und die Konkretheit der
Information. Einfachheit wird stets relativ zur Zielgruppe und Situation ver-
standen. Mit **Gliederung-Ordnung** ist der Aufbau des Gesamttextes ge-

meint: Der Text ist übersichtlich, folgt einem Gedankengang, der dem Thema und der Situation angemessen ist. Der Text unterscheidet gut das Wesentliche vom Unwesentlichen, und der rote Faden bleibt immer sichtbar. **Kürze-Prägnanz** bedeutet, dass sich der Text auf das Wesentliche konzentriert und keine Weitschweifigkeit erlaubt, die dazu führt, dass nicht weiter gelesen bzw. zugehört wird. **Zusätzliche Stimulanz** ist kommunikationspsychologisch auf der Beziehungsebene angesiedelt. Lebensnahe Beispiele und Stilmittel wie rhetorische Fragen, ungewöhnliche Formulierungen oder Bilder sprechen die Leserinnen oder Zuhörerinnen gefühlsmäßig an.

Im Folgenden sehen wir uns einen Originaltext, der durch die genannten vier Dimensionen auf (Un-)Verständlichkeit gemessen wurde, und seine optimierte Version an. Es handelt sich dabei um einen Informationstext zu Grundlagen der Sexualität (Schulz v. Thun, 1974:128).

A. Originaltext

Die neueren sozialwissenschaftlichen Theorien der Sexualität wenden sich zunächst gegen die in der älteren Soziologie vielfach vertretene Ansicht, die Sexualität des Menschen stelle ein biologisch in seinem Ablauf so gesichertes Instinktverhalten dar, daß eine Soziallehre der Geschlechtlichkeit in ihr einen präsozial weitgehend festgelegten Verhaltenskomplex einfach aufzunehmen habe oder gar von ihm soziale Beziehungen und Formen in ihrer Struktur deduzieren könne. Die moderne Anthropologie und die auf ihr aufbauenden Kulturlehren, wie sie in einigen Werken (z.B. Margaret Mead) vorliegen, sehen in der Sexualität wie in anderen biologisch bedingten Antrieben des Menschen eher weitgehend unspezialisierte Grundbedürfnisse, die gerade wegen ihrer biologischen Ungesichertheit und Plastizität der Formung und Führung durch soziale Normierung und durch Stabilisierung zu konkreten Dauerinteressen in einem kulturellen Überbau von Institutionen bedürfen, damit die Erfüllung schon des biologischen Zwecks, so im Falle der Sexualität etwa die Fortpflanzung, sichergestellt ist.

B. Optimierter Text

1. Ansicht der älteren Soziologie: Umwelt spielt keine Rolle
Die Sexualität des Menschen ist durch Instinkte festgelegt. Der Soziologe findet ein Natur-Verhalten vor. Das muß er einfach hinnehmen. Er kann sich ausrechnen, wie auf Grund dieser biologischen Gegebenheiten dann die sozialen Beziehungen zwischen Menschen (z.B. Ehe) aussehen werden.

2. Ansicht der modernen Anthropologie: Umwelt spielt entscheidende Rolle
Die Sexualität ist ein biologisches Grundbedürfnis. Es kann aber wie alle naturgegebenen Triebe auf tausend verschiedene Weisen befriedigt werden. Weil die Art der Befriedigung überhaupt nicht festgelegt ist, muß der

 Sexualtrieb durch gesellschaftliche Regeln geformt und gelenkt werden. Die Gesellschaft muß sagen: So und so ist es richtig und anständig. Und die Gesellschaft muß Einrichtungen schaffen (z.B. Ehe), in denen der Trieb dauerhaft gesichert ist. Dadurch ist dann auch die Fortpflanzung gesichert, und damit der biologische Zweck der Sexualität erfüllt.

Die Bewertung der Informationsvermittlung im optimierten Text können wir bereits nach dem ersten Lesen vornehmen: einfache Sätze, gegliedert, kurz und prägnant – ein in allen Punkten nachvollziehbarer und verständlicher Text. Die Bewertung der Verständlichkeitsgrade von Original- und optimierten Texten hat die Forschergruppe um Schulz v. Thun in ihren Experimenten in Verbindung mit bestimmten gedächtnispsychologischen Effekten durchgeführt. Vergleichbare Verbesserungen von Verständnis und Behalten konnten für verschiedene Textsorten bei Schülerinnen, Studierenden und Erwachsenen unterschiedlicher Bildungsgrade gesichert werden.

In der translatorischen Praxis haben wir es mit Texten zu tun, die vergleichbare Merkmale der (Un-)Verständlichkeit aufweisen. Eine zusätzliche Schwerverständlichkeit manifestiert sich in der Vermittlung der kulturell bedingten Phänomene der zwischenmenschlichen Kommunikation, Ausdrucksweisen, Konventionen. Translatorinnen haben es mit Texten zu tun, die in mehrfacher Weise schwer verständlich sind. Daher erscheint in der Translation die Beachtung der Kriterien der Verständlichkeit durchaus wichtig: Translatorische Arbeit vollzieht sich im Dienste der **Verständigung**.

Verständlichkeit ist auch eines der wichtigsten Kommunikationsmerkmale, die die Beziehungsebene der Nachricht anspricht. Der Kommunikationsstil kann bei Empfängerinnen inneren Widerstand auslösen: z.B. kann ein komplizierter und unverständlicher Fachtext von Empfängerinnen als Imponiergehabe der Senderin gedeutet werden. Und wir wissen, dass das Gelingen von Kommunikation maßgeblich vom Eindruck, den die Kommunizierenden bei ihren Kommunikationspartnerinnen hinterlassen, beeinflusst wird. Wir beziehen uns wieder auf die in Kapitel 3 angestellten Überlegungen zu den Kommunikationsebenen: Grundsätzlich gilt, dass die Beziehungsebene in der Kommunikation dominanter erscheint als die Inhaltsebene. Naturgemäß wird demnach in jeder Kommunikation – ob schriftlich oder mündlich – versucht, auf das Gegenüber Einfluss zu nehmen, ‚guten Eindruck‘ zu machen. Der Eindruck manifestiert sich wiederum im verbalen und nonverbalen Ausdruck, also in einer Reihe von Verhaltensäußerungen, die zum integralen Bestandteil einer jeden Kommunikation gehören, individuell zwar größtenteils gewollt und bewusst gesetzt werden, aber auch von unbewusst gesetzten Verhaltensäußerungen begleitet werden.

Die Kriterien der Verständlichkeit beziehen sich sowohl auf schriftliche als auch mündliche Texte. Zusammenfassend könnte man die Bereiche des kommunikativen Ausdrucks, die für die Beurteilung kommunikativer Leistungen eine wichtige Rolle spielen, wie folgt darstellen:

Thematische Wahrnehmung (schriftlich und mündlich):
- sachliche Verständlichkeit (Sachlichkeit des Themas)
- pragmatische Verständlichkeit (der ‚richtige' Ton)

Visuelle Wahrnehmung:
- Haltung und Auftreten
- Blickkontakt
- Mimik
- Gestik
- Raumverhalten

Auditive Wahrnehmung
- Stimmklang
- Aussprache
- Betonung

Kommunikative Aktivitäten, im Allgemeinen und in der Translation, sind individuell und variabel. Das Ergebnis translatorischer Kommunikation sollte aber stets eine Konstante aufweisen: Die kommunizierenden Personen müssen einander **umfassend verstehen** und **umfassend verstanden** werden.

> Um Texte umfassend zu verstehen, sind diese verständlich zu gestalten und in den jeweiligen Kontext zu setzen. Dies geschieht im Hintergrund eines kulturell und gesellschaftlich eingespielten Vorverständnisses, das in der vermittelten Kommunikation nicht selbstverständlich ist, sondern von der Translatorin situationsabhängig definiert wird. Die text- und situationsspezifischen sowie kulturellen Faktoren spielen dabei eine wesentliche Rolle. Sie beeinflussen den Zieltext wesentlich und können auch zu beträchtlichen Abweichungen vom Ausgangstext führen.

8.2 Verstehen als Analyseprozess

Was meinen wir, wenn wir sagen: Die Translatorin ist die zentrale Kommunikationspartnerin im translatorischen Kommunikationsprozess? Eine of-
fensichtliche Antwort wäre: Ohne Translatorin gäbe es keine Translation. Die
Frage sollte vielleicht lauten: *Wie* nimmt die Translatorin am translatorischen
Kommunikationsprozess teil? Und wie unterscheidet sich ihre Teilnahme
von der der anderen Kommunikationspartnerinnen, vor allem der Ausgangstextproduzentin und der Zieltextrezipientinnen?

Damit ein Translat zustande kommt, muss die Translatorin nicht nur den
Ausgangstext verstehen, sondern auch einen Zieltext produzieren. Mit anderen Worten, sie muss gleichzeitig als Textrezipientin und als Textproduzentin fungieren. Das bedeutet, dass der Textrezeptionsprozess und der Text-
produktionsprozess eng miteinander verknüpft sein müssen. Immerhin geht
es bei der Translation darum, aus dem Bedeutungspotenzial des Ausgangstextes durch den Zieltext einen relevanten Sinn zu vermitteln. D.h. im Akt
der Translation haben wir es immer mit *zwei Texten* zu tun: dem bereits vorliegenden Ausgangstext und dem noch nicht vorhandenen, ,virtuellen' Zieltext, der sich aber allmählich konkretisiert. Allein diese Tatsache weist
darauf hin, dass Translatorinnen einen anderen Rezeptions- und Produk-
tionszugang haben müssen als Menschen, die nur ,unilateral' mit Texten umgehen.

Einer der wesentlichen Unterschiede ist, dass der Ausgangstext eben als
*Ausgangs*text verstanden wird, als Text, von dem man *ausgeht*. Mit anderen
Worten, er wird nicht primär als eigenständiger Text verstanden, sondern in
seiner Relation zu dem Zieltext, für den er ein ,Informationsangebot' liefert.
Wie in den Kapiteln 6 und 7 besprochen, besteht eine wichtige Aufgabe der
Translatorin darin, aus diesem Informationsangebot das Relevante für die
Zieltextfunktion zu wählen und mit den Mitteln der Zielsprache auszudrü-
cken. Einige der Kriterien, die angewandt werden, um das Relevante festzu-
stellen, wurden bereits im Kapitel 7 diskutiert.

> *Translationsrelevante* Textanalyse bedeutet: den Ausgangstext in
> seiner Relation zum Zieltext zu verstehen.

Wenn wir aber das Verstehen des Ausgangstextes als von seiner Relation
zum Zieltext abhängig sehen, müssen wir uns auch fragen: Worin besteht genau die Relation zwischen Ausgangs- und Zieltext? Diese Relation gibt es
nicht an sich, sie ist kein ewiger Zustand, sondern wird *im Prozess der Transla-*

tion hergestellt. Genauer gesagt, sie findet ,im Kopf' (im Bewusstsein) der Translatorin statt.

> Die Relation zwischen Ausgangstext und Zieltext ist ein Prozess, der im Bewusstsein der Translatorin stattfindet.

Wir haben in den vorherigen Kapiteln mehrfach festgestellt, dass Texte anhand der Erfahrung oder des Weltwissens der Textrezipientinnen verstanden werden. Wir haben auch gesehen, dass diese Erfahrung kulturspezifisch interpretiert wird und das so genannte ,Weltwissen' auch kulturell geprägt ist. Texte, die auf eine Rezipientin ,treffen', die keinen Zugang zum darin dargestellten Wissen hat, werden schlichtweg nicht verstanden. Dieses Wissen, das uns ermöglicht, einen Text zu verstehen, d.h. aus dem Informationsangebot einen bestimmten Sinn zu stiften, wird in der Translationswissenschaft mit dem Wort **Präsuppositionen** bezeichnet (nach Nord 1991). Der Terminus Präsupposition (aus dem Lateinischen *prae = vorher* und *suppositio = Voraussetzung, Annahme*) wird auch in der Sprachwissenschaft und der Philosophie verwendet und bedeutet allgemein: die einem Satz, einer Aussage zugrunde liegende, als gegeben angenommene, unausgesprochene Voraussetzung.

Wir haben im Kapitel 2 gesehen, dass die kulturelle Interpretation des menschlichen Bezugs zur Welt für die jeweilige Kulturgemeinschaft so selbstverständlich ist, dass sie als normal gilt, als das, was ,jeder Mensch weiß'. Das eigene kulturgeprägte Wissen ist deswegen kein Thema, weil es die grundlegende Voraussetzung für jede Kommunikation innerhalb der eigenen Kulturgemeinschaft ist. Es ist daher auch die unausgesprochene Voraussetzung für jede sprachliche Kommunikation, wie am folgenden Beispiel illustriert werden kann. Es stammt aus einem Übersetzungsauftrag für einen Bildband über Österreich und sollte unter dem jeweiligen Bild im Buch erscheinen. Leider konnten die Bilder zum Zeitpunkt der Auftragerteilung nicht mitgeliefert werden. Die Übersetzerin konnte sich dennoch auf Grund ihres kulturspezifischen Wissens ziemlich genau vorstellen, was abgebildet wurde.

Bauernhaus mit Blumenschmuck/Tirol: Es wird hier ,im Kopf' der Übersetzerin (und wohl aller, die österreichisch enkulturiert wurden) das prototypische österreichische Bauernhaus aktiviert: alter, traditioneller Bau aus dunklem Holz, mit kleinen Fenstern. Das Wort *Bauernhaus* an sich ,bedeutet' nur: ein Haus von Bauern, und ein Bauernhaus in Österreich könnte natürlich auch eine moderne Betonkonstruktion sein. Doch mangels näherer Angaben, die das Bauernhaus genauer beschreiben, werden die prototypischen Assoziationen nicht aufgehoben oder negiert. Diese werden durch die Information, dass das Bauernhaus in Tirol ist, einem Bundesland, das auch als ‚bilderbuchartig' und ‚traditionell' rezipiert wird, sogar verstärkt. So erscheint das kulturell prototypische Bild eines *typischen* österreichischen/Tiroler Bauernhauses in unserem Kopf. Wir *verstehen* das Wort *Bauernhaus*, auf ‚österreichisch'.

Auch das Verstehen der Präposition *mit* setzt kulturspezifisches Wissen voraus: In einem Satz wie z.B. *Bauernhaus mit Kühen* würden wir das Wort *mit* ganz anders interpretieren. In diesem Fall würden wir annehmen, dass die Kühe vor oder neben dem Haus stehen oder liegen. Bei *Bauernhaus mit Blumenschmuck* allerdings verstehen wir etwas ganz anderes, und zwar deswegen, weil wir auch wissen, was mit *Blumenschmuck* gemeint ist. Das bereits aktivierte Bild eines typischen Bauernhauses legt sofort nahe, dass der Blumen*schmuck* in Blumenkästchen an den Fenstern bzw. dem Balkon angebracht ist und dass vielleicht auch ein paar Blumentöpfe mit bunten Blumen vor der Tür stehen. Wir haben auf jeden Fall ein ziemlich genaues Bild des Bauernhauses und des Blumenschmucks, inklusive der Position und Farben der Blumen (wahrscheinlich rote Pelargonien) vor Augen. Diese Bilder, unsere unhinterfragte, selbstverständliche und automatische *Interpretation* des Satzes, hängen nicht von den Wörtern selbst ab, sondern von unserem Wissen, was mit den Wörtern *gemeint* ist, worauf sie sich in unserem Kulturkreis beziehen. (Dies haben wir im Kapitel 2 als *Referenz* bezeichnet.)

Wie Sie sehen, ist es ziemlich aufwändig, die Präsuppositionen hinter nur einem kurzen Satz zu identifizieren und sprachlich zu formulieren. Wir haben mehrere Sätze gebraucht, um die Präsuppositionen hinter drei Wörtern zu artikulieren. Präsuppositionen sind aber immer am Werk, wenn wir einen Text verstehen.

Bei der Translation geht es darum, ein bestimmtes kulturell geprägtes und sprachlich formuliertes Wissen so auszudrücken, dass Menschen mit einem anderen Weltwissen trotzdem dazu Zugang finden. Es geht also darum, eine Schnittstelle zwischen zwei kulturell geprägten Arten von Wissen zu finden, damit eine in die andere ‚umgewandelt' werden kann. Dies ist die Aufgabe der Translatorin und geschieht im Prozess der Translation. Aber wie?

Grundsätzlich erfolgt die Schaffung einer Wissensschnittstelle durch die Aktivierung und Explizitmachung derjenigen Präsuppositionen des Ausgangstextes, die für den Translationsskopos relevant sind. Beim oben zitierten Translationsauftrag handelt es sich um einen Bildband über Österreich. Die Bildtexte im Ausgangstext dienen hauptsächlich dazu, die Botschaft der Bilder zu wiederholen. Beim *Bauernhaus mit Blumenschmuck* sagt der deutsche Text nichts Neues über das Bild aus: Das Typische wird sofort am Bild erkannt und auch durch den Bildtext *implizit* verstärkt. Die Übersetzung in eine andere Sprache hingegen ändert die Funktion des Bildtextes. Die Zieltextrezipientinnen kennen das prototypische Tiroler Bauernhaus nicht und brauchen daher einen *expliziten* Zusammenhang zwischen Bild und Bildtext, wie z.B. für die englische Übersetzung, *Typical wooden farmhouse in the Tyrol*. Die Blumen, die für die Ausgangstextrezipientinnen zu den Merkmalen eines prototypischen Tiroler Bauernhauses gehören, müssen in diesem Fall nicht explizit erwähnt werden, weil sie am Bild zu sehen sind und ihre Erwähnung die Aufmerksamkeit der Leserinnen auf einen anderen Fokus als den intendierten lenken würde. Eine ‚wörtliche‘ Übersetzung, wie etwa *Farmhouse decorated with flowers*, würde den Eindruck vermitteln, dass die Blumen etwas Außergewöhnliches seien, dass das Haus für einen bestimmten Anlass ‚geschmückt‘ worden und dass dies die Aussage des Bildes sei. Es gilt, die Präsuppositionen, die das Verstehen des Ausgangstextes ermöglichen, mit den Präsuppositionen der Zieltextrezipientinnen zu vergleichen, vorhandene Diskrepanzen zu identifizieren und je nach Zieltextfunktion diejenigen Wissenselemente in der Zielsprache auszudrücken, die die ausgangstextlichen Präsuppositionen darstellen.

Translationsrelevante Textanalyse bedeutet auch: die kulturellen Präsuppositionen des Ausgangstextes zu erkennen und mit dem kulturgeprägten Weltwissen der intendierten Zieltextrezipientinnen zu vergleichen.

Die erste der eingangs gestellten Fragen können wir bereits beantworten: Man hat genug verstanden, um einen Text zu übersetzen, wenn man die ausgangskulturellen Präsuppositionen identifizieren kann und diese mit dem Wissen der Zieltextrezipientinnen bezüglich des im Ausgangstext thematisierten Sachverhalts vergleichen kann; die Ergebnisse dieses Vergleichs können anhand der Erfordernisse des Skopos bewertet werden.

8.3 Verstehen als Entscheidungsprozess

Wie stellt man denn fest, ob man die ‚richtigen‘ Präsuppositionen identifiziert hat? Wie bei fast allen Aspekten des translatorischen Handelns, gibt es keine fixen Regeln dafür, was ‚richtig‘ ist und was nicht. Das Richtige, bzw. Adäquate, hängt *immer* von der einzelnen Translationssituation ab: vom Skopos, von der Intention der Ausgangstextproduzentin, vom Profil der Zieltextrezipientinnen etc. *Translationsrelevantes* Verstehen ist in diesem Sinne nicht vorhersehbar und auch nicht voraussagbar. Im Klartext: Es gibt keine Regeln, die man auswendig lernen kann und die für jeden Text gültig sind. Jede Translatorin muss in jeder neuen Translationssituation selber feststellen, ob sie *für den spezifischen Fall* genug verstanden hat. Das ist einer der Gründe, warum Translation ein so komplexer Vorgang ist. Es ist auch der Grund, warum Translation so spannend ist: Jeder Text ist neu und einmalig, und jede Translationssituation erfordert eine neue und einmalige Anwendung der translatorischen Expertise. (Und *das* ist übrigens auch der Grund, warum Computer nicht übersetzen können: Sie können immer nur von bekannten Problemen ausgehen, deren Lösung auch schon bekannt und eingegeben worden ist.) Was aber Translation auch *lernbar* und *steuerbar* macht, ist die Tatsache, dass es sehr wohl Anhaltspunkte gibt, die man anwenden kann, um den Verstehensprozess und den Verstehensgrad zu kontrollieren und zu systematisieren.

Wir haben bereits mehrmals festgestellt, dass das Verstehen einer sprachlichen Mitteilung davon abhängt, ob man Erfahrung mit dem thematisierten Sachverhalt (Realitätsausschnitt) hat und diese Erfahrung in Zusammenhang mit der Interpretation und Benennung einer bestimmten Kultur- und Sprachgemeinschaft erlebt hat. Im Kapitel 2 z.B. müsste man das abgebildete Nagetier ‚auf Deutsch' erlebt haben, um zu wissen, dass es ein Hase ‚ist'. Oder genauer gesagt, um zu wissen, dass es im Deutschen so interpretiert und benannt wird und auch, welche Emotionen und Assoziationen durch dieses Wort geweckt werden. Um nun einen Text oder eine Textstelle *translationsrelevant* zu verstehen, müssen wir den jeweiligen Realitätsausschnitt *auch* aus der Perspektive der Zielsprache bzw. Zieltextrezipientinnen ‚erfahren'. Das heißt, wir müssen den Sachverhalt gleichzeitig sowohl aus der ausgangskulturellen Perspektive als auch aus der zielkulturellen Perspektive erleben, interpretieren und benennen können. Denn nur so können wir die Präsuppositionen vergleichen und die entsprechenden sprachlichen und textuellen Entscheidungen treffen.

Wie bereits im Kapitel 2 kurz dargestellt, erfolgt diese doppelgleisige Referenzbestimmung grundsätzlich durch die Methode der *kritischen Auseinandersetzung* mit beiden Erfahrungen des Realitätsausschnitts, und zwar über den Weg der *Analyse* und der *Selektion*. Jede Sprache thematisiert bestimmte Aspekte der ‚selben' Realität als relevant. Die zwei Interpretationen werden einem *Vergleich* unterzogen, indem analysiert wird, welche Aspekte dieser Realität thematisiert werden und welche nicht. Es geht also darum, was z.B. der Ausgangstext über den jeweiligen Sachverhalt ‚sagt' (d.h. für relevant hält), das die Zielsprache nicht sagt und auch, was der Ausgangstext *nicht* sagt, das die Zielsprache sagt und *vice versa*.

Ob z.B. ein fließendes Gewässer als *Strom, Fluss, Bach* oder *river, stream, torrent, brook, brooklet, fleuve, rivière, struja, rijeka, potok, поток, река, ручей* etc. bezeichnet wird, hängt nicht von seinem tatsächlichen, real gegebenen ‚objektiven' Seinszustand, sondern davon ab, welche Merkmale des Phänomens das Deutsche bzw. das Englische, Französische, Bosnische oder Russische als relevant erachtet: Größe, Länge, Breite, Schnelligkeit, Beschaffenheit der umliegenden Landschaft, ob das Gewässer ins Meer mündet usw. Es sind die kulturell oder diskursiv relevanten Merkmale des ‚tatsächlichen' Objektes, d.h. die kulturspezifische Interpretation der objektiven Realität, die bestimmen, wie auf den Sachverhalt Bezug genommen wird. Die banale Beobachtung naiver Fremdsprachenlernender „Sie sehen das anders" ist für die Praxis der Translation von grundlegender Bedeutung.

Im Zuge dieses Analyseprozesses muss die Translatorin sich *bewusst* von den Interpretationskonventionen der jeweiligen Sprachen distanzieren können, damit die jeweiligen Präsuppositionen hervortreten. Dies geschieht dadurch, dass sie tatsächlich jede Interpretation aus der Perspektive der anderen Kultur ‚sieht'. Wie am etwas pointierten Beispiel des ‚europäischen way of life' in Kapitel 2 dargestellt, werden durch einen Perspektivenwechsel Merkmale und Aspekte evident, die vorher verborgen blieben. Wie weiters in Kapitel 2 besprochen, überlagert die Sprache (und daher die kulturelle Interpretation) unseren unmittelbaren Bezug zur Welt. Das Natürliche wird zum Kulturellen und Sprachlichen, und zwar in dem Maße, dass das Kulturelle und sprachlich Formulierte uns als ‚natürlich' erscheint und unsere Wahrnehmung in einem solchen Ausmaß prägt, dass sie als ‚selbstverständlich' gelten und so ‚naturalisiert' werden. Um sich distanzieren zu können, muss die Translatorin die jeweiligen Interpretationen und Benennungen ‚ent-naturalisieren' und den Sachverhalt wirklich ‚mit fremden Augen' d.h. den Augen der anderen Kultur oder Sprache sehen. Man könnte sagen, sie muss die unterschiedlichen Perspektiven des Sachverhalts im wahrsten Sinne *verfremden*. Diese **Verfremdung** findet eben durch den bewussten, analytischen und kritischen Vergleich zweier Realitätsinterpretationen miteinander statt.

Ohne Verfremdung ist es der Translatorin nicht möglich, sich kritisch mit den Interpretations- und Benennungskonventionen der beiden Kulturen und Sprachen auseinander zu setzen und zu entscheiden, auf welche Weise auf den Sachverhalt in der Zielsprache Bezug genommen werden soll. Diese

Phase des Verstehensprozesses impliziert bereits Entscheidungen darüber, was für den Zieltext als relevant gelten könnte oder sollte.

Wir können anhand des folgenden Beispiels einen einfachen Verfremdungsprozess durchführen. Es handelt sich wieder um einen Satz aus dem oben zitierten Übersetzungsauftrag für einen Bildband über Österreich, der ins Englische (als ‚globale Sprache') übersetzt werden soll. Die Zieltextrezipientinnen sind wieder Menschen, die wenig Wissen über Österreich besitzen und aus Ländern kommen, die eine ganz andere Landschaft als Österreich aufweisen.

 Kühe auf der Alm/Tirol

Analyse 1:   Wie ‚sieht's' (was weiß/weiß nicht) die Zielgruppe

- Was ist *Alm*? Wie sieht sie aus?
- Was ist *Tirol*? Wie sieht es aus?
- Was ist das Verhältnis zwischen *Alm* und *Tirol*?
- Unter Umständen: welche Art von Kuh? (wenn die Zieltextrezipientinnen aus Kulturen kommen, z.B. Indien, in denen Kühe differenzierter wahrgenommen werden als in Österreich)

Die Antworten auf diese Frage sind für österreichisch enkulturierte Menschen entweder selbstverständlich (das weiß doch jeder) oder irrelevant (Kühe sind eben Kühe). Ein Blick durch ‚fremde Augen' macht aber klar, dass unserem Verstehen dieses Textes sehr kulturspezifische Präsuppositionen zugrunde liegen.

Analyse 2:   Wie ‚sieht's' (was weiß/weiß nicht) die Ausgangskultur

- *Alm* ist eine Weide im Mittel- und Hochgebirge, die in den Sommermonaten vorwiegend als Kuhweide benützt wird. Die Sennerin wohnt auf der Alm in einer Almhütte. Diese Behausung ist meist sehr einfach; es wird dort auch oft Brot, Milch und Butter verkauft. Die Assoziationen sind meist positiv: traditionell, pittoresk, frische Luft, blauer Himmel etc.
- *Tirol* ist ein Bundesland, ein beliebtes Urlaubsziel, gebirgig, schön, da noch weitgehend unberührt.
- Es ist ‚offensichtlich', dass es viele Almen in Tirol gibt; der Schrägstrich bedeutet offensichtlich ‚in'.

- Man fragt sich nicht, wie die Kühe aussehen, bzw. man stellt sich typische ‚österreichische' Kühe vor, die für die ausgangskulturellen Rezipientinnen die Norm darstellen und daher nicht thematisierungswürdig sind.

Durch das Auflisten der Merkmale der jeweiligen Begriffe wird klar, auf der Basis welcher Präsuppositionen der Text für österreichisch enkulturierte Leserinnen verständlich ist.

Analyse 3: Was ist für den Skopos relevant?

- Österreich als attraktiv darzustellen
- Das Typische der österreichischen Landschaft zu zeigen
- Kohärenz zwischen Bild und Text herzustellen
- Dabei aber das Bild als Fokus der Aufmerksamkeit zu belassen
- Was impliziert, dass der Text nicht negativ *auffallen* sollte, z.B. durch die Aktivierung von Wissensdefiziten oder unbeantworteten Fragen bei der Zielgruppe

Damit ein adäquates Translat zustande kommt, muss die Translatorin anhand der Divergenzen in den ausgangskulturellen und zielkulturellen Präsuppositionen entscheiden, welche Begriffsmerkmale dazu dienen, dem Skopos gerecht zu werden. Es muss eine *Selektion* der Merkmale (in der Terminologie von Kapitel 2, eine Selektion der Realitätsbezüge auf den Sachverhalt) stattfinden. In diesem Fall wären z.B. die Merkmale Weide, Hochgebirge, schöne Landschaft für die Zielgruppe relevant. Eine Beschreibung der Kühe hingegen würde von der Intention des Bildes ablenken, ebenso wie ausführliche Angaben zum Land Tirol. Bei der Auswahl und sprachlichen Formulierung der Begriffsmerkmale wäre in diesem spezifischen Fall auch die Textlänge zu beachten: Da diese sehr begrenzt ist, muss die Translatorin eine sehr stringente Auswahl treffen.

Der Prozess der Verfremdung erfordert von der Translatorin, dass sie in der Lage ist, die Merkmale der jeweiligen Begriffe zu identifizieren. Falls sie das nicht kann, kann weder Verfremdung noch die Selektion der für den Zieltext relevanten Realitätsbezüge stattfinden. Die Verfremdung deckt auch auf, was die Translatorin über die ausgangskulturellen Begriffe weiß, ob sie *genug* weiß für den Translationszweck und wo eventuelle Wissensdefizite *in Bezug auf den konkreten Translationsauftrag* vorhanden sind. Der Prozess der Verfremdung steckt einen Analyserahmen ab, in dem das Maß an Verstehen, Entscheiden und Recherchieren, um Wissensdefizite zu füllen, relativ und adäquat zum Zweck definiert werden kann.

Die Antwort auf die Frage: Woher weiß man, ob man die ‚richtigen' Präsuppositionen erkannt hat? lautet: Wenn man in der Lage ist, das dem Verstehen des Ausgangstextes zugrunde liegende Wissen mit dem der Zielgruppe zu vergleichen und in Relation zum Skopos zu bewerten.

8.4 Problemerkennung

Während die Erkennung von Präsuppositionen eine wesentliche Komponente der *translationsrelevanten* Textanalyse darstellt, besteht das Verstehen
im Kontext der Translation auch in der Erkennung anderer Aspekte der
Textualität, die in der monolingualen Textrezeption von geringer bis gar keiner Bedeutung sind. Es handelt sich dabei wieder um das Verstehen des Ausgangstextes als Text, der als *Ausgang* für die Produktion eines neuen Textes
dient. Mit anderen Worten, es geht wieder um ein Verstehen im Hinblick auf
den noch virtuellen Zieltext und um den Vergleich der im Ausgangstext
sprachlich realisierten und im Zieltext sprachlich realisierbaren Information.

Das folgende Textbeispiel (wieder aus dem Bildband über Österreich) erscheint auf den ersten Blick im monolingualen Kontext völlig verständlich
und problemlos. Erst wenn es darum geht, die Bildtexte in eine andere Sprache zu übertragen – und zwar so, dass sie auch zum jeweiligen Bild passen
(das beim spezifischen Auftrag der Translatorin nicht zur Verfügung stand)
–, werden Probleme sichtbar:

> Berggipfel/Salzburg
> Laterne bei der Hofburg
> Kirche, Penzelberg/Tirol
> Gletscher im Gegenlicht

Probleme:

Ist das Wort *Berggipfel* in der Einzahl oder Mehrzahl?

Wie sieht die *Laterne* denn wirklich aus? In anderen Sprachen gibt es je
nach Material, ob die Laterne an der Wand fixiert ist oder alleine steht, wie
groß oder wie klein sie ist, eine andere Bezeichnung dafür.

Wo genau ist *bei* der Hofburg? Andere Sprachen brauchen unter Umständen genauere Präpositionen, um diese im Deutschen sehr unpräzise Ortsan-
gabe auszudrücken.

Was ist *Penzelberg* – ein Ort, ein Berg? Falls ein Berg, wie hoch? Denn andere Sprachen unterscheiden lexikalisch, ob eine Erhebung mittelhoch oder
sehr hoch ist.

Wie viele *Gletscher* gibt es? Einen, oder mehrere?

Wird *Gegenlicht* hier wirklich als Fachterminus aus der Photographie verwendet, oder soll das Wort nur eine romantische Stimmung hervorrufen?

Dies sind nur einige wenige Probleme, die gelöst werden müssen, bevor man behaupten kann, den Text *translationsadäquat* verstanden zu haben. Wie wir bereits gesehen haben, sind Probleme nicht *im* Text an sich vorhanden, sondern *ergeben sich* aus dem Verhältnis zum intendierten Zieltext. Probleme zu *erkennen* impliziert natürlich auch, dass man sich auch deren Lösungsmöglichkeiten bewusst ist: Für Laien sind alle Texte bekanntlich ‚leicht zu übersetzen', eben weil sie nicht wissen, welche begrifflichen Diskrepanzen es zwischen den jeweiligen Sprachen geben kann. Sie haben kein *Problembewusstsein*: Problembewusstsein ist eben eines der wesentlichen Merkmale von Expertinnenwissen.

Die Antwort auf die Frage: Wie stellt man fest, ob man genug verstanden hat? können wir jetzt auch durch einen letzten Schritt ergänzen. Wir haben bereits gesagt, dass man nur übersetzen oder dolmetschen kann, was man selber versteht. Verstehen, wie wir auch gesehen haben, bedeutet: den Sachverhalt aus einer bestimmten, für den Kommunikationszweck relevanten Perspektive zu erleben. Und wenn man diesen Sachverhalt ‚richtig' erlebt, d.h. wirklich be-greifen kann, hat man auch die Begriffe und die damit zusammenhängenden Wörter zur Verfügung. Das Paraphrasieren, d.h. die Textbotschaft mit anderen Worten auszudrücken (z.B. in der Ausgangssprache) – immer im Hinblick auf den Translationszweck – ist die letzte Kontrolle dafür, ob der Text adäquat verstanden worden ist. Translation bedeutet immerhin auch ‚nur', etwas mit anderen Worten zu sagen – allerdings in einer anderen Sprache. Wenn das Paraphrasieren nicht klappt, dann deswegen, weil man buchstäblich nicht weiß, was man sagen will oder soll. In diesem Fall müssen die bereits besprochenen Analyseschritte wiederholt werden, um weitere Zusammenhänge zu identifizieren und dadurch den Sinn enger zu definieren.

Checkliste für das translationsrelevante Verstehen:

Präsuppositionen erkennen

Analyse und Vergleich durch Verfremdung

Probleme identifizieren

Vergleichen mit Zieltextvorgaben

Paraphrasieren

8.5 Recherche und Dokumentation

Wir kommen jetzt zu einem weiteren Aspekt der eingangs gestellten Frage: Was tun, wenn man eigene Wissensdefizite in Bezug auf Ausgangs- und Zieltext feststellt? Diese werden evident, wenn der Verfremdungsprozess aufzeigt, dass die jeweiligen Begriffsmerkmale nicht analysiert werden können oder wenn im Zuge des Paraphrasierens festgestellt wird, dass man nicht genau erklären kann, worum es geht. Die **Identifikation** von **Wissensdefiziten** ist ein **essentieller** und **unverzichtbarer Teil** des **Translationsprozesses**. Da, wie bereits betont, jeder Text und jede Translationssituation neu und einmalig ist, ist davon auszugehen, dass die Translatorin jedes Mal zur Bewältigung der Translationsaufgabe neues Wissen in irgendeiner Form benötigen wird. Niemand kann von vornherein alles wissen, was für jeden Translationsauftrag nötig wird. Dies ist allein deswegen nicht möglich, weil vieles nicht vorhersehbar ist: die Konstellation von Text, Intention der Ausgangstextproduzentin, Profil der Zielgruppe, Translationsfunktion, soziopolitischer Kontext, in dem die Translation stattfindet; und nicht zuletzt das subjektive Wissen und Befinden der Translatorin. Es ist auch deswegen nicht möglich, weil die Welt sich ständig ändert, neue technologische und gesellschaftliche Entwicklungen stattfinden und neue Kenntnisse und Erkenntnisse kommuniziert werden. Translation beschäftigt sich nie mit konstanten Gegebenheiten, sondern hat immer eine neue, nicht voraussagbare Dimension. Das ‚Auffüllen' von Wissensdefiziten gehört also zum translatorischen Alltag. Wie macht man das?

   Grundsätzlich gilt: Man macht so viel wie nötig und so wenig wie möglich. Wie oben dargestellt, wird anhand der Textanalyse- und Verstehensschritte festgestellt, wieviel nötig ist:

> Den für ein ausreichendes Textverstehen nötigen Recherchierbedarf zu erkennen, ist ein wichtiger Teil professioneller Kompetenz. Voraussetzung dafür ist jedoch, dass Textverstehen und Recherchieren eng aufeinander bezogen werden. (Hönig 1998:160)

Diese Schritte zeigen auch auf, *was* man noch wissen muss. Quellen für die Aneignung dieses Wissens sind z.B. Wörterbücher, Texte zur selben Thematik in der Ausgangs- und Zielsprache (so genannte *Paralleltexte*), das Internet und auch ‚humane Quellen', wie z.B. Expertinnen auf dem jeweiligen Fachgebiet. Bei allen Informationsquellen gilt es aber, Fragen so zu stellen, dass man *relevante* Information bekommt, d.h. **relevant für den Translationszweck**. Ein wichtiger Teil der translatorischen Rechercheexpertise besteht darin, *translationsrelevante* Fragen zu formulieren, sowohl für sich selbst, wenn es sich um das Konsultieren von Wörterbüchern oder Paralleltexten handelt, oder an andere Menschen, die nicht wissen können, welche Informationen *translationsrelevant* sind.

Translationsrelevante Information ist also Information, die dazu dient, die Wissensdefizite, die im Zuge des Translationsprozesses zu Tage treten, zu beseitigen. Dabei dürfen wir nicht vergessen, dass diese so genannten Wissensdefizite keineswegs als Mangel bei der Translatorin zu bewerten sind; vielmehr handelt es sich um das Erkennen der oben (8.2.) angesprochenen *Präsuppositionen*. Wenn die Translatorin feststellt, dass gewisse Präsuppositionen im Ausgangstext aktiviert werden, die noch nicht Teil ihres eigenen Weltwissens sind, muss sie sich diese aneignen, um selbst den Text zu verstehen und auch um entscheiden zu können, ob bzw. in welchem Ausmaß diese Präsuppositionen den Rezipientinnen des Zieltextes bekannt sind.

Nehmen wir als Beispiel folgenden Textteil aus einer Werbebroschüre für Österreich:

 Sturm. Im Herbst stehen in Österreich die Zeichen auf Sturm! Dabei geht es nicht um das Wetter, sondern auch um den fruchtig süßen, leicht gegärten Traubensaft. Mit ein wenig Kohlensäure ist der trübe Saft, der bis zu 1% Alkoholgehalt aufweist, das perfekte Getränk zu den deftigen Speisen der kühler werdenden Jahreszeit.

Die Broschüre soll Österreich für Touristinnen aus unterschiedlichen Ländern als interessant und reizvoll darstellen und dazu motivieren, in Österreich Urlaub zu machen.

Das Verstehen dieses Textes hängt maßgeblich davon ab, dass die Translatorin weiß, was *Sturm* ist. Wenn sie nicht über dieses Wissen verfügt, ergibt der Text wenig Sinn. Sie erkennt, dass ,ihr etwas fehlt', weil sie den Text nicht mit anderen Worten wiedergeben kann – sie versteht ihn nicht genug. Sie erkennt auch, dass das Wort *Sturm* der zentrale Begriff des Textes ist; alles bezieht sich darauf. Was macht sie nun?

Sie kann das Wort in einem einsprachigen und/oder einem zweisprachigen Wörterbuch nachschlagen, es im Internet googlen, in unterschiedlichen online-Datenbanken suchen etc. (mehr zu den unterschiedlichen Recherchiermitteln weiter unten/unter 8.6.).

Sowohl im einsprachigen als auch im zweisprachigen (Deutsch-Englisch-) Duden findet man nur Hinweise auf die Bedeutung „sehr heftiger Wind". Diese Information ist insofern nicht translationsrelevant, als sie ihr nicht hilft, das Wort *in diesem Text* und für diesen *Translationszweck* zu verstehen. Also sucht sie weiter. In Wikipedia z.B. sind sowohl auf Deutsch als auch auf Englisch Definitionen zur Bedeutung von *Sturm* als Getränk angegeben. Die Translatorin erhält nun eine Erklärung, die hilft, den spezifischen Text zu verstehen und auch die Information dazu, wie man Sturm auf Englisch bezeichnen könnte. Was sie *nicht* bekommt, ist das Schema (siehe 2.1.2) oder die Scenes and Frames (siehe 5.3), um dieses neu erworbene Wissen in einen kulturellen Rahmen einzubetten und so alle Bezüge zu *Sturm* im Text (perfektes Getränk, deftige Speisen, kühle Jahreszeit) adäquat zu verstehen. Diese wären dann im Zuge der weiteren Recherche z.B. mittels Internet (Suche nach Paralleltexten) oder Expertinnenbefragung zu eruieren.

Auf jeden Fall ist darauf zu achten, dass man weiß, was man sucht. Wörterbücher enthalten bekanntlich *Wörter*: Sie enthalten keine Texte und nur in den seltensten Fällen Informationen zur kulturspezifischen Begrifflichkeit. Sie sind im wahrsten Sinne nur *Hilfsmittel*. Der Hinweis darauf, dass Wörterbücher keine Texte enthalten, sondern Wörter, ist sehr wichtig. Auch in sehr guten Wörterbüchern, also denjenigen, die Erläuterungen und Definitionen enthalten und Verwendungsbeispiele oder stilistische Hinweise aufweisen, ist der Suchbegriff stets *ein Wort*. Das bedeutet, dass nur eine sehr begrenzte Auswahl der unendlichen Fülle der möglichen Bedeutungen angegeben werden kann. Kein Wörterbuch – und auch keine Datenbank – kann alle möglichen Verwendungen eines Wortes in all den noch nicht entstandenen Texten abdecken.

Auch zweisprachige Wörterbücher oder Fachwörterbücher (diejenigen, die sich bereits auf spezifische Bedeutungen eines Ausdrucks in einem konkreten Fachgebiet konzentrieren) geben keine Translationslösungen, sondern im besten Fall einen Hinweis auf eine *mögliche* Übersetzung. Es ist vor allem der Vergleich der Begriffsmerkmale durch den Gebrauch von Definitionen (siehe auch Kapitel 9) und die Identifikation von Konnotationen etc. (auch durch Paralleltextlektüre zu eruieren) unter Berücksichtigung des Kommunikationszwecks, der als Entscheidungsbasis für eine bestimmte Translationslösung dient.

Auch das Recherchieren im Internet erfordert eine kritische, *translationsrelevante* Fragestellung. Nicht nur, weil sehr viele defekte Texte im Cyberspace kursieren, sondern auch, weil virtuelle Texte und Wörterbücher die selben Beschränkungen aufweisen wie konventionelle: Sie können keine fertigen Translationslösungen bieten. Sowohl Datenbanken als auch online-Wörterbücher, so hilfreich sie auf Grund des schnellen Zugriffs auch sein mögen, weisen die gleichen Beschränkungen auf wie konventionelle Printmedien: Ausschlaggebend für die Translatorin ist immer der jeweilige Ausgangstext und der Translationszweck; diese können in keiner Informationsquelle berücksichtigt werden. Es ist auf jeden Fall ein Vergleich zwischen Ausgangs- und Zielsprache im Hinblick auf das kulturspezifische Wissen und in Relation zu den Skoposvorgaben anzustellen.

8.6 Mögliche Hilfsmittel

Abgesehen von den konventionellen Printwörterbüchern stehen den Translatorinnen bekanntlich eine Reihe von online-Hilfsmitteln zur Verfügung. Diese umfassen nicht nur die bereits erwähnten Suchmaschinen, Datenbanken und online-Wörterbücher, sondern auch Konkordanzprogramme, die einen Überblick möglicher Kontexte der gesuchten Wörter angeben. Dies ermöglicht ein sehr schnelles Erfassen der geläufigen Bedeutungen und Gebrauchskonventionen der jeweiligen Wörter und hilft daher auch, konnotative und stilistische Aspekte rasch zu identifizieren.

Ein weiteres sehr wichtiges Hilfsmittel, das vor allem der effizienten Dokumentation von Übersetzungen dient, sind so genannte Translation-Memory-Programme. Diese ermöglichen den automatischen Vergleich von Texten und Textstellen sowie deren bereits getätigte Übersetzung. Es können dadurch Übersetzungslösungen automatisch angeboten werden, so dass die Übersetzerin sich ‚nur‘ auf die textuelle Anpassung im neuen Dokument konzentrieren muss. Auch hier gilt allerdings, dass auf den textspezifischen und skopos-bedingten Sinn geachtet werden muss.

Beispiele für online-Hilfsmittel:

  http://dict.leo.org/

Eine gute Anlaufstelle für terminologische Recherche. Das LEO-Wörterbuch ist zwar sehr umfangreich, setzt aber ein gewisses Maß an translatorischem Know-How voraus: Da jede Angabe zum Wörterbuch beitragen kann (wie ja auch bei Wikipedia), ist es unerlässlich, die relevante bzw. unzuverlässige Information identifizieren zu können.

Sehr hilfreich ist die ‚Diskussionsseite‘, wo über unklare Termini, oder auch ganze Phrasen, von den Userinnen diskutiert werden kann.

  http://www.linguatec.net/onlineservices/linguadict

Dieser Link bietet sehr viel terminologische – vor allem technische – Information, allerdings leider ohne Kontext-Angaben. Die müsste man z.B. in Paralleltexten oder Konkordanzprogrammen googlen.

http://iate.europa.eu (Interactive Terminology for Europe)

Die aktuelle Datenbank der Europäischen Union. Sie bietet sehr viele Termini samt Übersetzungen in vielen Sprachen, gibt allerdings im Gegensatz zur vorherigen Datenbank (EURODICAUTOM, nur noch offline) keine Definitionen oder Kontexte. Die Angaben sind daher auf jeden Fall durch weitere Recherche, wie oben diskutiert, zu kontrollieren.

Fazit: Die oben zitierte Devise ‚so wenig wie möglich' ist aus Gründen der Effizienzsteigerung und des Zeitmanagements sehr ernst zu nehmen: Es kann zwar sehr interessant sein, sich in ein neues Fachgebiet zu vertiefen oder neue semantische Konstellationen in der Zielsprache zu entdecken, aber wenn diese Informationen nicht unmittelbar zur Bewältigung des anstehenden Translationsauftrags beitragen, stellen sie einen verzichtbaren Luxus dar, den man sich angesichts des fast immer vorhandenen Zeitdrucks selten leisten kann.

Das Recherchieren und auch die Dokumentation der Rechercheergebnisse dienen nicht nur dazu, die eigene Arbeit effizient und erfolgreich durchzuführen, sondern gehören auch in anderer Hinsicht zur translatorischen Professionalität. Die Translation erfolgt heute zunehmend im Team, so dass translatorische Entscheidungen auch für Kolleginnen und unter Umständen für Revisorinnen der fertigen Übersetzung nachvollziehbar sein müssen. Eine ausführliche Dokumentation der Rechercheergebnisse und der Gründe für die endgültige Translationslösung sind dabei unerlässlich. Zu diesem Zweck gibt es auch eine Reihe von Terminologieverwaltungsprogrammen (für eine Diskussion siehe z.B. Arntz 1998), bei denen natürlich auch wieder das GIGO-Prinzip (*garbage in, garbage out*) gilt: Sie sind alle nur so gut, wie die Information, die man selber eingibt. Translatorinnen sind auch laut berufsspezifischer Normen dazu *verpflichtet*, adäquate Recherchen durchzuführen und diese ausreichend zu dokumentieren:

> Vor und während des Übersetzungsprozesses muss der Dienstleister feststellen, inwieweit die benötigte Terminologie bereits vorliegt oder noch erarbeitet werden muss ... Hierbei sind ... folgende Arbeiten durchzuführen: ... gegebenenfalls weitere Recherchen ... gegebenenfalls Klärung inhaltlicher, fachlicher und terminologischer Fragen ... (ÖNORM D 1200, S. 6)

> Der Dienstleister muss über Einrichtungen zur sicheren und vertraulichen Handhabung, Aufbewahrung und Archivierung von Dokumenten und Daten verfügen. (ÖNORM D 1200, S. 7)

Die Dokumentation dient nicht zuletzt als Argumentationsbasis bei Problemen mit Auftraggeberinnen, die die Qualität von Translationsleistungen in Frage stellen, und damit zur Stärkung des eigenen professionellen Auftretens.

 Verstehen, Analyse und Rechercheaufwand sind keine konstanten Größen: Wie viel nötig wird, ist immer relativ zum spezifischen Translationsauftrag. Auch diese Entscheidung muss jedes Mal neu getroffen werden.

8.7 Schlussfolgerung: Translation als Entscheidungsprozess

Wie jedes menschliche Handeln erfordert auch das translatorische Handeln eine Reihe von Entscheidungen, denn ohne Entscheidungen kann kein Handeln stattfinden. Die Frage ist nur: Will man bewusst handeln, d.h. wissen, was man tut und warum? Oder handelt man ‚blind', ohne zu wissen, wie einem Entscheidungen ‚passieren', und ohne erklären zu können, warum man auf eine bestimmte Weise handelt? Als professionelle und verantwortungsbewusste Expertinnen haben Translatorinnen eigentlich keine Wahl: Nicht nur aus Gründen der professionellen Selbstachtung sollten sie immer wissen, was sie tun und warum, sondern auch, weil sie laut berufsspezifischer Normen dazu verpflichtet sind. Siehe z.B. ÖNORM D 1200:

S. 5: Der Dienstleister muss ... folgende Parameter ... abklären ... Qualität des Ausgangstexts, ... Zieltextvorgaben ... und deren Realisierbarkeit.

S. 6: Analyse und Aufbereitung des Ausgangstextes ... Vorgangsbegleitende Dokumentation ... Die Sprach- und Textkompetenz umfasst die Fähigkeit, die Ausgangs- bzw. die Zielsprache situationsadäquat zu verstehen ... das eigene Wissen selbstkritisch zu überprüfen.

S. 7: Kulturkompetenz: Die Kulturkompetenz umfasst die Fähigkeit, die Kenntnis der Wissensinhalte, Verhaltensnormen und Wertsysteme, von denen Ausgangs- und Zielkultur geprägt werden, einzusetzen.

Die Berufspraxis erfordert von Translatorinnen die Fähigkeit, ihre translatorischen Entscheidungen zu erklären – gegenüber Auftraggeberinnen und auch anderen Kolleginnen. Sie erfordert auch die Fähigkeit zu *erkennen*, warum Entscheidungen getroffen werden, denn nur so kann Erfahrung gesammelt und die eigene Expertise weiterentwickelt werden. Wenn man nicht weiß, was man tut und warum, ist jede neue Translationssituation *völlig* neu, weil man erprobte Problemlösungsstrategien bei bereits durchgeführten Translationen weder bewusst eingesetzt hat, noch für zukünftige Situationen bewusst anwenden kann. Dies bedeutet de facto, dass man Erfahrung nicht in Form einer statischen Datenbank entwickeln kann, die für alle neuen Probleme fertige Lösungen auf Abruf bereitstellt. Jede neue translatorische Entscheidung erfordert das Anpassen des bereits erworbenen Wissens. Bewusstes Entscheiden, gekoppelt mit der Fähigkeit zu erklären, warum Entscheidungen getroffen werden, sind Merkmale jeder Expertinnenhandlung. Die *translationsrelevante* Textanalyse liefert wesentliche Informationen, um situationsadäquate und nachvollziehbare Entscheidungen zu treffen, die daher auch für zukünftige Translationssituationen Relevanz besitzen.

Quellen und weiterführende Literatur:

Arntz, Reiner. 1998. „Terminologie der Terminologie." In: Snell-Hornby, Mary & Hönig, Hans G. & Schmitt, Peter A. (Hrsg.) *Handbuch Translation*. Tübingen: Stauffenburg, S. 77-82.

Göpferich, Susanne. 1998. „Paralleltexte." In: Snell-Hornby, Mary & Hönig, Hans, & Kußmaul Paul & Schmitt, Peter (Hrsg.) *Handbuch Translation*. Tübingen: Stauffenburg, S. 185-186.

Hönig, Hans G. 1998. „Textverstehen und Recherchieren." In: Snell-Hornby, Mary & Hönig, Hans & Kußmaul Paul & Schmitt, Peter (Hrsg.) *Handbuch Translation*. Tübingen: Stauffenburg, S. 160-164.

Hönig, Hans /Kussmaul, Paul. 1982. *Strategie der Übersetzung*. Tübingen: Narr

Langer, Inghard & Schulz v. Thun, Friedemann & Tausch, Reinhard. 1981. *Sich verständlich ausdrücken*. München: Reinhardt.

Levy, Jiri. 1981. „Übersetzung als Entscheidungsprozess." In: Wilss, Wolfram (Hrsg.) *Übersetzungswissenschaft*. Darmstadt: Wissenschaftl. Buchgesellschaft, S. 219-235.

Nord, Christiane. 1991. *Textanalyse und Übersetzen. Theoretische Grundlagen, Methode und didaktische Anwendung einer übersetzungsrelevanten Textanalyse*. Heidelberg: Gross

Nord, Christiane. 1998. „Das Verhältnis des Zieltexts zum Ausgangstext." In: Snell-Hornby, Mary & Hönig, Hans & Kußmaul Paul & Schmitt, Peter (Hrsg.) *Handbuch Translation*. Tübingen: Stauffenburg, S. 141-144.

ÖNORM D 1200. 2000. *Dienstleistungen – Übersetzen und Dolmetschen: Übersetzungsleistungen. Anforderungen an die Dienstleistung und an die Bereitstellung der Dienstleistung*.

Schreiber, Michael. 1998. „Übersetzungstypen und Übersetzungsverfahren." In: Snell-Hornby, Mary & Hönig, Hans & Kußmaul Paul & Schmitt, Peter (Hrsg.) *Handbuch Translation*. Tübingen: Stauffenburg, S. 150-154.

Schulz v. Thun, Friedemann. 1974. „Verständlichkeit von Informationstexten: Messung, Verbesserung, Validierung." In: *Zeitschrift für Sozialpsychologie* 5, S. 124-132.

Snell-Hornby, Mary. 2003. „Wörterbücher." In: Snell-Hornby, Mary & Hönig, Hans & Kußmaul Paul & Schmitt, Peter (Hrsg.) 1998. *Handbuch Translation*. Tübingen: Stauffenburg, S. 181-185.

Stolze, Radegundis. 1992. *Hermeneutisches Übersetzen. Linguistische Kategorien des Verstehens und Formulierens beim Übersetzen*. Tübingen: Narr.

Storrer, Angelika. 1999. „Kohärenz in Text und Hypertext." In: Lobin, Henning (Hrsg.) *Text im digitalen Medium: linguistische Aspekte von Textdesign, Texttechnologie und Hypertext Engineering*. Opladen (u.a.): Westdeutscher Verlag, S. 33-65.

9 Transkulturelle Fachkommunikation

Wir haben im vorigen Kapitel diskutiert, wie Texte im Allgemeinen im Hinblick auf Übersetzungsprobleme und deren Lösung analysiert werden können. In diesem Kapitel geht es um eine spezifischere Form der Textanalyse und Problemlösung, nämlich um die Erkennung von so genannten Fachausdrücken und die spezifischen Probleme, die entstehen können, wenn diese in andere Sprachen übertragen werden sollen. Wir werden sehen, dass es sich dabei nicht nur um vereinzelte Ausdrücke handelt, sondern, wie auch bei der Alltagskommunikation, um die Einheit *Text*, der wiederum in einer bestimmten *kulturgeprägten*, *zweckorientierten* Situation eingebettet ist. Wir bevorzugen daher den Ausdruck **Fachkommunikation**, weil er all diese Aspekte erfasst. Der Bereich der Fachkommunikation ist aus einem ganz einfachen Grund wichtig für Translatorinnen: Der Großteil der Texte, die in der Welt übersetzt oder gedolmetscht werden, sind Fachtexte oder Mischformen davon. Trotz der viel gepriesenen Globalisierung und der damit verbundenen Vorherrschaft des Englischen als globale *lingua franca* besteht weiterhin ein Bedarf an Expertinnen, die fachspezifisches Wissen zwischen Kulturen und Sprachen übertragen können. In den internationalen Organisationen wie den Vereinten Nationen oder der Europäischen Union steigt der Bedarf sogar: Je mehr *inter*-national kommuniziert wird und je mehr Länder sich an der internationalen Kommunikation beteiligen (wie z.B. bei der EU), weil sie auch ihren Anliegen und ihrer Sicht der Weltgeschehnisse eine globale Präsenz verleihen wollen, um so größer die Notwendigkeit, diese Anliegen in anderen Sprachen adäquat zu übertragen.

Bevor wir uns aber mit dem translatorisch adäquaten Umgang mit Fachkommunikation befassen können, wollen wir ein paar grundlegende Fragen klären:

- Was meinen wir, wenn wir von einem *Fach* oder einem *Fachgebiet* sprechen?
- Was ist Fachkommunikation und warum gibt es sie?
- Was ist der Unterschied zwischen Fachkommunikation und Alltagskommunikation?

Danach werden wir uns mit folgenden Fragen beschäftigen:

- Was zeichnet *transkulturelle* Fachkommunikation aus?
- Welche translatorischen Probleme entstehen daraus?
- Welche Lösungsmöglichkeiten gibt es?

9.1 Was ist ein Fachgebiet?

Wir können ganz allgemein sagen, dass ein Fachgebiet ein bestimmtes Phänomen aus einem bestimmten Blickwinkel betrachtet. Die Perspektive, aus der das Phänomen betrachtet wird, hängt davon ab, welche Erwartungen daran gestellt werden und/oder, wie man mit diesen Erwartungen umgehen will. Nehmen wir als Beispiel ein junges menschliches Wesen, das in der Alltagssprache mit dem Wort *Kind* bezeichnet wird. Je nachdem, welche Aspekte des Kindes wichtig erscheinen, wird es anders betrachtet. Eine Medizinerin z.B. wird sich auf bestimmte physiologische Eigenschaften konzentrieren, auf mögliche Symptome der üblichen Kinderkrankheiten achten, oder vor der Verabreichung von Medikamenten das genaue Alter und Gewicht des Kindes in Betracht ziehen. Eine Juristin dagegen wird sich eher damit beschäftigen, ob das Kind teilgeschäftsfähig ist, wer die Erziehungsberechtigten sind oder ob es schon ein ethisch-moralisches Bewusstsein haben kann, während jemand aus der Werbebranche sich hauptsächlich für das Aussehen des Kindes interessieren und sich fragen wird, ob der kindliche Blick den Umsatz steigern könnte. In jedem Fall bleibt zwar das ‚Phänomen Kind' das gleiche – es wird nur anders gesehen, weil diejenigen, die es sehen, andere Interessen in Bezug auf das Kind haben. Wir könnten auch sagen: Das Kind wird anders *interpretiert*. Das Kind existiert als objektives Ganzes: Die unterschiedlichen Aspekte des Kindes werden aber, je nach den Bedürfnissen der Personen, die es betrachten, hervorgehoben und zum Gegenstand ihres Interesses gemacht. Anders ausgedrückt: Das Kind ist ein Teil der Realität, auf den sich unterschiedliche Gruppen mit unterschiedlichen Bedürfnissen und Interessen auf unterschiedliche Weise beziehen.

Wir haben im Kapitel 2 gesehen, dass Kulturgemeinschaften ein kollektives Interesse daran haben, sich auf eine bestimmte Weise auf die Realität zu beziehen, und aus dieser objektiven Realität diejenigen Aspekte thematisieren, die für die Befriedigung ihrer Lebensbedürfnisse relevant sind. Sie interpretieren die Realität je nach ihrem kollektiven Konsens darüber, was für sie wichtig ist. Dasselbe geschieht auch mit kleineren Interessensgemeinschaften, die einen Konsens darüber erreicht haben, was für sie wichtig ist. Auch sie selektieren diejenigen Aspekte eines Teils oder Ausschnitts der Realität,

die für ihre Bedürfnisse relevant sind. Es wird aus dem objektiven Realitätsausschnitt eine gruppenspezifische Realität konstruiert, bei der die irrelevan-
ten Aspekte einfach ausgeblendet und nicht thematisiert werden. Die
Realität *Kind* wird z.B. in der Medizin anders definiert (als Kind gilt z.B. ein
Mensch bis zum 12. Lebensjahr) als in der Rechtswissenschaft (bei der man –
in Österreich – bis zum 14. Lebensjahr als *Kind* gilt) oder gar in der Mode-
branche, in der oft Mädchen mit 10 oder 11 Jahren nicht mehr als Kinder dargestellt werden, sondern als junge Frauen mit Sex-Appeal. Ein Kollektiv
selektiert und definiert einen Teil der Realität nach den eigenen Interessen
und konstruiert damit buchstäblich einen eigenen Gegenstand des Interesses, der den Fokus des Erkenntnisgewinns bildet. Man kann dies auch Wis-
sensgebiet oder **Fachgebiet** nennen.

 Ein Fachgebiet stellt die Interpretation eines Realitätssausschnitts
dar, auf den eine spezifische Interessensgruppe sich für einen
bestimmten Zweck auf eine ihr spezifische Weise bezieht.

9.2 Fachsprache oder Gemeinsprache?

Wir dürfen nicht vergessen, dass diese fachspezifische Interpretation eines
Realitätsausschnitts innerhalb einer Kulturgemeinschaft stattfindet, in der,
wie wir im Kapitel 2 gesehen haben, eine viel umfassendere Interpretation
der Realität ja bereits erfolgt ist und welche mittels Sprache kollektiv kommuniziert wird. Diese umfassende Sprache, die die allgemeinen Bereiche der
Welt thematisiert, wird in der Regel als **Gemeinsprache** bezeichnet, weil sie
eben allgemein ist. Diejenigen Gruppen, die sich innerhalb einer Kultur mit
besonderen Ausschnitten der bereits kulturspezifisch interpretierten Realität
befassen, wollen ganz spezifische kollektive Ziele erreichen, wie z.B. Er-
kenntnisgewinn, wirtschaftlichen Gewinn, politische Vorteile etc. Sie wollen
natürlich auch über ihre spezifische Interpretation des jeweiligen Realitätsausschnitts kommunizieren, vor allem innerhalb der eigenen Interessensgruppe – d.h. mit ihren Fachkolleginnen. Dazu benötigen auch sie Begriffe
(siehe Kapitel 2.2), die ihre spezifische Realitätsinterpretation symbolisieren.
Und sie brauchen natürlich auch Wörter, die diese Begriffe benennen. Während aber immer neue Begriffe gebildet werden können, um neue Erkenntnisse und Ideen darzustellen, ist die Menge der Wörter einer Sprache
vergleichsweise beschränkt. Die Fachleute müssen aber zwangsläufig mit
derjenigen Sprache kommunizieren, in der und mit der sie leben und arbei-

ten. Das bedeutet de facto, dass sie Wörter aus der allgemeinen Sprache verwenden müssen, um ihre sehr präzise gebildeten Begriffe zu benennen, um überhaupt über ihr Fach sprechen und schreiben zu können. Wie kann denn das funktionieren?

Wir wissen alle, dass sehr viele Wörter *keine* sehr präzise Bedeutung haben – sogar ein einfaches Wort wie *Decke* oder *Glas* kann sich auf ganz unterschiedliche Dinge beziehen. Diese Bedeutungsflexibilität ist deswegen gegeben, weil die dahinter stehenden Begriffe selbst unpräzise sind und unpräzise *sein müssen*, um den Erfordernissen der Alltagskommunikation zu entsprechen. Denn je nachdem, mit welchen anderen Wörtern, in welcher Textsorte und von welcher Person sie verwendet werden, nehmen die Wörter der Gemeinsprache unterschiedliche Bedeutungsnuancen an. Dies macht den Reichtum der Gemeinsprache aus: Mit relativ wenigen Wörtern können wir eine fast unendliche Zahl von Wortsequenzen kombinieren mit ebenso vielen Bedeutungsfacetten. Was ‚Alltagswörter' ‚wirklich' bedeuten, entnehmen wir dem kommunikativen Kontext, in dem sie geäußert werden, und verstehen sie auch in der Regel in einem für das Gelingen der Kommunikation ausreichenden Ausmaß.

Bei der Fachkommunikation wird aber mehr Präzision verlangt (den Grund dafür diskutieren wir im Abschnitt 9.3). Deshalb wird fachspezifischen Begriffen eine eindeutige Bedeutung vom Fachkollektiv zugeordnet, oft in Form von expliziten Definitionen, die von den jeweiligen Fachleuten über Konsens formuliert werden. Dem Begriff, der ja das kollektive (fachspezifische) Wissen über einen bestimmten Aspekt des Fachgegenstands zusammenfasst, wird ein Wort (oder zusammengesetzter Ausdruck) der Gemeinsprache eindeutig zugeordnet, so dass das jeweilige Wort für das jeweilige Fach nur eine Bedeutung haben kann.

Beispiel: *Angst*: Ein Wort der Gemeinsprache, das als *mit Beklemmung, Bedrückung, Erregung einhergehender Gefühlszustand* erklärt wird. Als Fachwort der Psychologie dagegen wird Angst als *unbegründet, nicht objektbezogen* definiert und damit eindeutig von **Furcht** abgegrenzt, die begründet und objektbezogen ist. Ähnlich verhält es sich z.B. beim Wort **Slang**, das in der Gemeinsprache abwertend eine nachlässige, oft als fehlerhaft und salopp empfundene Ausdrucksweise bezeichnet, während es als Fachwort in der Sprachwissenschaft keinerlei Wertung ausdrückt und lediglich eine Sprachvariante bezeichnet, die der Verstärkung sozialer Identität innerhalb bestimmter Gesellschaftsgruppen dient. **Slang** wird dabei deutlich von verwandten Ausdrücken wie z.B. Dialekt, Jargon, Umgangssprache etc. unterschieden, die allerdings in der Gemeinsprache oft verwechselt und durcheinander gebracht werden.

Wie die Zugehörigkeit zu einer Kultur- oder Sprachgemeinschaft voraussetzt, dass man weiß, was ‚gemeint' ist (d.h. dass man Zugang zum kulturspezifischen Wissen und der dazugehörigen sprachlichen Benennung hat), so setzt auch die Zugehörigkeit zu einem Fachkollektiv voraus, dass man weiß, was ‚gemeint' ist. Mit anderen Worten, Fachleute identifizieren ein Wort mit *einer* spezifischen, vom Fachkollektiv explizit oder implizit vereinbarten Bedeutung. Diese Bedeutung gibt das fachspezifische Wissen über einen Aspekt des Realitätsausschnitts wieder, der als Fachgegenstand aus der objektiven Realität durch die fachspezifische Interpretation ‚herausgelöst' wurde.

> Fachsprache ist durch gemeinsame Benennungen (Wörter) mit der Gemeinsprache verbunden, unterscheidet sich aber durch die Zuordnung der Benennungen zu präzisen, eindeutig definierten Begriffen, die die fachspezifische Realitätsinterpretation symbolisieren.

Auch Fachtexte sind demnach ein Ausdruck außersprachlicher Realität (siehe Kapitel 2.2 und 2.2.1), die durch eine gesellschaftliche Sub-Gruppe für besondere Zwecke auf besondere Weise interpretiert wird. Aus diesem Grund werden Fachsprachen im Englischen auch **languages for special purposes (LSP)** genannt, also Sprachen für spezifische Zwecke. Sie werden aber auch als **sublanguages** – also Sub-Sprachen – bezeichnet, was sowohl die Verwandtschaft mit dem übergelagerten Sprachsystem, aus dem sie stammen, zum Ausdruck bringt als auch die Tatsache, dass sie von Sub-Gruppen der Kultur- und Sprachgemeinschaft verwendet werden. Man könnte daher sagen, dass Fachsprachen eine Art Diskurs (siehe Kapitel 2.3) darstellen, da sie aus der Fülle der vorhandenen Sprachmittel diejenigen selektieren, die ihre spezifische Sicht der Realität (genauer: eines Realitätsausschnitts) am effizientesten kommunizieren.

9.3 Fachkommunikation – was ist das?

Bisher haben wir von Fachkommunikation gesprochen, als ob sie hauptsächlich aus Fach*wörtern* bestünde. Wir werden aber in diesem Abschnitt den oben genannten Ausdruck **Fachwort** genauer definieren und in der Folge näher auf die Begriffe **Fachsprache** und **Fachtext** und **Fachkommunikation** eingehen.

Wir haben oben festgestellt, dass in der Kommunikation zwischen Fachleuten über ihr Fachgebiet ein konsensuell definierter Begriff einem Wort zugeordnet wird, damit die Kommunikationspartnerinnen immer wissen
können, was ‚gemeint' ist. So bleibt der Bezug zwischen dem thematisierten
Realitätsausschnitt und dessen sprachlicher Benennung klar umrissen, mit
wenig Spielraum für Missverständnisse, während in der Gemeinsprache die
Referenz oft erst im Kommunikationsprozess hergestellt werden muss. Diese
Verbindung zwischen Begriff und sprachlicher Benennung wird in der Fachsprachenforschung und der Terminologiewissenschaft als **Terminus** oder
Fachterminus bezeichnet. Der Terminus besteht aus Inhalt (dem Begriff) und
Ausdruck (der Benennung). Der Begriff, wie im Kapitel 2 diskutiert, fasst diejenigen Merkmale eines Gegenstands (oder Teils eines Gegenstands) zusammen, die für die jeweilige Kommunikationsgemeinschaft relevant und
thematisierungswürdig sind.

> **Begriff**: Denkeinheit, die aus einer Menge von Gegenständen unter Er-
> mittlung der diesen Gegenständen gemeinsamen Merkmale mittels Ab-
> straktion gebildet wird. (DIN 2342)
>
> **Ein Begriff** ist das Gemeinsame, das Menschen an einer Mehrheit von Ge-
> genständen feststellen und als Mittel **des gedanklichen Ordnens** ... und
> darum auch zur Verständigung verwenden. Der Begriff ist also ein Denk-
> element. (DIN 2330)

Die Benennung des Begriffs ermöglicht erst die Kommunikation, während
die konsensuelle Zuordnung von Begriff und Benennung die Fachspezifik
des Terminus ergibt. In manchen Fällen, wie z.B. in der Mathematik oder der
Physik, werden Begriffe durch ein Symbol oder eine Ziffer ausgedrückt; um
sowohl diese Art von Benennung als auch sprachliche Benennungen zu erfassen, verwendet man den umfassenderen Ausdruck **Bezeichnung.**

> **Benennung**: Aus einem Wort oder mehreren Wörtern bestehende Be-
> zeichnung. (DIN 2342)

Es können und werden natürlich oft Begriffe und deren Benennungen zu-
sammengefügt, um komplexe oder neue Begriffe (und Benennungen) zu bilden:

Mähmaschine + Dreschmaschine = Mähdrescher
Schnee + Regen = Schneeregen
Kommunikation + Technologie = Kommunikationstechnologie

Warum besteht aber ein Bedarf an einer fachspezifischen Form der Kommunikation? Einer der Hauptgründe ist die **Steigerung der kommunikativen Effizienz**: Wenn die Mitglieder der Fachgemeinschaft alle mehr oder weniger den selben Inhalt mit dem selben Ausdruck verbinden (d.h. Kenntnisse der Fachtermini besitzen), sinkt automatisch der Erklärungsbedarf während der Kommunikation. Die Kommunikationspartnerinnen müssen im Vergleich zu gemeinsprachlicher Kommunikation relativ wenig Zeit damit verbringen, einander zu erklären, was sie ‚eigentlich' meinen. Wie bereits gesagt, ist das ‚Gemeinte' ja bereits durch die Fixierung des Terminus geklärt worden. Wir könnten auch sagen: Die Referenz ist eindeutig. Das bedeutet allerdings nicht, dass die Referenz *immer* 100% eindeutig ist. Es gibt nicht selten auch Divergenzen in der Definition von Begriffen (d.h. in der Meinung darüber, welche Merkmale relevant sind) auch innerhalb eines Fachgebiets, vor allem, wie wir unten sehen werden, wenn es um transkulturelle Fachkommunikation geht. Trotzdem erleichtert die relative Eindeutigkeit der Referenz die Kommunikation innerhalb einer Fachgemeinschaft, eben weil ein adäquater und hinreichend gültiger Konsens darüber besteht, was ‚gemeint' ist.

Einen weiteren Beitrag zur kommunikativen Effizienzsteigerung leistet die sprachökonomische Funktion des Fachterminus. In der Translationswissenschaft verwenden wir z.B. den Terminus *Ausgangstext*, um ein Phänomen zu beschreiben, das gemeinsprachlich viel länger formuliert werden müsste, etwa: *Die sprachliche Äußerung, die als Basis dafür verwendet wird, um einer Gruppe von Personen, die die Sprache dieser Äußerung nicht können, verständlich zu machen, was damit gesagt oder geschrieben wurde.* Wir sehen, dass Fachtermini dazu dienen, Information (eigentlich: Wissen um den Fachgegenstand) in gedanklich und sprachlich komprimierter Form darzustellen. Wie diese Informationsverdichtung funktioniert, können wir anhand des folgenden Textes feststellen.

Beispiel:

RICHTLINIEN über die Verwendung von Dienstweihnachtsbäumen

Gesetzliche Grundlage:§ 45 Heeresgebührengesetz:
Dienstweihnachtsbäume sind Weihnachtsbäume natürlichen Ursprungs oder natürlichen Bäumen nachgebildete Weihnachtsbäume, die zur Weihnachtszeit in Diensträumen aufgestellt werden.
Aufstellen von Dienstweihnachtsbäumen:
Dienstweihnachtsbäume (DWB) dürfen von sachkundigem Personal nach Anweisung des unmittelbaren Vorgesetzten aufgestellt werden. Dieser hat darauf zu achten, dass der DWB mit seinem unteren, der Spitze

entgegengesetzten Ende in einem zur Aufnahme von Baumenden geeigneten Halter eingebracht und befestigt wird, in der Haltevorrichtung der-
art verkeilt wird, dass er senkrecht steht (in schwierigen Fällen ist ein
zweiter Beamter hinzuzuziehen, der die Senkrechtstellung überwacht
bzw. durch Zurufe wie „mehr links, mehr rechts" usw. korrigiert). (…)
Der Vorgesetzte hat weiters dafür zu sorgen, dass im Umfallbereich des
DWB keine zerbrechlichen oder durch einen umfallenden DWB in ihrer
Funktion zu beeinträchtigende militärischen Anlagen vorhanden sind.
[…]

Die Termini *Dienstweihnachtsbaum, Haltevorrichtung* und *Umfallbereich* drücken alle komplexe Sachverhalte aus (siehe z.B. die Definition von Dienstweihnachtsbaum), die ohne die informationsverdichtende Wirkung der
Begriffszusammensetzung und Nominalisierung der Verben alle viel längere
sprachliche Formulierungen (mindestens einen Hauptsatz und einen Rela-
tivsatz) benötigen würden. Die Sprachökonomie wird natürlich auch durch
die Abkürzung *DWB* für *Dienstweihnachtsbaum* weiter erhöht.

Zur kommunikativen Effizienz gehört allerdings nicht nur Sprachökonomie, sondern auch Präzision: Fachkommunikation soll möglichst eindeutig
sein und Missverständnissen vorbeugen. Dies kann, im Gegensatz zum *infor-
mationsverdichtenden* Fachterminus, zu längeren Formulierungen führen, die
z.B. alle relevanten Merkmale des Sachverhalts explizit ausführen, oft in
Form von Definitionen (siehe die Definition von *Kerzen* unten) oder detail-
lierten Beschreibungen (wie z.B. unten in der Beschreibung des feuerbe-
kämpfenden Beamten).

Beispiel: Dienstweihnachtsbäume Teil 2

Behandeln der Beleuchtung:
Die DWB sind mit weihnachtlichem Behang nach Maßgabe des Dienst-
stellenleiters zu versehen. Weihnachtsbaumbeleuchtungen, deren
Leuchtwirkung auf dem Verbrennen eines Brennstoffes mit Flammenwir-
kung beruht (Kerzen), dürfen nur Verwendung finden wenn:
3.1. die Bediensteten über die Gefahren von Feuerbrünsten hinreichend
belehrt wurden und
3.2. während der Brennzeit der Beleuchtungskörper ein in der Feuerbe-
kämpfung durch den Brandschutz-UO hinreichend unterwiesener Beamter mit Feuerlöscher bereitsteht.

Die Effizienz der fachsprachlichen Kommunikation beruht hauptsächlich,
aber nicht ausschließlich, auf der Verwendung von Fachtermini. Diese können nicht einfach als isolierte Wörter geäußert werden, sondern müssen
selbstverständlich auch in einer geeigneten grammatikalischen Konstruktion

auftreten, d.h. konkret in Sätzen und Texten. Die sprachlichen Mittel, die die Fachtermini in Zusammenhang bringen, sind auch oft fachspezifischer Natur. Viele (aber nicht alle) Fachtermini sind Substantive, die ein Verbum verlangen, damit sie eine sinnvolle syntaktische Struktur ergeben können. In vielen Fällen ‚gehört' ein spezifisches Verbum zu einem bestimmten Fachterminus, wie z.B. in der Medizin, *einen Bruch reponieren* (d.h. rückverlagern, einrenken). Solche Konstruktionen werden als **Fachwendungen** bezeichnet. Eine Fachwendung ist eine „ein Verb enthaltende fest gefügte Gruppe von Wörtern zur Bezeichnung eines Sachverhalts in einer Fachsprache" (DIN 2342).

Es kommen aber nicht nur Substantive und Verben in Fachtexten vor, sondern natürlich auch Adjektive, Adverbien usw., die auch in vielen Fällen als festgefügte Wendungen auftreten, wie z.B. *psychotrope Drogen* oder *nachhaltige Entwicklung*. Es handelt sich hierbei eigentlich um *fachspezifische Kollokationen* (vom Lateinischen *collocatio* – Anordnung – und *collocare* – zusammenstellen). Wie wir alle wissen, ist auch die Gemeinsprache von zahlreichen Kollokationen, d.h. inhaltlich kombinierbaren sprachlichen Einheiten gekennzeichnet. Man sagt z.B. *Maßnahmen ergreifen* oder *treffen* und nicht *fällen* oder *ausführen,* und ein *dickes Buch* aber nicht *dicke Haare*. So genannte Kollokationen, ob fachsprachlich oder gemeinsprachlich, sind eigentlich Zusammenfügungen von Wörtern, deren begriffliche Inhalte einander ergänzen. Es müssen zwischen den einzelnen Komponenten der jeweiligen Kollokationen *begriffliche Schnittstellen* vorhanden sein, die eine sinnvolle Anordnung der Begriffe ermöglicht. Da gemeinsprachliche Begriffe umfassender und flexibler sind als die der Fachsprachen, um mehr Ausdrucksdifferenzierung zu gewährleisten, ist das Spektrum der möglichen Kollokationen auch entsprechend größer. Fachspezifische Begriffe, die ihrem Zweck entsprechend klarer abgegrenzt sind und daher ein engeres Bedeutungspotenzial haben, sind auch weniger flexibel, haben dementsprechend weniger Schnittstellen zu anderen Begriffen und deshalb auch eine im Vergleich zur Gemeinsprache begrenzte Kollokationsfähigkeit. Es muss allerdings festgehalten werden, dass die Grenzen zwischen Fachwendungen und gemeinsprachlichen Kollokationen fließend sind, z.B. in Phrasen wie *eine Strafe verhängen* oder *Der Mieter verpflichtet sich, bei erforderlichen Arbeiten auf eigene Kosten die Abmontierung und spätere Wiedermontierung der Reklametafel vorzunehmen*.

Andere fachspezifische sprachliche Mittel, die Fachtermini und Fachwendungen zu einem fachspezifischen Text (d.h. einer zusammenhängenden Sinneinheit) machen, betreffen z.B. den Gebrauch des Artikels (im Deutschen z.B. meist die Unterdrückung des unbestimmten Artikels), Zeitformen, das Meiden von Pro-Formen etc. (siehe z.B. Jumpelt 1961). Die Konventionen hinsichtlich der Fachphraseologie variieren nicht nur von Fach zu Fach, sondern weisen auch sprach- und kulturspezifische Unterschiede auf. All diese unterschiedlichen sprachlichen Elemente der Fachkommunikation werden üblicherweise mit dem Ausdruck **Fachsprache** bezeichnet, und als Hilfskonstrukt erfüllt dieses Wort eine nützliche Funktion. Fachsprachen sind allerdings keine homogenen, von der Gemeinsprache völlig abgeschlossenen Einheiten, sondern enthalten in der Regel auch viele gemeinsprachliche Elemente, so dass es zielführender wäre, von **fachspezifischer Phraseologie** oder **fachspezifischen Textkonventionen** zu sprechen.

Wie wir in den vorherigen Kapiteln gesehen haben, erfolgt Kommunikation nicht nur mittels Wörtern, sondern anhand von Texten als Sinneinheiten, die wiederum in einem bestimmten kulturellen und soziopolitischen Kontext eingebettet sind. Es wurde weiters festgestellt, dass Texte keinen Sinn an sich enthalten, sondern dass sie durch die Textrezipientinnen einen Sinn *erhalten* (siehe Kapitel 6 und 7). Dies gilt natürlich auch für so genannte Fachtexte, ob gesprochen oder geschrieben. Auch Fachtexte gelten nur dann als Texte, wenn sie die Kriterien der Textualität erfüllen, inklusive der Bedingung der Kulturalität (siehe Kapitel 6). Mit anderen Worten, auch Fachtexte sind nur dann sinnvoll, wenn die Textrezipientinnen Zugang zu dem darin enthaltenen Fachwissen haben. Die Aneignung dieses fachspezifischen Wissens ist in der Regel ein langer, aufwändiger Prozess, der im institutionellen Rahmen von fachspezifischen Ausbildungsstätten abläuft.

Wie bei anderen Kulturgemeinschaften spielen auch in Fachgemeinschaften Machtverhältnisse eine Rolle in der Kommunikation: Neuankömmlinge müssen sich erst mit den ‚kulturspezifischen' Kommunikationskonventionen vertraut machen, bevor sie als volle Mitglieder der Gemeinschaft aufgenommen werden. Dazu gehören nicht nur das Wissen um den Fachgegenstand an sich, sondern auch das Wissen darum, wie ein Text gestaltet werden muss, als adäquates ‚kommunikatives Ereignis' zu fungieren. Die Beherrschung der fachspezifischen Textkonventionen zeichnet sowohl die Textproduzentin als auch die Textrezipientin als Mitglied der Fachgemeinschaft aus. Wer die Konventionen nicht beherrscht, kann im wahrsten Sinne mit dem Fachtext ‚nichts anfangen'. Die fachspezifische Kommunikation wird somit nicht nur dazu verwendet, einen möglichst hohen Grad an kommunikativer Effizienz zu erreichen, sondern auch dazu, andere vom Kommunikationsprozess auszuschließen. So wird oft, z.B. bei Gesprächen zwischen Ärztinnen und Patientinnen, eine Fachterminologie verwendet, die für Laien unverständlich ist, um die Autorität der Ärztin zu untermauern und die Patientinnen durch das Gefühl der eigenen Ignoranz einzuschüchtern (siehe z.B. Wodak 1989). Auch der folgende Untersuchungsbefund ist so abgefasst, dass die Patientin an der Kommunikation über den eigenen Gesundheitszustand nicht teilnehmen kann:

> **Beispiel: Duplexsonographie der hirnversorgenden Gefäße**
> Bds. lassen sich Carotis commun. externa und interna als auch die Vertebralarterien am Abgang gut darstellen. Die Gefäße sind normalkalibrig. Keinerlei Intimaverdickung. Keine Plaquebildungen oder andersartig haemodyn. wirksame Stenosierungen. Relativ gestreckter Verlauf der Carotis interna. Die Vertebralarterien am Abgang gut darstellbar. Orthograder Flow, normales Strömungsprofil.

Lediglich die Adjektive *gut* und *normal* lassen vermuten, dass ‚alles in Ordnung' sei, aber angesichts der Zusammensetzung aus nicht transparenten Fachtermini und des Unvermögens, die Äußerungen auf der Basis eines kontextuellen Wissens einzuordnen und zu relativieren, ist die Patientin völlig auf die Bereitschaft (und die Fähigkeit) der Ärztin, den Inhalt zu ‚übersetzen', angewiesen.

Wie in der gemeinsprachlichen Kommunikation gibt es auch in der Fachkommunikation unterschiedliche Texttypen und Textsorten (siehe auch Kapitel 6), wie z.B. wissenschaftliche Bücher, Aufsätze, Abstracts, Gebrauchsanweisungen, Berichte, Produktbeschreibungen, Vorträge, Verträge, usw. Auch wenn man in der Regel davon ausgehen kann, dass Fachtexte hauptsächlich dem informativen Texttyp zuzuordnen sind, spielen appellative Elemente eine nicht zu unterschätzende Rolle, wie z.B. bei Produktbeschreibungen, die den Kundinnen ein positives Firmenimage vermitteln sollen, wissenschaftlichen Abstracts, die die Textrezipientinnen von der Signifikanz der neuen Erkenntnisse überzeugen wollen, oder auch Gesetzestexten, die ja eine zwingende direktive Wirkung beabsichtigen. Fachkommunikation kann auch durchaus expressiv sein, weil auch Fachtexte die Werte, subjektiven Einstellungen und Wünsche der Textproduzentin wiedergeben können.

Die weit verbreitete Meinung, Fachtexte seien ‚objektiv', stellt sich angesichts der Kulturbedingtheit von Texten an sich und der zwangsläufig interpretativen Darstellung des Fachgegenstands ohnehin als Fiktion heraus, weil jede individuelle Äußerung, sogar innerhalb eines Fachgebiets, auch eine persönliche Dimension in sich trägt. Inwieweit die Textproduzentin sich erlauben kann, sich über die fachspezifischen Textkonventionen hinwegzusetzen und ihre subjektiven Werte auszudrücken, hängt dabei maßgeblich von ihrer Position in der Fachhierarchie ab: Einer anerkannten Autorität wird in dieser Hinsicht weit mehr Spielraum zugestanden als z.B. einer Dissertantin, die erst beweisen muss, dass sie die ‚Spielregeln' beherrscht. Manchmal kann die Befolgung der Kommunikationskonventionen allerdings ins andere Extrem fallen, so dass eine andere Art von kommunikativer Machtausübung erfolgt:

> **Beispiel:**   **Kapitel 3 – Bewusstsein und Kommunikation**
> Von Wissen und Wissenschaft spricht man üblicherweise in einer subjekt-bezogenen Begrifflichkeit. Das Subjekt des Wissens ist demnach der Mensch; oder jedenfalls das Bewusstsein des Menschen; oder eventuell der Kollektivsingular des transzendentalen Bewusstseins der Menschen: Ganz ohne einen solchen Träger kann man sich Wissen schwer vorstellen, irgendwo in der Welt muss es ja vorhanden sein, zugerechnet werden, überprüft und verbessert werden können. Und selbst wenn man, philosophisch inspiriert, das Subjekt extramundan denkt, macht es doch keine Schwierigkeiten, es an der nächsten Straßenecke aufzutreiben und zu befragen. Auch Wissen über Kriterien und Kontrollen des Wissens wird letztlich über die Vorstellung des Menschen in die Welt eingeführt; und wenn man es nicht direkt am Menschen wahrnimmt, sondern zum Beispiel in Büchern liest, haben die Bücher angeblich einen Autor, Kant zum Beispiel. (Niklas Luhmann, *Die Wissenschaft der Gesellschaft*)

In diesem Beispiel verwendet der Autor zwar Fachtermini und Fachwendungen der Philosophie und der Soziologie, bleibt aber in seinem eigenen Interpretationsmuster des Sachverhalts. Dadurch wird die Information äußerst verdichtet und ohne jegliche Redundanz (Wiederholung von Informationselementen, die den Verstehensprozess unterstützen könnte) präsentiert, mit dem Ergebnis, dass auch Fachleute schwer Zugang zu dem darin enthaltenen Wissen finden. Da der Autor aber eine bekannte Autorität seines Faches war, konnte er damit rechnen, dass die Motivation der Leserinnen, seinen Text zu verstehen, größer sein würde als ihr Unwille, die Kommunikationshürden zu überwinden.

Wir sehen nun, dass Fachkommunikation grundsätzlich nach den selben Prinzipien funktioniert wie die Alltagskommunikation und dass es sich nicht um absolute, sondern um graduelle Unterschiede handelt:

> Fachkommunikation ist die Gesamtheit der kommunikativen Vorgänge, die von den Mitgliedern eines Fachkollektivs eingesetzt wird, um über den kollektiv definierten Fachgegenstand zu kommunizieren. Die wichtigsten Ziele der Fachkommunikation sind: Effizienz, Ökonomie, Präzision und Eindeutigkeit der Referenz.

9.4 Was zeichnet transkulturelle Fachkommunikation aus?

Erfolgreiche transkulturelle Fachkommunikation, wie jede Art von transkultureller Kommunikation, erfordert nicht nur Sprachkompetenz, sondern auch Kenntnisse der Texttypen und Textsortenkonventionen sowie des allgemeinen kulturellen Kontexts und der spezifischen Kommunikationskultur der jeweiligen Kommunikationsgemeinschaft – in diesem Fall, des Fachkollektivs. Wir haben im Kapitel 2 festgestellt, dass die Translation einer Realitätsinterpretation Erfahrung mit dem im Text thematisierten Gegenstand voraussetzt. Wenn wir keine Erfahrung davon haben, können wir buchstäblich nicht wissen, worum es geht. Mit anderen Worten, wir können die Referenz nicht bestimmen und ‚das Gemeinte' nicht erfassen. Bei der Translation gemeinsprachlicher Texte wird wohl selten erwartet, dass die Translatorin von vornherein jeden Text adäquat verstehen wird, wobei *adäquat* in diesem Zusammenhang bedeutet: *über genügend Erfahrung des Kommunikationsgegenstands verfügen, um die Referenz in beiden Sprachen zu erfassen.* Wie bereits erwähnt, ist es manchmal notwendig, sich diese Erfahrung ‚aus zweiter Hand' z.B. aus Büchern, vom Fernsehen, aus dem Internet etc. anzueignen. Dies ist auch bei Fachtexten der Fall. Der Unterschied besteht darin, dass der Gegenstand von Fachtexten für Translatorinnen meist schwerer zugänglich ist als bei gemeinsprachlichen Texten – leider kommt es nicht oft vor, dass wir Texte aus dem eigenen Fach, der Translationswissenschaft, zu übersetzen oder dolmetschen bekommen.

Auf der anderen Seite ist auf Grund der (relativen) Eindeutigkeit der Referenz das Bedeutungspotenzial von Fachtexten im Vergleich zu gemeinsprachlichen Texten auch relativ eingeschränkt. Dies bedeutet de facto, dass der Spielraum für die Interpretation von Fachtermini und Fachwendungen sehr eng ist, so dass unter der Voraussetzung einer adäquaten fachspezifischen Wissensbasis das Potenzial für Fehlinterpretationen auch dementsprechend geringer ist.

9.4.1 Welche spezifischen Probleme entstehen daraus?

Wir wollen zunächst daran erinnern, dass, wie im Kapitel 8 festgestellt wurde, adäquate Problemerkennung eine wesentliche Voraussetzung für erfolgreiche Translation ist. Ohne die Identifikation von objektiv vorhandenen Problemen (die es ja immer gibt, weil Translation eine komplexe Expertinnentätigkeit und kein einfacher Wortsubstitutionsvorgang ist) kann man sie ja auch nicht lösen.

Aus der obigen Diskussion der Natur von Fachtexten ist hervorgegangen, dass transkulturelle Fachkommunikation ähnliche Probleme aufweist wie die transkulturelle Kommunikation im Allgemeinen. Es entstehen allerdings auch spezifische Probleme, die sich logischerweise aus den oben diskutierten Unterschieden zwischen Fachkommunikation und Alltagskommunikation ergeben. Diese sind:

- Verständnis und Abgrenzung des Kommunikationsgegenstands: Worum geht es?
- Erkennung von Fachtermini und deren Zuordnung zum richtigen Fachgebiet
- Erkennung und Zuordnung von Fachwendungen und Fachphraseologie
- Zuordnung der entsprechenden Termini, Wendungen und Phraseologie in Ausgangs- und Zielsprache

9.4.2 Welche Lösungsmöglichkeiten gibt es?

Bei der Frage nach dem Kommunikationsgegenstand ist, vor allem für Studierende und Berufsanfängerinnen, davon auszugehen, dass sie wenig bis gar nicht mit dem jeweiligen Fachgebiet vertraut sind. Auch bei routinierten Translatorinnen muss man aber auf Grund des Innovationstempos in der Wissenschaft damit rechnen, dass sie ständig mit neuen Themenstellungen konfrontiert werden. Eine Reihe von Kriterien kann herangezogen werden, um eine erste provisorische Abgrenzung des Fachgebiets und des Kommunikationsgegenstands vorzunehmen:

- Überschrift und Zwischenüberschriften (enthalten wichtigste Begriffe des Kommunikationsaktes)
- Textproduzentin und deren Beruf/Funktion/Status (Indiz für wahrscheinliche Themenstellung)
- Medium, in dem der Text erscheint, z.B. Fachzeitschrift (= Benennung des Fachgebiets oder Teilfachgebiets)
- Textfunktion, z.B. Gebrauchsanweisung (= Benennung und Beschreibung des Produkts und dessen Funktion)

Der nächste Schritt zur Identifikation des ‚Gemeinten‘ ist die Erkennung der Fachtermini, wobei die Abgrenzung des Fachgebiets und die Erkennung von Fachtermini insofern einen zirkulären Prozess darstellen, als das Eine das Andere bedingt: Je eindeutiger das Fachgebiet, um so evidenter der Fachterminus. Ein Wort wie *Abgang* könnte eine gemeinsprachliche Bedeutung haben, ein medizinischer Fachterminus sein (wobei es je nach Teilgebiet der Medizin unterschiedliche Vorgänge bezeichnen kann) oder auch der Fachsprache der Verwaltung, der Önologie (Weinkultur) oder des Militärs zugeordnet werden. Die Einengung des Fachgebiets bzw. des konkreten Fachgegenstands muss daher mit der Erkennung und Verifizierung der Fachtermini einhergehen.

Folgende Kriterien können zur provisorischen Auswahl potenzieller Fachtermini angewandt werden:

- Ist das Wort bekannt? (wenn nicht, mögliche Bedeutungskontexte nachschlagen)

- Ist es ein Fremdwort? (wenn ja, mögliche Bedeutungskontexte nachschlagen)

- Handelt es sich um nominalisierte Verben (z.B. *Abgang*) oder Komposita (z.B. *Umfallbereich*)? (zur Informationsverdichtung)

Je nachdem, welches (Teil-)Fachgebiet in Betracht kommt, sind dann in der fachspezifischen Literatur (einsprachigen Fachwörterbüchern, Lehrbüchern, bei neuen Erkenntnissen auch Aufsätzen in Fachzeitschriften) **Definitionen** der potenziellen Termini zu suchen. Definitionen haben hauptsächlich die Funktion, die Interpretation des jeweiligen Fachkollektivs darzulegen, indem sie die **Merkmale** des Begriffs auflisten. Dies ermöglicht den Vergleich mit anderen, ähnlichen oder verwandten Begriffen, wie z.B.:

- *Adler*: großer Greifvogel mit kräftigem Hakenschnabel, befiederten Läufen und starken Krallen

- *Geier*: aasfressender, großer Greifvogel mit nacktem Kopf und Hals und starkem, nach unten gebogenen Schnabel

Dadurch erfolgt auch die Einordnung des Begriffs in das fachspezifische **Begriffssystem**, da jeder Begriff erst durch die Relation (d.h. sowohl durch die Ähnlichkeiten, z.B. *Greifvogel* als auch durch die Unterschiede, z.B. *befiederte Läufe* oder *nackter Kopf*) zu den anderen Begriffen, die insgesamt die Realitätsinterpretation der Fachgemeinschaft ausmachen, Bedeutung erhält. Die Definition hält fest, wie sich die Fachgemeinschaft auf den jeweiligen Realitätsausschnitt bezieht: Mit anderen Worten, sie sorgt für die **Eindeutigkeit der Referenz** innerhalb der Fachgemeinschaft. Auch wenn es Divergenzen in der Definition eines Terminus geben kann, betreffen diese in der Regel die unwesentlichen Merkmale, so dass ein kommunikativ funktionaler Konsens weitgehend gegeben ist. Sollten sich die Definitionen bezüglich der wesentlichen Merkmale unterscheiden, dann handelt es sich um *einen* Ausdruck, der unterschiedliche Begriffe benennt, was ja auch innerhalb eines Fachs vorkommen kann (wie im obigen Beispiel *Abgang* in der Medizin).

Die Auseinandersetzung mit den fachspezifischen Definitionen gibt nicht nur Auskunft darüber, ob es sich um Fachtermini handelt und welche Bedeutung ihnen im jeweiligen Fachgebiet zugeordnet wird, sondern vertieft auch gleichzeitig das Wissen der Translatorin um das Fach bzw. den Fachgegenstand. Die in der Definition enthaltene Auflistung von Merkmalen (wobei zwischen *wesentlichen* und *unwesentlichen* Merkmalen zu unterscheiden ist) und die daraus resultierende Einordnung in ein Begriffssystem bilden dann die Basis für den **interkulturellen Vergleich**.

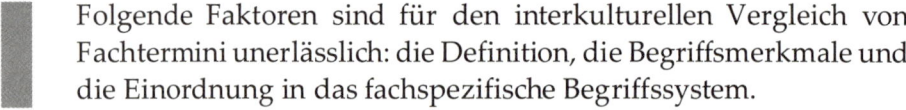

> Folgende Faktoren sind für den interkulturellen Vergleich von Fachtermini unerlässlich: die Definition, die Begriffsmerkmale und die Einordnung in das fachspezifische Begriffssystem.

Wir haben bereits festgestellt, dass Wörter der Gemeinsprache flexible, unpräzise Begriffe benennen und daher ein breites Bedeutungspotenzial haben. Dies bedeutet, dass sie auch im Prozess der Translation keine eindeutige Referenz haben, sondern, wie im Kapitel 8 diskutiert, dass die Translatorin einen relativ großen Entscheidungsspielraum hat, wie sie die Referenz herstellen will, und auch mit welchen sprachlichen Mitteln. Bei Fachtermini dagegen, die streng abgegrenzte Begriffe benennen und eine *eindeutige* Referenz haben, ist dieser Entscheidungsspielraum nicht gegeben. Die Translatorin muss daher nach Termini in der Zielsprache suchen, die sich auf den selben Realitätsausschnitt in der selben Weise beziehen wie die Termini in der Ausgangssprache, also nach **äquivalenten Begriffen und Benennungen.**

Angesichts der weitgehenden Internationalisierung von Technik und Wissenschaft werden in vielen Fällen ausgangssprachliche und zielsprachliche Begriffe und Benennungen (Termini) deckungsgleich sein: d.h. sie werden die selbe Interpretation eines Realitätsausschnitts darstellen und die selben Merkmale für wesentlich und thematisierungswürdig halten. Wir haben allerdings bereits gesehen, dass jede Fachsprache in einer übergeordneten Kultur und Sprache eingebettet ist. Das kulturbedingte Interpretationsmuster und das darauf basierende Begriffssystem der Ausgangssprache wird auch immer von dem der Zielsprache divergieren. Dies führt dazu, dass auch fachspezifische Begriffssysteme selten *ganz* deckungsgleich (d.h. ganz äquivalent) sind. Auch anscheinend konstante Phänomene wie der menschliche Körper werden je nach Kultur und Sprache unterschiedlich interpretiert, auch in den Fachsprachen. So wird z.B. in der medizinischen Fachsprache des Englischen der Unterleib in vier *Quadranten* unterschieden, während das Deutsche nur vom *Unterbauch* und *Oberbauch* spricht. Die interkulturelle begriffliche Varianz kann sich also dadurch ausdrücken, dass in manchen (Fach-)Sprachen ein Terminus im Vergleich zur Ausgangs- oder Zielsprache 'fehlt'.

Bei derartigen terminologischen 'Lücken' kann die Translatorin zwischen unterschiedlichen Optionen wählen:

- Wenn z.B. ein Terminus in der Ausgangssprache 'fehlt', d.h. wenn ein Realitätsausschnitt in der Ausgangssprache durch ein gemeinsprachliches Wort bezeichnet wird und in der Zielsprache durch einen Fachterminus, ist es üblich, den zielsprachlichen Terminus zu verwenden. Wenn aber das Translationsziel darin besteht, die ausgangssprachliche Begrifflichkeit wiederzugeben, um z.B. die ausgangskulturelle Fachinterpretation der Zielkultur bekannt zu machen (wie es z.B. oft in der interkulturellen Philosophie der Fall ist), kann die Translatorin durch Paraphrasieren, d.h. durch die Selektion von geeigneten sprachlichen Mitteln der Zielsprache, die wesentlichen Merkmale des Ausgangsbegriffs in der Zielkultur übertragen (siehe auch Kapitel 8).

- Bei 'fehlenden' Fachtermini in der Zielsprache kann auch die Schöpfung neuer Termini zielführend sein. Dies erfolgt auch durch die Analyse der Merkmale des Ausgangsbegriffs, Selektion der wesentlichen Merkmale und Benennung in der Zielsprache. Die Benennung wird aber so konfiguriert, dass sie den Kriterien der Adäquatheit von Fachtermini (laut DIN 2330): *transparency* (Transparenz), *economy* (Ökonomie), *manageability* (leicht zu handhaben) entspricht; wobei andere Faktoren z.B. *motivation* (Motivation, einen bestimmten Ausdruck zu wählen), *derivation* (Ableitung oder Abstammung), *frequency* und *familiarity* (Häufigkeit und Bekanntheit der Komponenten bei Komposita), *pronounceability* (leicht aussprechbar) und *memorising adequacy* (Merkbarkeit) auch je nach Translationsziel und Funktion eine wesentliche Rolle spielen können.

Es soll an dieser Stelle darauf hingewiesen werden, dass eine Reihe von so genannten *term-extraction*-Programmen im Handel erhältlich sind, die behaupten, Fachtermini automatisch zu erkennen. Leider (oder zum Glück!) gilt noch: Ein Computerprogramm kann kein Wissen besitzen, das der Mensch noch nicht besitzt.

Die Identifikation von Fachtermini erfordert Sprach-, Text- und Kulturkompetenz sowie Fachkenntnisse, die zusammen eine 'Intuition' bewirken, die zur Zeit von keiner Wissenschaft computergerecht analysiert worden ist.

Ein Computerprogramm kann im besten Fall auch nur vorschlagen, was eventuell ein Fachterminus sein könnte, und dies meistens nach sehr groben, vereinfachten Kriterien. Auch bei Programmen mit vorgefertigten Fachterminologien, die mit dem zu bearbeitenden Text automatisch nach dem Prinzip der Mustererkennung verglichen werden und diejenigen Wörter hervorheben, die der Form nach den vorgegebenen Termini entsprechen, ist Vorsicht geboten: Es muss immer der genaue textuelle und fachliche Kontext abgesteckt werden, um sicher zu gehen, dass es sich tatsächlich um den selben Terminus und das selbe Fachgebiet handelt, wie vom Programm angeboten wird. Auf jeden Fall muss die Knochenarbeit des Recherchierens und begrifflichen Vergleichs immer durch einen Menschen geleistet werden.

Die Erkennung und Zuordnung von Fachwendungen und Fachphraseologie ergibt sich aus der Erkennung und Zuordnung der Termini. Wie oben festgestellt, bilden isolierte Fachtermini keinen Text: Die oben diskutierten fachspezifischen Kollokationen und die Grammatik hängen auch im Translationsprozess eng mit der Identifizierung und Abgrenzung der Fachtermini und deren begrifflichen Schnittstellen zusammen. Und wie bei gemeinsprachlichen Texten ist auch für die adäquate Übertragung von fachspezifischen Inhalten der interkulturelle Vergleich von Textsortenkonventionen unerlässlich.

9.5 Exkurs: Translationsentscheidungen im Cyberspace

Der so genannte Cyberspace wird als elektronischer bzw. virtueller Raum, in dem Objekte untereinander oder mit Personen der realen Welt interaktiv kommunizieren können, definiert. Der Begriff *Cyberspace* wurde erstmals von William Gibson in der Trilogie *Neuromancer* (1984-88) verwendet und bezeichnete die Schnittstelle zwischen humaner Handlung und einem weltweiten Computernetz. Heute bezeichnet der Terminus hauptsächlich die weltweite Verbindung von Computernetzen, insbesondere das Internet.

Allerdings besteht weitgehend Konsens darüber, dass Cyberspace kein leerer Raum und nicht einmal ein virtueller Ort ist, sondern ein realer *Prozess*, der durch menschliches Handeln gestaltet wird. Wie wir gesehen haben, erzeugt menschliche Handlung Kultur und wird auch von dieser beeinflusst. Wir haben es eigentlich mit einer Cyber*culture* zu tun. Im Gegensatz zu anderen, ,realen' Kulturen, die doch eine anerkannte gestalterische Autorität in Form einer Staatsmacht haben, herrscht in der Cyberculture keine formale, anerkannte Instanz, der explizit und durch Konsens Macht zugeschrieben wird. Es stellt sich nun die grundsätzliche Frage, wie und durch wen Cyberculture als Handlungsraum gestaltet wird.

Diese Frage ist deswegen für Translatorinnen und für die Translationswissenschaft von Bedeutung, weil die Übersetzung und Gestaltung von Texten im Cyberspace immer mehr von Translatorinnen durchgeführt werden. Entsprechend unserem Anspruch, als Expertinnen *bewusste* translatorische, textuelle und sprachliche Entscheidungen zu treffen, ist es daher notwendig, sich auch der Unterschiede zwischen Translation im ‚realen' Raum und Translation im virtuellen Raum bewusst zu werden.

> Translatorinnen gestalten durch ihre Tätigkeit auch den virtuellen Raum der Cyberculture. Ihre Entscheidungen in Bezug auf Sprache, Textgestaltung und den Transfer von kulturgeprägtem Wissen haben eine reale Wirkung auf reale Menschen und reale soziopolitische Vorgänge.

Texte im virtuellen Raum – so genannte **Hypertexte** – stellen eine neue Form der Textualität dar und erfordern daher eine andere Kategorie der translatorischen Entscheidungsfindung. Hypertexte zeichnen sich primär durch nicht-lineare Organisation und Link-Möglichkeiten aus. Im Hypertext gibt es also keine durchgehende Kohärenz im konventionellen Sinn. Die Geschlossenheit eines Hypertextes ergibt sich hauptsächlich aus dem thematischen Zusammenhang, wie z.B. der Homepage der Universität Wien oder einer wissenschaftlichen Abhandlung über Cyberspace. Dies bedeutet, dass sich die Userinnen einerseits in einem thematisch zusammenhängenden ‚Text' bewegen und andererseits jeden ‚Teiltext' auch als eigenständigen Text rezipieren (können).

Grundsätzlich kann man jedenfalls beim Hypertext von einer Abkehr vom konventionellen linearen Leseverhalten sprechen. Die durch das Linking ermöglichten multilinearen Lesepfade bewirken, dass die Kohärenz verstärkt von den Userinnen und nicht wie bisher primär von der Textproduzentin gestiftet wird. Es sind bei Hypertexten das Wissen und die Welterfahrung der Userinnen, die die darin enthaltene Information *de facto* organisieren. Das Vorwissen in Form von Präsuppositionen der Userinnen spielen daher eine zentrale Rolle.

Hypertexte ergeben nicht nur eine Pluralität des Rezeptionsverhaltens, sondern man muss auch mit einer Pluralität des kulturspezifischen Wissens und der Welterfahrung der Userinnen rechnen. Im Translationskontext erfordert dies neue, mediengerechte Textanalysekriterien und zusätzliche

Textgestaltungsentscheidungen. Bei der Präsentation von Information als Hypertext sind demnach Faktoren zu berücksichtigen, die bei Printmedien nur eine untergeordnete oder gar keine Rolle spielen. Diese sind vor allem:

1. Selektives Leseverhalten: userinnengesteuerte Lesepfade und Kohärenzbildung
2. Fragmentarische Textrezeption und individueller Wissensaufbau
3. Browsing

9.5.1 Selektives Leseverhalten

Jeder Teiltext eines Hypertextes stellt einen neuen Einstieg zum Gesamttext dar, d.h. jeder einzelne Teiltext muss für sich kohärent und schlüssig sein, da man nicht von einem kumulativen und linearen Wissensaufbau ausgehen kann. Außerdem ermöglichen die durch die **Links** vorgegebenen **Suchpfade** einen Einstieg in den Text an jeder beliebigen Stelle.

Es ergibt sich daher eine **andere Textdynamik** als im konventionellen Printbereich, was wiederum andere Kohärenzmittel erforderlich macht. So gibt es im Hypertext z.B. weniger Proformen, Abkürzungen etc. und ganz generell ein größeres Maß an syntaktischer und kontextueller Einbettung.

Auf Grund dieser Unterschiede in der Textdynamik zwischen Print und Hypertext ergibt sich ein grundsätzlich anderes Rezeptionsverhalten. Generell erhöht sich bei der Hypertextrezeption der kognitive Aufwand beim Verarbeiten der Information, weil die Userin beim Textverstehen für den Aufbau von Kohärenzmustern und Kontext weitgehend auf ihr eigenes Wissen zurückgreift. Im Falle des Informationstransfers von einem homogenen Kulturbereich (der Normalfall) in einen heterogenen, d.h. für das *World Wide Web*, verstärkt sich dieser Effekt. Die kulturellen Präsuppositionen, die das Textverstehen der ausgangssprachlichen Version möglich machen, sind bei den zielkulturellen nicht nur nicht in gleichem Maße vorhanden, sondern es gibt ganz große Unterschiede in der Art und dem Umfang der Divergenzen.

9.5.2 Fragmentarische Textrezeption

Die Möglichkeit des individuellen Wissensaufbaus durch die Userinnen besteht auch in einer Informationssuche außerhalb der vorgegebenen Links, und zwar durch die Volltextsuche. Für die Textgestaltung des Zieltexts ist hier zu überlegen, wie die Verständlichkeit des Zieltextes durch eine Änderung bzw. einen Ausbau der Suchpfade optimiert werden kann. So könnten die Userinnen ihre eigenen Kohärenzmuster aufbauen, die ihren ganz individuellen Informationsbedürfnissen entsprechen und dadurch ihr Verständnis für den Sachverhalt nach Belieben vertiefen.

9.5.3 Browsing

Jeder Textteil soll für Userinnen mit unterschiedlichen Wissensständen (Spezialistinnen, Laien) verwendbar sein. Der Erfolg eines Hypertexts hängt maßgeblich davon ab, dass unterschiedlichste Zielgruppen möglichst effizient die Information finden, die sie suchen.

Gerade diese Heterogenität macht es unvorhersehbar, über welche Begriffe die Userinnen versuchen, sich der gesuchten Information anzunähern. Je nachdem, wie spezifisch die Userinnen auf Grund ihres jeweiligen Wissensstandes im Stande sind, ihren Informationswunsch zu definieren, werden sie eher auf der Ebene der Oberbegriffe (allgemeine Formulierungen, z.B. Studium an der Universität Wien) oder der Unterbegriffe (spezifische Begriffe, z.B. Inskriptionsfrist, Gleichbehandlungsstelle) auf die Information zugreifen. Es könnte daher für jeden Teiltextbereich nach Möglichkeit ein Begriffsfeld mit relevanten Ober- und Unterbegriffen geschaffen werden, die im Fließtext sprachlich realisiert werden, um dadurch die unterschiedlichen Zugriffsbedürfnisse zu berücksichtigen. Dadurch vergrößert sich die Zahl der tatsächlich vorhandenen Suchpfade und für die Userinnen damit die Wahrscheinlichkeit der erfolgreichen Informationsfindung maßgeblich.

Die Entscheidung, welches Wissen in welcher Weise dargeboten wird und auch welche Informationen durch Links daran geknüpft werden, schreibt Wissenserwerbspfade vor und beeinflusst dadurch die Interpretation der dargestellten Informationen. Eine erhöhte Suchautonomie für die Userinnen ermöglicht ihnen auf der Basis ihrer eigenen, bereits bestehenden Erkenntnisse, ihren Informationspfad selbst zu steuern.

Es stellen sich also für das translatorische Handeln im Cyberspace folgende Fragen:

- Wessen Präsuppositionen sollen angesichts der Heterogenität der Zielgruppe berücksichtigt werden?

- Auf der Basis welcher und wessen Informationsbedürfnisse sollen die Suchpfade (Links) vorgegeben werden?

- Zusammenfassend: Welche kulturspezifische Realität soll mit welchen Mitteln ausgedrückt werden?

Diese translatorischen Entscheidungen betreffen letztlich auch Fragen der Ethik und der Ideologie. Die Entscheidung, welche Realität in der weltweiten Cyberculture dominieren soll, ist grundsätzlich eine Entscheidung darüber, welche Machtverhältnisse (sprachliche, diskursive, informative) im Cyberspace herrschen sollen.

9.6 Zusammenfassung

Im Folgenden fassen wir die Ähnlichkeiten und Unterschiede zwischen Translation gemeinsprachlicher Texte und fachspezifischer Texte zusammen:

Ähnlichkeiten:
- Beide Arten der Kommunikation sind in einem spezifischen kulturellen Kontext eingebettet, der im Translationsprozess explizit gemacht werden muss.
- Bei gemeinsprachlicher und auch fachspezifischer Kommunikation brauchen Translatorinnen Erfahrung des Kommunikationsgegenstands, die die Interpretation und Benennung eines Kommunikationskollektivs nachvollzieht.
- In beiden Fällen sind kulturspezifische und gruppenspezifische Textsortenkonventionen, inklusive der Art und Weise, wie die Machtverhältnisse zwischen den Kommunikationspartnerinnen ausgedrückt werden, zu berücksichtigen.

Unterschiede:
- Die erfolgreiche Translation von Fachkommunikation erfordert die Erkennung und stringente Abgrenzung des jeweiligen Fachgebiets und der Fachtermini sowie der Fachwendungen und Fachphraseologie
- Dies ist deswegen notwendig, weil die Eindeutigkeit der Referenz der Fachtermini wenig Interpretationsspielraum zulässt und daher die Suche nach möglichen Äquivalenten erfordert.
- Translatorinnen müssen sich mit einem komplexen Sachverhalt auseinander setzen, dessen sprachliche Formulierung deswegen schwierig ist, weil sie bereits fachspezifisches Wissen voraussetzt.

Fazit: Die Translation von Fachkommunikation ist weder leichter noch schwieriger als die von gemeinsprachlichen Texten – sie erfordert lediglich die Aktivierung anderer Aspekte der Kultur- und Sprachkompetenz und einen anderen Zugang zum Sachwissen. Auch bei der Translation von Fachkommunikation ist die Translatorin keine passive Sprachmittlerin, sondern muss *aktiv* an der spezifischen Realitätsinterpretation aller Kommunikationspartnerinnen teilnehmen, denn erst dies ermöglicht den kulturellen Transfer von Wissen.

Quellen und weiterführende Literatur:

Arntz, Reiner. 1992. „Interlinguale Vergleiche von Terminologien und Fachtexten." In: Baumann, Klaus-Dieter & Kalverkämper, Hartwig (Hrsg.). *Kontrastive Fachsprachenforschung*. Tübingen: Niemeyer, S. 108-122.

Arntz, Reiner. 2003. „Terminologie der Terminologie." In: Snell-Hornby, Mary & Hönig, Hans G. & Schmitt, Peter A. (Hrsg.) *Handbuch Translation*. Tübingen: Stauffenburg, S. 77-82.

Arntz, Reine & Picht, Heribert. 1989. *Einführung in die übersetzungsbezogene Terminologiearbeit*. Hildesheim/Zürich/New York: Georg Olms.

DIN 2342. 1992. *Begriffe der Terminologielehre – Grundbegriffe*. Berlin: Beuth.

DIN 2330. 1993. *Begriffe und Benennungen. Allgemeine Grundsätze*. Berlin: Beuth.

Fluck, Hans-R. 2003. „Fachsprachenforschung." In: Snell-Hornby, Mary & Hönig, Hans G. & Schmitt, Peter A. (Hrsg.) *Handbuch Translation*. Tübingen: Stauffenburg, S. 72-77.

Gibson, William. 1984. *Neuromancer*. New York: ACE Books.

Hess-Lüttich, Ernest W. B. 1997. „Text, Intertext, Hypertext – Zur Texttheorie der Hypertextualität." In: Klein, Josef & Fix, Ulla (Hrsg.) *Textbeziehungen, linguistische und literaturwissenschaftliche Beiträge zur Intertextualität*. Tübingen: Stauffenburg, S. 125-148.

Hoffmann, Lothar & Kalverkämper, Hartwig & Wiegand, Herbert Ernst (Hrsg.). *Fachsprachen/ Languages for Special Purposes. Ein internationales Handbuch zur Fachsprachenforschung und Terminologiewissenschaft*. Berlin/New York: de Gruyter.

Jumpelt, Rudolf. 1961. *Die Übersetzung naturwissenschaftlicher und technischer Literatur*. Berlin-Schöneberg: Langenscheidt.

Kaiser-Cooke, Michèle. 1997: „Murder in the Laboratory - Termhood and the Culture Gap." In: Snell-Hornby, Mary & Jettmarová, Zuzana & Kaindl, Klaus (Hrsg.) *Translation as Intercultural Communication. Selected Papers from the EST-Congress, Prague 1995*. Amsterdam: John Benjamins, S. 283-290.

Kaiser-Cooke, Michèle. 1999. „Concept creation at the cultural interface." In: Sandrini, Peter (Hrsg.) *Proceedings of the 5th International Congress on Terminology and Knowledge Engineering, Innsbruck, August 23-27, 1999*. Frankfurt/Wien: Indeks-Verlag, S. 756-762.

Kaiser-Cooke, Michèle. 2003. *Translation, Evolution und Cyberspace. Eine Synthese von Theorie, Praxis und Lehre*. Frankfurt am Main: Peter Lang.

Luhmann, Niklas. 1990. *Die Wissenschaft der Gesellschaft*. Frankfurt am Main: Suhrkamp.

ÖNORM A 2704. 1990. *Allgemeine Grundsätze für Begriffe und Bezeichnungen*.

Schmitt, Peter A. 1986. „Die ‚Eindeutigkeit' von Fachtexten: Bemerkungen zu einer Fiktion." In: Snell-Hornby, Mary (Hrsg.). *Übersetzungswissenschaft: Eine Neuorientierung*. Tübingen: Franke, S. 252-282.

Schmitt, Peter A. 1990. „Kulturspezifik von Techniktexten: Ein translatorisches und terminologisches Problem." In: Vermeer, Hans. (Hrsg.). *Kulturspezifik des translatorischen Handelns. Vorträge anlässlich der GAL-Tagung 1989*. Heidelberg: Universität Heidelberg, S. 49-88.

Weingarten, Rüdiger. 1997. *Textstrukturen in neuen Medien*. In: Weingarten, Rüdiger (Hrsg.) *Sprachwandel durch Computer*. Opladen: Westdeutscher Verlag, S. 215-237.

Wodak, Ruth. 1989: „Von Fall zu Fall. Arzt-Patienten-Gespräche im Krankenhaus." In: Wodak, Ruth & Lalouschek, Johanna (Hrsg.) *Sprachbarrieren. Die Verständigungskrise der Gesellschaft*. Wien: Wiener Journal Zeitschriftenverlag, S. 92-111.

Michèle Kaiser-Cooke

Wissenschaft
Translation
Kommunikation

Basiswissen Translation

facultas.wuv 2007
123 Seiten, broschiert
ISBN 978-3-7089-0039-1
EUR 9,90 / sFr 18,–

Translation berücksichtigt die Art und Weise, wie Menschen die Welt sehen und verstehen, was sie darüber wissen und wie sie damit umgehen – also auch den kulturellen Kontext der sprachlichen Äußerungen – und findet daher nicht nur zwischen zwei Sprachen statt, sondern auch innerhalb einer Sprache. Translation ist Kommunikation über Kulturgrenzen hinweg und das Wissen darum, wie sie erfolgreich und zielbewusst gestaltet werden kann, ist in vielen Bereichen der Arbeitswelt von Bedeutung. Der vorliegende Band erklärt in verständlicher Sprache die Zusammenhänge zwischen Wissenschaft, Studium und beruflicher Praxis. Er beschäftigt sich mit den verschiedenen Dimensionen der transkulturellen Kommunikation und formuliert die zeitgemäßen Anforderungen an die Profession.

facultas.wuv

www.facultas.at

Mira Kadrić

Dolmetschen bei Gericht

Erwartungen – Anforderungen – Kompetenzen

2., vollständig überarbeitete Aufl.

WUV 2006
257 Seiten, broschiert
ISBN 978-3-85114-954-8
EUR 19,90 / sFr 34,90

Dieses Buch ist das erste grundlegende Werk zum Thema Gerichts- und Behörden-dolmetschen im deutschsprachigen Raum. Ausgehend von den theoretischen Grundlagen des translatorischen Handelns und den rechtlichen Bedingungen dieses Arbeitsfeldes wird die Dolmetschpraxis anhand von empirischen Untersuchungen systematisch dargestellt und kritisch beleuchtet. Eine Umfrage und eine Fallstudie zeigen, dass das Berufsbild und die Erwartungen, die in der Praxis an Gerichts-dolmetscherInnen gestellt werden, oft weit auseinander liegen. Daran anknüpfend entwickelt die Autorin Vorschläge für eine spezifische Ausbildung im Bereich des gerichtlichen Dolmetschens.

facultas.wuv

www.facultas.at